Beck'sche Schwarze Reihe
Band 212

CHAÏM PERELMAN

Das Reich der Rhetorik

Rhetorik und Argumentation

VERLAG C. H. BECK MÜNCHEN

Aus dem Französischen übertragen von
Ernst Wittig

Titel der Originalausgabe:
„L'empire rhétorique. Rhétorique et argumentation"
(Librairie Philosophique J. Vrin, Paris 1977)

CIP-Kurztitelaufnahme der Deutschen Bibliothek

Perelman, Chaïm:
Das Reich der Rhetorik: Rhetorik u. Argumentation / Chaïm Perelman. Mit e. Vorw. von Ottmar Ballweg. [Aus d. Franz. übertr. von Ernst Wittig]. - München: Beck, 1980.
(Beck'sche Schwarze Reihe; Bd. 212)
Einheitssacht.: L'empire rhétorique ⟨dt.⟩
ISBN 3 406 06012 9

ISBN 3 406 06012 9

Einbandentwurf von Rudolf Huber-Wilkoff, München
Umschlagbild: (Südd. Verlag)

Satz und Druck: Georg Appl, Wemding
Printed in Germany

Inhaltsverzeichnis

Vorwort

Chaïm Perelman, Professor an der Freien Universität Brüssel, Direktor des Belgischen Zentrums für Logikforschung ebendort, ist im deutschen Sprachbereich kein Unbekannter. Er selbst hat sich bereits 1967 mit dem in diesem Verlag erschienenen Buch „Über die Gerechtigkeit" vorgestellt, soweit er dem sprachgeübten Leser nicht bereits aus zahlreichen Publikationen in Französisch oder Englisch bekannt war. Gilt er doch als Begründer der internationalen Schule der „Nouvelle Rhétorique", für deren Aufnahme hier einst Theodor Viehweg mit seiner ebenfalls in diesem Verlag 1953 erschienenen „Topik und Jurisprudenz" den Boden bereitet hatte. Zur selben Zeit wandte sich Perelman der Analyse des rhetorischen Denkens zu, als deren Frucht 1957 der „Traité de l'Argumentation" erschienen ist, den er zusammen mit Mme. L. Olbrechts-Tyteca verfaßte und der inzwischen in dritter Auflage vorliegt. Mit dem hier vorzustellenden Werk, dessen Übersetzung Ernst Wittig besorgt hat, zieht Perelman nun die Summe seiner zahlreichen Untersuchungen auf dem Gebiet der rhetorischen Argumentationstheorie. Für den umfassender Interessierten sei auch auf die vollständige Bibliographie in der Festschrift „La Nouvelle Rhétorique. Essais en hommage à Chaïm Perelman", Revue Internationale de Philosophie, 33. Jahrgang, Band 127/128, Brüssel 1979, S. 325–342, verwiesen.

Theodor Viehweg hat in der Einleitung zu „Über die Gerechtigkeit" Werdegang, Werk und Wirkung Perelmans ausführlich dargestellt, worauf hier verwiesen wird.

Es handelt sich auch bei dem hier vorgelegten Werk nicht um die Wiederbelebung einer vergangenen Disziplin oder um deren historische Darstellung. Die Neue Rhetorik hat vielmehr das erregende Ziel, auch für die Gegenwart die Analyse der Humaniora und deren Sprachen für sich zu reklamieren – voraussetzungsloser als die Philosophie und gegenstandsadäquater als die Wissenschaften – und ihnen in ihrer Weite und Offenheit, Fülle und Vielfalt eher gerecht zu werden.

Inzwischen haben diese Bemühungen um die Neue Rhetorik ein internationales, weithin zustimmendes Echo gefunden, so daß eine so verstandene Rhetorik wieder ihren angestammten, gleichberechtigten Platz neben den Wissenschaften und der Philosophie einzunehmen beginnt, als eine Grundlagendisziplin, die sich insonderheit der Analyse der praxisorientierten Sprech- und Denkweisen widmet.

So gesehen erscheint die Rhetorik geradezu als der Ort und Hort der condicio humana, auch unter den Bedingungen der wissenschaftlichen Zivilisation. Das ist der Grund sowohl für die Zeitlosigkeit der Neuen Rhetorik als auch für ihre Aktualität.

Ottmar Ballweg

Vorrede

Der Gebildete des 20. Jahrhunderts, der mit dem Wort „Rhetorik" gekünstelte und leere Sätze und Redefiguren mit seltsamen und unverständlichen Bezeichnungen verbindet, könnte sich durchaus die Frage stellen, was einen Philosophen, dazu noch einen Logiker, dazu bringt, Argumentation und Rhetorik verknüpfen zu wollen. Noch vor einem Jahrhundert wurde in Frankreich Rhetorik in der nach ihr benannten Klasse als Schulfach unterrichtet, seither aber als pädagogisch wertlos aus den Lehrplänen gestrichen.

Meine eigene erste Berührung mit der Rhetorik vor nun mehr als fünfzig Jahren – damals war sie noch ein Pflichtfach an den belgischen Gymnasien – bestand in der Lektüre einer kurzgefaßten Einführung, die den Syllogismus zusammen mit den Figuren darstellt. Im Philosophiestudium wurde von Rhetorik nur abwertend gesprochen, ich wußte, daß Plato Sophisten und Rhetoren in einigen seiner Dialoge getadelt hatte, weil sie es vorzogen, ihren Zuhörern zu schmeicheln, statt ihnen die von Sokrates so hochgehaltene Wahrheit zu lehren. Daneben belegt das Fehlen des Begriffs „Rhetorik" in dem Philosophischen Wörterbuch von Lalande, daß ihm von dieser Seite keinerlei Wert für den Philosophen beigemessen wird.

Wenn ich hier dennoch die Rolle der Rhetorik nachdrücklich unterstreiche, dann deshalb, weil mich meine Forschungen von der Bedeutung dieser Disziplin für das zeitgenössische Denken überzeugt haben.

Vor nahezu dreißig Jahren entwickelte ich in einer positivistisch angelegten Untersuchung über die Gerechtigkeit eine formale Gerechtigkeitsregel, die „gleiche Behandlung von Wesen einer wesentlich gleichen Art bei gleichen Umständen" fordert.[1] Doch wie ist das Wesentliche vom Unwesentlichen, das Wichtige vom Unwichtigen zu trennen? Die Unterscheidung verlangte den Rückgriff auf Werturteile, die mir damals als völlig willkürlich und logisch unbestimmt erschienen.[2]

Wie läßt sich über Werte nachdenken? Gibt es rational zureichende Verfahren, das Gute dem Bösen, das Gerechte dem Ungerechten, die Demokratie der Diktatur vorzuziehen? Da mir die skeptische Antwort der Positivisten nicht genügte, begann ich Forschungen zu einer Logik der Werturteile. Die 1927 unter dem Titel *Logique des jugements de valeur* veröffentlichte Untersuchung von Goblot schien mir ausreichend nur jene abgeleiteten Werturteile zu behandeln, die bei einem gegebenen Ziel die Mittel oder Hindernisse beurteilen, also eher verfahrensmäßige Urteile darstellen; sie enthielt jedoch keinerlei Überlegungen, die die Entscheidung für ein bestimmtes Ziel vor anderen begründet hätten. Bestanden aber keine Möglichkeiten zur Beurteilung von Zielen, dann mußte die praktische Philosophie auf ihren eigentlichen Gegenstand verzichten, auf die Suche nach der die Handlungen durch Vernunft leitenden Weisheit, und die Moralphilosophie, die politische Philosophie und die Rechtsphilosophie konnten sich nicht zu fundierten Forschungszweigen entwickeln. Zu eben dieser Schlußfolgerung waren aber die Positivisten gelangt, für die Werturteile keinen Erkenntniswert, keine verifizierbare Bedeutung besaßen. Allerdings hätten danach auch ihre eigenen, zur Verdammung der praktischen Philosophie führenden Folgerungen keine Gültigkeit gehabt oder aber bei Annahme ihrer Gültigkeit umgekehrt belegt, daß Urteile von praktischer Bedeutung sich auf philosophischem Wege begründen ließen. Mir reichte daher ihr für einen Philosophen zugleich paradoxes und auswegloses Ergebnis nicht aus, um so weniger, als es gesichert erschien, daß sich ein Werturteil nicht ausschließlich auf Tatsachenurteile stützen läßt. Muß man davon ausgehen, daß die eigentlichen Werturteile, die Prinzipien der Moral und allen Verhaltens ganz und gar irrational und nur Ausdruck unserer Traditionen, Vorurteile und Leidenschaften sind? Wäre bei Nichtübereinstimmung die Gewalt das einzige Mittel zur Lösung der Konflikte und das Argument des Stärkeren zugleich das Bessere? Oder gibt es eine Logik der Werturteile, und wenn es sie gibt, wie wäre sie zu begründen?

Dieser Aufgabe wollte ich mich widmen. Zur Bewältigung des Problems versuchte ich, dem deutschen Logiker Gottlob Frege zu folgen, dessen Arbeiten ich gelesen und der sich vor fast einem Jahrhundert eine entsprechende Frage in bezug auf die von Mathematikern verwendete Logik gestellt hatte. Zu ihrer Ermittlung hatte er wie unter einem Mikroskop alle Operationen analysiert, mit deren Hilfe die Mathematiker den Beweis für ihre Theoreme erbrachten: das Ergebnis dieser Analysen war die Erneuerung der formalen Logik, entworfen als eine operationale Logik, mit der sich „rechnen" ließ, und nicht eine klassifikatorische wie die klassische aristotelische Logik. Könnte es nicht möglich sein, daß sich eben diese Methoden aufs neue und dieses Mal auf Texte anwenden ließen, die einen bestimmten Wert oder eine Regel durchsetzen möchten, die den Nachweis führen wollen, daß eine bestimmte Handlung oder Wahl einer anderen vorzuziehen ist? Könnte nicht eine Analyse der Schriften von Moralisten und Politikern, von Rednern für eine bestimmte Richtung, der Leitartikel in den Zeitungen, eine Analyse sämtlicher Begründungsarten dazu führen, jene Logik der Werturteile zu entdecken, die so sehr fehlte?

Diese gemeinsam mit Frau L. Olbrechts-Tyteca unternommene und umfassend angelegte Arbeit brachte uns zu unerwarteten Ergebnissen, zur Offenbarung nämlich, daß es gar keine spezifische Logik der Werturteile gab, sondern daß das, wonach wir suchten, in einer sehr alten und nun vergessenen und geringgeschätzten Disziplin entwickelt worden war: in der Rhetorik, der alten Kunst des Überzeugens und Überredens. Diese Einsicht brachte uns die Lektüre des Buches *Les fleurs de Tarbes* von Jean Paulhan. Der Autor hat dort im Anhang Auszüge der Rhetorik des Brunetto Latini, des Lehrers von Dante, veröffentlicht. Von diesem Text aus kamen wir bald auf die Rhetorik von Aristoteles und auf die ganze griechisch-lateinische Tradition der Rhetorik und Topik zurück.[3] Wir entdeckten, daß in jenen Bereichen, wo es um die Frage geht, was vorzuziehen, was annehmbar und vernünftig sei, die Folgerungen weder formal schlüssige Deduktionen noch vom Einzelfall her verallgemeinernde Induktionen sind, sondern daß es sich hier um alle möglichen Arten von Argumentationen handelt, die darauf abzielen, die Übereinstimmung der Meinungen mit den ihnen unterbreiteten Thesen zu erreichen.

Diese Technik des persuasiven Diskurses, unentbehrlich für die Diskussion vor aller überlegten Entscheidung, war in der Antike über eine lange Zeit als die *Technik* par excellence entwickelt, auf andere Menschen mit dem Mittel des *logos*, der sowohl für das Wort wie für die Vernunft stehen kann, einzuwirken.

Und so wurde mir die Rivalität begreiflich, die durch die ganze griechisch-lateinische Antike zwischen Rhetoren und Philosophen bestand, da beide für sich beanspruchten, die Jugend zu bilden, wobei die Philosophen die Suche nach der Wahrheit und das kontemplative Leben betonten, während die Rhetoren umgekehrt der im aktiven Leben und besonders in der Politik wesentlichen Technik den Vorrang einräumten, die Menschen durch das Wort zu beeinflussen.[4]

Wie war es dazu gekommen, daß diese Technik des überredenden Diskurses aus unserem intellektuellen Horizont verschwunden war und daß sich die *klassische* Rhetorik, in der Gegenüberstellung zur *alten* Rhetorik, zu einer Rhetorik der Figuren, der Redewendungen zurückgebildet hatte, die sich der Klassifizierung der unterschiedlichen Manieren, einen Stil zu schmücken, widmete?

Bereits in der Antike hatten sich einzelne Rhetoren auf Deklamationen und literarische Darbietungen ohne große Bedeutung spezialisiert, und die Philosophen, so etwa Epiktet, spotteten darüber: „Und diese Kunst, unsere Sprache zu sprechen und auszuschmücken – wenn darin eine besondere Kunst zu erblicken ist –, tut sie denn anderes, als bei jedem sich bietenden Gegenstand unsere Sätze so zu verschönen und zu arrangieren, wie ein Haarkünstler es mit den Haaren tut?“[5]

Wie kommt es eigentlich, daß einerseits große Autoren wie Aristoteles, Cicero oder Quintilian der Rhetorik als der Kunst der Überredung bedeutende Werke gewidmet haben, die klassische Rhetorik sich andererseits aber auf die Darstellung der Figuren beschränkt hat, und daß in Frankreich die während des achtzehnten und neunzehnten Jahrhunderts am weitesten verbreiteten Rhetorikbücher jene von Dumarsais *(Des tropes ou des différents Sens dans lesquels on peut prendre un même mot dans une même langue,* 1730) und von P. Fontanier (1821 und 1827 erschienen und 1969 von G. Genette unter dem Titel *Les figures du discours* neu herausgegeben) waren, die in der Rhetorik nur Rede-Schmuck und Kunstfertigkeit sahen? Diese Auffassung hat der klassischen Rhetorik den Haß der Romantiker eingetragen („Krieg der Rhetorik, Frieden der Grammatik") wie die Geringschätzung durch unsere Zeitgenossen, die Einfachheit und Natürlichkeit vorziehen. Und wie kann man nur glauben, eine Rehabilitierung der Rhetorik, eine *nouvelle rhétorique* könnte sich auf die Erneuerung der Rhetorik der Figuren beschränken, darauf, „das wesentlich taxonomische Anliegen der klassischen Rhetorik zu erneuern".[6]

Roland Barthes, der in der alten Rhetorik nur einen historischen, und das heißt einen heute überholten Gegenstand sieht, bestätigt dennoch den Widersinn, den es bedeutet, sich auf eine Rhetorik der Figuren zu begrenzen.[7] In derselben Nummer der Zeitschrift „*Communications*" nimmt Gérard Genette Stellung gegen diese Tendenz – zu der er allerdings durch seine eigenen Arbeiten sehr beigetragen hat (er gibt seinen Beitrag als eine Art Selbstkritik)[8] – in einem bemerkenswerten Artikel mit dem Titel „La rhétorique restreinte" (Die eingeengte Rhetorik), aus dem hier ein ziemlich ausführlicher, doch bedeutsamer Auszug zitiert sein soll:

„Das Jahr 1969–70 brachte nahezu gleichzeitig drei Texte von unterschiedlichem Umfang, deren Titel jedoch in einer sehr kennzeichnenden Weise übereinstimmen: Es handelt sich um die *Rhétorique générale* der Gruppe von Lüttich, der ursprünglich beabsichtigte Titel sollte bekanntlich *Rhétorique généralisée* lauten; um den Artikel von Michel Deguy ‚Pour une théorie de la figure généralisée' und um den Artikel von Jacques Sojcher ‚La métaphore généralisée'. Rhetorik – Figur – Metapher: unter dem negierenden oder kompensatorischen Deckmantel einer pseudo-einsteinschen Generalisierung zeichnet sich in seinen wesentlichen Etappen (approximativ) der historische Weg einer Disziplin ab, deren Zuständigkeitsbereich oder doch wenigstens deren Aktionsfeld durch die

Jahrhunderte fortwährend wie ein Chagrinleder einschrumpfte. Die *Rhetorik* des Aristoteles wollte nicht ‚allgemein' sein (noch weniger ‚verallgemeinert'): sie war es, und war es so vollständig in der umfassenden Weite ihrer Sicht, daß eine Theorie der Figuren hier keiner besonderen Herausstellung bedurfte; einige wenige Seiten nur zu Vergleich und Metapher, in einem Buch (von dreien) zu Stil und Komposition ein einzelner Bereich, ein Randbezirk, klein in den Weiten eines Imperiums. Heute heißt allgemeine Rhetorik das, was in Wirklichkeit eine Darstellung der Figuren ist. Und wenn es so viel zu verallgemeinern gegeben hat, dann doch offenbar deshalb, weil so nachdrücklich eingeengt worden ist: von Corax bis heute ist die Geschichte der Rhetorik eine der *verallgemeinerten Einengung*.

Vom Beginn des Mittelalters an schwindet offensichtlich jenes für die alte Rhetorik eigentümliche Gleichgewicht, das in den Werken von Aristoteles und, deutlicher noch, in denen Quintilians belegt ist: das Gleichgewicht zwischen den Gattungen (politische Rede, Gerichtsrede, epideiktische Rede) verliert sich zuerst, weil das Absterben der republikanischen Einrichtungen – Tacitus hatte hierin bereits eine der Ursachen für den Niedergang der Beredsamkeit gesehen – zum Verschwinden der politischen Rede und zugleich auch, so scheint es, der epideiktischen Rede geführt hatte, die auf die großen Anlässe des bürgerlichen Lebens bezogen ist: Martianus Capella, dann Isidor von Sevilla geben Zeugnis von diesem Verfall, *rhetorica est bene dicendi scientia in civilibus quaestionibus*; es folgt das Gleichgewicht zwischen den Teilen (*inventio, dispositio, elocutio*), und dann findet sich die zwischen Grammatik und Dialektik aufgeriebene Rhetorik sehr bald auf das Studium der *elocutio*, des Redeschmucks, der *colores rhetorici* eingegrenzt. Die klassische Periode, insbesondere im Frankreich des 18. Jahrhunderts, übernimmt dies und führt es noch fort, in den Beispielen dieser Epoche wird deutlich der literarische und insbesondere der poetische Bestand dem oratorischen vorgezogen: Homer und Vergil (und bald Racine) lösen Demosthenes und Cicero ab, die Rhetorik entwickelt sich im wesentlichen auf ein Studium der poetischen *lexis* hin."[9]

In seiner jüngsten Arbeit zur Metapher nimmt P. Ricoeur die Analyse von Genette auf und erinnert daran, daß die „Rhetorik von Aristoteles sich auf drei Bereiche erstreckt: auf eine Theorie der Argumentation, die als deren Hauptachse zugleich die eigentliche Verknüpfung mit der demonstrativen Logik und mit der Philosophie leistet (allein diese Theorie der Argumentation macht zwei Drittel der Rhetorik aus) – auf eine Theorie der Beredsamkeit und auf eine Theorie des Redeaufbaus. Die neueren Rhetorik-Abhandlungen bieten uns nach der zutreffenden Formulierung von G. Genette nur eine ‚eingeengte Rhetorik', eingegrenzt zuerst auf die Theorie der Beredsamkeit, dann auf die Theorie der Tropen. Die Geschichte der Rhetorik entspricht der Geschichte des Chagrinleders. Darin liegt eine der Ursachen vom Ende der Rhetorik: indem sie sich derart auf nur eines ihrer Elemente beschränkte, verlor die Rhetorik damit den *nexus*, der sie über die Dialektik mit der Philosophie verband; nachdem dieses Band einmal gerissen war, wurde die Rhetorik zu einer ort- und gehaltlosen Lehre. Es ging mit der Rhetorik zu Ende, als die Mode, nur noch Figuren zu klassifizieren, die philosophische Bedeutung überlagerte, die das große rhetorische Reich belebt, den Teilen ihren Zusammenhang verliehen und sie zum *Organon* und zur begründenden Philosophie zusammengeschlossen hatte."[10]

Ricoeur erinnert daran, daß Aristoteles neben der auf die Triade „Rhetorik – Beweis – Überredung" gegründeten Rhetorik auch eine Poetik abgefaßt hat, keine Technik der Handlung, sondern eine der Schöpfung, die der Triade „poiesis – mimesis – catharsis" entspricht.[11] Doch handelt Aristoteles in beiden Büchern über die Metapher und zeigt, daß sie beiden Bereichen zugehört, sowohl rhetorischen Einfluß ausübt als auch zugleich in der poetischen Hervorbringung wirksam ist. Diesen Doppelaspekt haben wir in der deutlichen Unterscheidung der Figuren der Rhetorik und der Figuren des Stils gleichermaßen unterstrichen:

„Wir bezeichnen eine Figur als *argumentativ*, wenn ihre Verwendung zu einem Wechsel der Perspektive im Hinblick auf die neu eingeführte Situation als normal erscheint. Erreicht jedoch die Rede mit dieser argumentativen Form nicht die Zustimmung des

Hörers, dann wird die Figur zum Schmuck, zur Stilfigur. Sie mag Bewunderung erregen, doch lediglich in ästhetischer Hinsicht oder als Zeugnis der Originalität des Redners."[12]

Werden Figuren außerhalb ihres Kontextes wie getrocknete Blumen in einem Herbarium dargestellt, dann gerät dadurch die dynamische Rolle der Figuren aus dem Blick: sie werden insgesamt zu Stilfiguren.

Abgelöst von einer als Kunst der Überredung und Überzeugung angelegten Rhetorik werden sie von Figuren der Rhetorik zu bloßen Schmuckformen, die nur die Form der Rede betreffen: eine Erneuerung, selbst auch nur einer Rhetorik der Figuren, läßt sich daher außerhalb des argumentativen Kontextes nicht wirklich ins Auge fassen.

Daher erscheint es mir fragwürdig, die Erneuerung der Rhetorik von einer Rhetorik der Figuren erhoffen zu wollen, selbst dann, wenn diese Figuren mit den Mitteln der strukturalistischen Linguistik und Literaturtheorie untersucht werden, solange nicht die zentrale Bedeutung einer dynamischen Konzeption der Figuren der Rhetorik ihrer Untersuchung zugrundegelegt wird: es reicht nicht aus, einfach zu erklären, es befinde sich eine derart angelegte Untersuchung „bei der überwiegenden Mehrzahl der modernen Wiederaufnahmen der Rhetorik nur am Rande",[13] um sich davon abwenden zu können.

Anderes kommt hinzu. In den Vereinigten Staaten von Amerika hat sich die ursprünglich mit dem Englischunterricht verbundene Lehre der Rhetorik vor nahezu sechzig Jahren hiervon abgetrennt in spezialisierte Rhetorik-Departments mit Rhetorik als Technik der Kommunikation und der persuasiven Rede: es lehren dort gegenwärtig mehr als fünftausend Professoren. Sie haben zu diesem Forschungsgebiet Tausende von Arbeiten veröffentlicht. Seit neun Jahren erscheint in Pennsylvanien eine von Philosophen und Rhetorikern geleitete Zeitschrift mit dem Titel *Philosophy and Rhetoric*, in der die Analyse von Figuren nur wenig Raum einnimmt.

Renaissance und Rehabilitierung der Rhetorik im zeitgenössischen Denken, an der wir gegenwärtig teilhaben,[14] setzten eine neue Überprüfung der Beziehungen zwischen Rhetorik und Dialektik voraus, wie sie durch Aristoteles begründet und von Petrus Ramus in einem für die Rhetorik ungünstigen Sinne wesentlich verändert worden waren. Wir wollen eine solche Überprüfung durchführen: sie soll die Ursachen des Niedergangs der Rhetorik erklären und die Beziehungen der neuen Rhetorik mit der Theorie der Argumentation erhellen.

1. Logik, Dialektik, Philosophie und Rhetorik

In seinem Artikel zur alten Rhetorik bemerkt Roland Barthes zu Recht: „die Rhetorik ist immer nur im strukturalen Zusammenwirken mit ihren Nachbardisziplinen (Grammatik, Logik, Poetik, Philosophie) richtig zu erkennen“.[1] Und dem möchte ich noch hinzufügen, daß es für eine richtige Einordnung der Rhetorik und zu ihrer genaueren Definition gleichermaßen der Klärung ihrer Beziehungen zur Dialektik bedarf.

In seinem Organon hat Aristoteles zwei Arten des Schließens unterschieden, analytische und dialektische Schlüsse. Seine Darstellung der analytischen Schlüsse in der Ersten und Zweiten Analytik hat ihm in der Philosophiegeschichte den Ruf des Begründers der formalen Logik eingetragen. Doch ist den modernen Logikern entfallen, da sie die Bedeutung nicht erkannt hatten, daß Aristoteles die dialektischen Schlüsse in der *Topik,* der *Rhetorik* und in *Über die Trugschlüsse der Sophisten* (Widerlegung der Sophisten) untersucht hat, was ihn gleichermaßen zum Begründer der Argumentationstheorie werden läßt.

In seinen Analytiken untersucht Aristoteles die Formen gültigen Schließens, insbesondere den Syllogismus, die es bei bestimmten gegebenen Hypothesen erlauben, einen zwingenden Schluß zu ziehen: wenn alle A B sind und alle B C, so folgt daraus notwendig, daß alle A auch C sind. Die Folgerung gilt unabhängig von Wahrheit oder Falschheit der Prämissen, doch ist sie nur dann wahr, wenn auch die Prämissen wahr sind. Diese Folgerung ist sowohl durch ihren formalen Charakter bestimmt, denn sie ist unabhängig vom Inhalt der Ausdrücke A, B und C gültig (unter der Bedingung, daß jedem Buchstaben jedesmal derselbe Wert zugeordnet wird), wie durch die Tatsache, daß sie eine Beziehung zwischen der *Wahrheit* der Prämissen und der der Schlußfolgerung herstellt. Da die Wahrheit eine von der Meinung der Menschen unabhängige Eigenschaft der Sätze ist, sind die analytischen Schlüsse demonstrativ und unpersönlich. Dies gilt jedoch nicht für die dialektischen Schlüsse. Aristoteles zufolge ist ein Schluß dialektisch, wenn allgemein gültige Meinungen seine Prämissen bilden:[2] allgemein gültig sind nach seiner Definition die in der Gesamtheit, der Mehrheit oder bei den Philosophen verbreiteten Meinungen, das heißt die von allen, von der Mehrzahl oder von den Bekanntesten und Berühmtesten unter ihnen geteilten Meinungen.[3]

Mitunter ist das allgemein Gültige zugleich auch das Wahrscheinliche, jedoch ist diese Wahrscheinlichkeit unterschieden von einer berechenbaren Wahrscheinlichkeit: der Sinn des Wortes „eulogos“ als „allgemein gültig“ oder „annehmbar“ übersetzt hat einen qualitativen Aspekt, der ihn eher dem Begriff „vernünftig“ als dem Begriff „wahrscheinlich“ annähert. Und es kommt hinzu, daß sich die Wahrscheinlichkeit nur auf gegenwärtige oder künftige Tatsachen oder Ereignisse bezieht, während die zur Diskussion stehenden Thesen sich auch auf zeitlose Qualifizierungen beziehen können, wie etwa „Ist die Welt endlich oder unendlich?“ oder „Ist die Demokratie die beste Regierungsform oder ist sie es nicht?“.

Die dialektischen Schlüsse entwickeln sich von dem allgemein Gültigen her mit dem Ziel, andere Thesen, die umstritten sind oder es sein könnten, durchzusetzen: sie sind also auf Überredung oder Überzeugung angelegt. Sie bestehen nicht aus gültigen und zwingenden Folgerungen, sondern sie stellen mehr oder minder überzeugende Argumente dar, die nie ausschließlich formal sind. Ein persuasives Argument überredet seinen Adressaten:[4] im Gegensatz zum analytischen ist das dialektische Schließen nicht unpersönlich, da es sich nach seiner Wirkung auf einen Empfänger bestimmt. Hieraus folgt, daß analytische Schlüsse von dialektischen genau zu unterscheiden sind, da sich die einen auf die Wahrheit und die anderen auf die Meinung beziehen. Jeder Bereich verlangt einen besonderen Diskurs-Typus: es wäre widersinnig, sich bei einem Mathematiker mit vernünftigen Argumentationen zu begnügen und von einem Redner wissenschaftliche Beweise zu fordern.[5]

Eben hierin liegt das Neue, aber auch der für die Rhetorik folgenreiche Irrtum des Petrus Ramus. Ausgehend vom *trivium,* den Künsten der Rede, *artes disserendi,* definiert er die Grammatik als die Kunst der guten Sprache, das heißt des korrekten Sprechens, die Dialektik als die Kunst des guten Schließens und die Rhetorik als die Kunst des guten Redens, des kundigen und kunstreichen Umgangs mit der Sprache.[6]

Die Dialektik sieht er als die „allgemeine Kunst, Dinge zu entwickeln und zu beurteilen",[7] und er behauptet, daß es „nur eine Methode gibt, jene, die auch die von Platon und Aristoteles gewesen ist, ... jene Methode findet sich ebenso bei Vergil wie bei Cicero, bei Homer und Demosthenes, sie leitet die Mathematiken, die Philosophie, die Urteile und das Verhalten der Menschen."[8]

Er verwirft mit Nachdruck die aristotelische Unterscheidung von analytischem und dialektischem Schließen und begründet seine Auffassung damit: „Da wohl von den bekannten Dingen die einen notwendig und wissenschaftlich, die anderen beliebig und strittig sind, so gilt doch immer, daß *ein* Sehen alle Farben wahrnimmt, seien sie unveränderlich oder veränderlich, ebenso ist die Kunst des Erkennens, die Dialektik oder Logik, ein und die gleiche Lehre zur Wahrnehmung aller Dinge ..."[9]

Der so der Dialektik eingeräumte Umfang, der sowohl die Untersuchung der gültigen Folgerungen wie die Kunst des Findens und Beurteilens von Argumenten einschließt, nimmt der Rhetorik des Aristoteles ihre beiden wesentlichen Teile, die *inventio* und die *dispositio,* um ihr lediglich noch die *elocutio,* die Lehre von den Formen der geschmückten Rede zu lassen. Dieser Auffassung und dieser philosophisch gerechtfertigten Einengung entsprechend veröffentlicht Audomarus Taleus, der Freund des Petrus Ramus, 1572 in Köln die erste systematisch auf die Lehre von den Figuren beschränkte Rhetorik. Nach seiner Definition ist die Figur „ein Ausdruck, durch den die Art einer Rede von der schlichten und einfachen Gewohnheit abweicht".[10] Damit kam es zur klassischen Rhetorik als einer Rhetorik der Figuren, die fortschreitend zunächst zum Verfall und dann zum Ende der Rhetorik geführt hat.

Es ist ein Gemeinplatz, daß die moderne Logik, wie sie sich durch Kant und die mathematischen Logiker seit der Mitte des

19. Jahrhunderts entwickelt hat, unter Logik nicht die Dialektik, sondern die formale Logik begriffen hat, also die analytischen Schlüsse von Aristoteles, und die dialektischen Schlüsse als außerhalb der Logik liegend völlig außer acht gelassen hat. Und damit scheint mir ein dem Irrtum des Ramus entsprechender Fehler begangen worden zu sein. Denn wenn es richtig ist, daß die formale Logik eine gesonderte Disziplin darstellt, die ebenso wie die Mathematik mit Operationen und Kalkülen verfährt, so ist es andererseits doch unbestreitbar, daß wir auch dann schließen, wenn wir nicht rechnen, sei es bei inneren Überlegungen oder in öffentlicher Diskussion, wenn wir Argumente für oder wider eine These vorbringen, wenn wir kritisieren oder eine Kritik zurückweisen. In all diesen Fällen wird nicht wie in der Mathematik bewiesen sondern argumentiert. Faßt man die Logik als Lehre vom Schließen in allen seinen Formen, dann wäre die durch die formale Logik entwickelte Theorie des Beweises notwendig durch eine auf die dialektischen Schlüsse von Aristoteles gegründete Theorie der Argumentation zu vervollständigen.

Die dialektischen Schlüsse sind Argumentationen, die auf Annahme oder Zurückweisung einer umstrittenen These abzielen: sie selbst wie auch die Bedingungen ihrer Darstellung werden in der neuen Rhetorik erforscht, die die aristotelische fortführt und erweitert.

Denn Aristoteles hatte die Rhetorik der Dialektik, wie er sie in den Topika untersucht hatte, gegenübergestellt. Er sah in ihr das Gegenstück (antistrophos) zur Dialektik:[11] diese bezieht sich auf die in einer Kontroverse oder Diskussion mit einem einzigen Gesprächspartner eingesetzten Argumente, während die Rhetorik die Techniken des Redners betrifft, der sich in der Öffentlichkeit an eine Menge wendet, die über kein spezialisiertes Wissen verfügt und schwierigeren Überlegungen nicht folgen kann.[12]

Die neue Rhetorik bezieht sich jedoch im Gegensatz zur alten auf Reden an *sämtliche Arten von Zuhörerschaft*, an eine Menschenmenge auf einem öffentlichen Platz oder an eine Versammlung von Spezialisten, an ein Individuum oder an die ganze Menschheit: sie analysiert auch die Argumente, die man in einer inneren Überlegung an sich selbst richtet. Da ihr Gegenstand die Untersuchung des nicht-demonstrativen Diskurses, die Analyse jener Urteile ist, die sich nicht auf formal korrekte Schlüsse oder auf mehr oder minder schematisierte Kalküle stützen, deckt die als neue Rhetorik angelegte Theorie der Argumentation das Feld sämtlicher auf Überzeugung oder Überredung gerichteten Diskurse, *an welche Zuhörerschaft sie sich auch richten und welchen Gegenstand sie auch behandeln mögen*. Die allgemeine Analyse der Argumentation läßt sich, wenn das als nützlich erscheint, durch je nach dem Typ des Auditoriums und der Art der Disziplin spezialisierte Methodologien vervollständigen. So ließen sich eine juristische Logik[13] oder eine philosophische Logik als spezifische Anwendungen der neuen Rhetorik auf Recht und Philosophie entwickeln.

Mit dieser Einordnung der philosophischen Logik unter die neue Rhetorik nehme ich in dem alten Streit Partei, der Philosophie und Rhetorik seit dem großen Gedicht des Parmenides trennte.

Parmenides und die in den Namen Platon, Descartes und Kant verkörperte große Tradition der abendländischen Metaphysik haben immer die Suche nach der Wahrheit als das erklärte Ziel der Philosophie den Techniken der Rhetoren und Sophisten gegenübergestellt, die sich damit begnügten, ebenso unterschiedliche wie trügerische Meinungen durchzusetzen. Parmenides stellt den Weg der Wahrheit über den des Anscheins, Platon stellt der allgemeinen Meinung das Wissen gegenüber, Descartes gründet die Wissenschaft auf unwiderlegliche Gewißheiten und hält dabei alles nur Wahrscheinliche schon fast für falsch, Kant endlich will die Meinungen aus der Philosophie entfernen und entwickelt dazu seine Metaphysik, die wesentlich eine Epistemologie, ein Inventar all jener Kenntnisse ist, die „eine Begründung *a priori* haben und also von vornherein für absolut notwendig gehalten werden müssen".

Um sicher sein zu können, daß die von den Philosophen verkündeten Thesen nicht bloß ungewisse und irrige Meinungen darstellen, mußten sie eine feste und unbestreitbare Basis nachweisen, von einer klaren Anschauung getragen sein, die die Wahrheit des

Wahrgenommenen als gewiß gewährleisten konnte. Die derart aufgefaßte Gewißheit ist kein subjektives Verhältnis, das sich von einem Moment und einem Individuum zum andern verändern kann: ihre Funktion besteht darin, eine Verbindung herzustellen zwischen dem vom erkennenden Subjekt als evident Wahrgenommenen und der Wahrheit des evidenten Satzes, die für jedes Vernunftwesen gleichermaßen gelten muß.[14]

Eine Argumentation kann keine Gewißheit verschaffen, und gegen Gewißheit läßt sich nicht argumentieren. Wer von Gewißheit ausgeht, kann sie bei seinen Gesprächspartnern als ebenso gegeben voraussetzen: nur bei umstrittener Gewißheit kommt die Argumentation ins Spiel. Bei Aristoteles findet sich der Hinweis, daß dialektisches Schließen dann erforderlich wird, wenn die grundlegenden Axiome einer Wissenschaft, die sich sonst von selbst verstehen, kontrovers geworden sind.[15] Dies gilt auch für Definitionsdiskussionen.

Ergeben sich auch die ersten Begriffe und die grundlegenden Prinzipien einer theoretischen Wissenschaft allgemein durch unmittelbare Erkenntnis, so bestätigt Aristoteles für die praktischen Wissenschaften wie Ethik und Politik, wo Entscheidungen und Kontroversen unvermeidbar sind, die Notwendigkeit der Argumentation für das eigene Denken ebenso wie für die öffentliche Diskussion. Daher enthält sein *Organon* neben den *Analytika* für das formale Schließen die *Topika* zu den dialektischen Schlüssen, mit denen sich die beste, die vernunftgemäße Meinung (eulogos) rechtfertigen läßt.

Wer die Wahrheit ohne Argumentation aufdecken zu können glaubt, kennt nur Verachtung für die Rhetorik, die sich ja auf Meinungen bezieht: bestenfalls mag sie dazu dienen, die dem Redner durch Anschauung oder Gewißheit gegebenen Wahrheiten zu verbreiten, nicht jedoch sie zu begründen.

Wird jedoch bestritten, daß sich philosophische Thesen auf unmittelbare Erkenntnis gründen lassen, dann bedarf es zu ihrer Durchsetzung notwendig argumentativer Techniken. Die Philosophie kommt ohne die neue Rhetorik nicht aus.[16]

Wer wie P. Ricoeur in der Philosophie metaphorische Wahrheiten zuläßt, die sich ja auf keine zwingende Evidenz stützen können, da sie das Wirkliche restrukturieren wollen, kann eigentlich die Bedeutung der rhetorischen Techniken nicht bestreiten, die eine Metapher gegenüber einer anderen durchzusetzen suchen[17]: nur dann kann er sie außer acht lassen, wenn er eine Erkenntnis als gegeben annimmt, die eine einzig verbindliche Sicht des Wirklichen vermittelt und dadurch alle anderen ausschließt.[18]

Der Niedergang der Rhetorik seit dem Ende des 16. Jahrhunderts war bedingt durch den Aufstieg des bürgerlichen Denkens, das die Rolle der Gewißheit verallgemeinerte, in der persönlichen Gewißheit des Protestantismus, der rationalen Gewißheit des Cartesianismus oder der sensualistischen Gewißheit des Empirismus.[19]

Die Geringschätzung der Rhetorik, das Vergessen der Theorie der Argumentation haben zur Negierung der praktischen Vernunft geführt, die Probleme des Handelns wurden entweder auf Probleme des Wissens, also solche der Wahrheit oder Wahrscheinlichkeit zurückgeführt, oder aber als außerhalb der Vernunft liegend angesehen.

Wer dagegen an die Existenz vernünftiger Wahlhandlungen glaubt, die durch Beratungen und Diskussion der unterschiedlichen Lösungen vorbereitet werden, kommt, wenn er sich über die gebräuchlichen intellektuellen Methoden Klarheit verschaffen will, ohne eine Theorie der Argumentation, wie sie die neue Rhetorik bietet, nicht aus.

Diese beschränkt sich dabei nicht auf die praktische Sphäre: für alle, die sich bewußt sind, wie wichtig für unsere Theoriebildung die Wahl von Definitionen, Modellen und Analogien, und in einem noch weiteren Sinne, die Ausarbeitung einer unserem Untersuchungsbereich angepaßten Sprache ist, liegt die neue Rhetorik im Zentrum der theoretischen Probleme. So läßt sich die Rolle der Argumentation an die praktische Vernunft anschließen als eine überall dort grundlegende Funktion, wo die praktische Vernunft am Werke ist, selbst dort, wo es um die Lösung theoretischer Probleme geht. Ich unterstreiche diesen Punkt, um ein Mißverständnis über die Reichweite der Argumentation, wie ich sie sehe, auszuschließen.[20]

2. Argumentation, Redner und Auditorium

Was unterscheidet die Argumentation von einer formal korrekten Beweisführung?

Vor allem sollen die in einer Beweisführung verwendeten Zeichen von jeder Mehrdeutigkeit freigehalten sein. Dagegen erfolgt die Argumentation in einer natürlichen Sprache, aus der die Mehrdeutigkeit nicht von vornherein ausgeschlossen werden kann. Die korrekte Beweisführung folgt Regeln, die in formalen Systemen präzisiert sind. Die Unterscheidung liegt auch darin, und auf diesen Punkt soll weiter eingegangen werden, daß der Status der Axiome, der Prinzipien, von denen man bei Beweisführung und Argumentation ausgeht, ein jeweils anderer ist.

Bei einem mathematischen Beweis stehen die Axiome nicht zur Diskussion; ob man sie als evident, als wahr oder als bloße Hypothesen ansieht, in jedem Fall ist es völlig unerheblich, ob sie vom Publikum akzeptiert werden oder nicht. Wollte man jedoch die Wahl von Axiomen rechtfertigen, müßte man die Argumentation zu Hilfe nehmen, wie bereits Aristoteles in seiner *Topik*[1] deutlich gemacht hat.

Da das *Ziel einer Argumentation* nicht darin besteht, die Folgen aus bestimmten Prämissen abzuleiten, sondern die *Übereinstimmung eines Publikums mit den Thesen, die man seiner Zustimmung unterbreitet hervorzurufen oder zu verstärken,* verläuft sie niemals im Leeren. Sie setzt in der Tat einen geistigen Kontakt zwischen dem Redner und seinem Publikum voraus: eine Rede muß gehört, ein Buch muß gelesen werden, um etwas zu bewirken. Dies gilt auch für den Dialog der inneren Überlegung, wo derjenige, der die Gründe vorträgt, und jener, an den sie sich wenden, ein und dieselbe Person sind. Das kommt in manchen Ratschlägen zum Ausdruck, wie etwa bei „Hör nicht auf die Einflüsterungen deines schlechten Ich" oder „Das solltest du dir nicht wieder in Frage stellen".

Jede Gesellschaft, die die Bedeutung solcher Kontakte erkannt hat, sucht sie zu institutionalisieren und kann sie auch zur Pflicht machen. Die sonntägliche Messe erlaubt so die wöchentliche Begegnung des Pfarrers mit seiner Gemeinde, die Schulpflicht gewährleistet dem Lehrer die Gegenwart der seinem Einfluß unterstellten Schüler, die in der Verfassung vorgesehene jährliche Einberufung von Sitzungen des Parlaments bringt die Regierung zu einem festgesetzten Zeitpunkt vor die Repräsentanten der Nation; die juristischen Verfahren sichern dem Kläger einen ordentlichen Prozeßablauf, auch gegen das Widerstreben der gegnerischen Partei.

Der Ritus, die Unterrichtsprogramme, die parlamentarischen Traditionen und die Verfahrensregeln umschreiben mit mehr oder minder großer Genauigkeit jene thematischen Bereiche, die zum Gegenstand von Kommunikationen werden. Davon abzuweichen, würde als ungesetzlich oder ungehörig, als herausfordernd, als lächerlich oder als skandalös angesehen.

Noch heute, nach mehr als dreißig Jahren, erinnere ich mich an die von einem Redner hervorgerufene peinliche Wirkung, der vor einer Versammlung die Leichenrede für einen dahingegangenen Freund zu halten hatte und diese Rede zu einem Angriff auf einen Teil der Zuhörerschaft mißbrauchte. Eines Mißbrauchs macht sich auch ein Schuldirektor schuldig, dem man die Erziehung der Kinder in Übereinstimmung mit den Werten der Gemeinschaft anvertraut hat und der dies dazu nutzt, Ideen und Werte zu vermitteln, die Skandal hervorrufen.

Die Herstellung oder der Abbruch diplomatischer Beziehungen stellt eine Vorentscheidung dar und bedeutet, daß man entweder bereit ist, mit der anderen Partei zu sprechen oder daß man sie nicht als Gesprächspartner akzeptiert. Bevor man sich noch fragt, wer in einem Streitfall Recht hat, muß man wissen, ob man den Konflikt durch Verhandlung, also über Argumentation, oder durch die Anwendung von Gewalt regeln möchte.

Daß die Argumentation auf eine Zuhörerschaft einwirken möchte und über die Rede ihre Zustimmung erreichen und ihre Überzeugungen und Einstellungen verändern möchte, statt ihr einen Willen durch Zwang oder Abrichtung aufzuerlegen, ist schon eine wesentliche Qualität: der Meinung des Zuhörers wird ein Wert zugemessen. Ebenso wichtig ist es auch, gegebenenfalls das Wort ergreifen zu können, als Wortführer einer Gruppe, einer Institution oder eines Staates, und sich so Gehör zu verschaffen.

Jede Argumentation setzt gedanklichen Austausch voraus, den die sozialen und politischen Institutionen befördern oder behindern können. Es genügt hierzu, an das für totalitäre Staaten charakteristische Monopol der Kommunikationsmittel zu denken und an all die Möglichkeiten, den gedanklichen Kontakt zu sichern oder zu unterbinden. Die freie Meinungsäußerung und die Pressefreiheit sind wesentliche Errungenschaften der Demokratie, doch kann selbst in einer liberalen Gesellschaft nicht jeder das Wort ergreifen und sich Gehör verschaffen. Selbst der erklärteste Befürworter des Dialogs ist nicht bereit, mit jedem Beliebigen eine Diskussion über jedes beliebige Thema zu beginnen.

Aristoteles hatte bereits festgehalten: nicht nur soll man nicht – so schreibt er – mit jedem Beliebigen diskutieren, man soll auch die Auseinandersetzung über bestimmte Fragen vermeiden:

„Die etwa zweifeln, ob man die Götter ehren und die Eltern lieben soll oder nicht, bedürfen der Züchtigung, und die zweifeln, ob der Schnee weiß ist oder nicht, brauchen nur genau hinzusehen."[2]

Manche Fragen sind keiner Erörterung wert, andere können nicht zur Diskussion gestellt werden, da schon dies blasphemisch oder skandalös wäre.

So hatte es ein athenisches Dekret bei Todesstrafe untersagt, einen Gesetzentwurf einzubringen, der die Höhe des Schatzes der Stadt berühren würde.[3] Und bevor Pascal die Gründe für den Glauben an die Existenz Gottes und die Unsterblichkeit der Seele mitteilt, hat er uns in ausführlichen Passagen von der Bedeutung des Problems zu überzeugen versucht, das zu vernachlässigen geradezu Wahnsinn wäre.[4]

In diesem Zusammenhang bleibt anzumerken, daß die Argumentation nicht nur die rein intellektuelle Übereinstimmung zum Ziel hat. Sie geht sehr häufig darauf aus, eine Handlung in Gang zu bringen oder doch eine Neigung zur Handlung herzustellen. Es ist wesentlich, daß die so geschaffene Einstellung hinreichend stark ist, um mögliche Hindernisse überwinden zu können. Dies hat Augustinus sehr genau in dem 13. Kapitel des IV. Buches seiner Schrift *Über die christliche Lehre* festgehalten: „Werden nämlich solche Dinge gelehrt, bei denen es schon genügt, sie bloß zu glauben oder zu kennen, so ist schon das bloße Bekenntnis ihrer Wahrheit zugleich auch die Zustimmung hiezu; werden aber sittliche Pflichten gelehrt, und zwar in der Absicht, um jemanden zu ihrer Erfüllung zu bestimmen, so ist es ganz umsonst, bloß von ihrer Wahrheit überzeugt zu sein, und es ist ganz umsonst, wenn einem die Art gefällt, wie sie vorgetragen werden: es kommt nur darauf an, daß die Belehrung so gegeben wird, daß man die sittliche Pflicht auch wirklich erfüllt. Wenn also der kirchliche Redner eine Pflicht einschärft, dann muß er nicht bloß lehren, um zu unterrichten, und darf nicht bloß ergötzen, um zu fesseln, sondern er muß auch rühren, um zu siegen."[5]

Der Zuhörer ist nur dann wirklich gewonnen, sagt Augustinus, „wenn er liebt, was du versprichst, fürchtet, was du androhst, haßt, was du anklagst; wenn er gerne tut, was du empfiehlst, wenn er das bedauert, was du bedauernswert nennst, wenn er sich darüber freut, was du freudig anpreisest, wenn er sich derer erbarmt, die du ihm durch deine Rede als erbarmungswürdig darstellst, und wenn er vor jenen flieht, vor denen du ihn durch Schreckensworte warnst."[6]

Augustinus wendet sich an die Gläubigen, damit sie ihre innere Zwietracht einstellen, und er begnügt sich dabei nicht mit ihrem Beifall: er spricht, bis sie Tränen vergießen und so die innere Bereitschaft bezeugen, ihre Einstellung zu ändern.

Auch wenn man an der Ausdrucksweise von Augustinus, der von „sittlichen Wahrheiten" spricht, etwas auszusetzen haben mag, so belegen diese Beispiele doch, daß die in einem argumentativen Diskurs vorgetragenen Thesen einmal darauf angelegt sind, bei den Zuhörern eine rein intellektuelle Wirkung, die Bereitschaft, der Wahrheit einer These zuzustimmen, herbeizuführen, zum anderen darauf ausgehen, eine unmittelbare oder eine mögliche

Handlung zu veranlassen. Wer argumentiert, wendet sich nicht an einzelne Fähigkeiten wie die Vernunft, die Gefühle oder den Willen. Der Redner wendet sich an den ganzen Menschen, doch wird die Argumentation je nach der gegebenen Sachlage verschiedene Wirkungen zu erreichen suchen und je nach dem Gegenstand der Rede und der Art der Zuhörerschaft, auf die man einwirken will, jeweils angemessene Methoden einsetzen. So wird ein Anwalt jeweils einen bestimmten Stil und eine besondere Argumentationsart je danach einsetzen, ob eine zivilrechtliche oder eine strafrechtliche Sache ansteht, ob es um eine politische Angelegenheit oder um eine des gemeinen Rechts geht, ob er in einer Sache des Privatrechts oder des internationalen öffentlichen Rechts plädiert, und je nach der Beschaffenheit des Tribunals, das er überzeugen will. Die Theorie der Argumentation kann dem Redner für den gegebenen Fall nur den allgemein gehaltenen Ratschlag erteilen, sich auf seine Zuhörerschaft einzustellen.

Auf welches Publikum ist die Argumentation ausgerichtet?

In manchen Fällen ergibt sich die Antwort von selbst. Ein Anwalt, der vor einem Gerichtshof plädiert, muß dessen Richter überzeugen. Doch wie verhält es sich bei der Rede eines Staatsmanns vor dem Parlament? Schließt seine Zuhörerschaft alle ein, die ihn hören, auch wenn seine Rede durch den Rundfunk übertragen wird? Wendet sich, wer ein Interview gibt, an den Journalisten oder an die Leserschaft seiner Zeitung oder an die nationale oder internationale öffentliche Meinung, der seine Erklärung zur Kenntnis gelangen kann? Offensichtlich deckt sich die Zuhörerschaft eines Redners nicht mit der Gesamtheit derer, die ihn tatsächlich hören könnten und erst recht nicht mit allen möglichen Lesern. Andererseits kann es sein, daß der Redner einen Teil seiner Zuhörerschaft nicht berücksichtigt, etwa den bei einer Verhandlung mit anwesenden Polizisten, oder bestimmte Oppositionsmitglieder bei einer politischen Rede, die eine parlamentarische Mehrheit erreichen will.

Die Zuhörerschaft besteht ebenfalls nicht unbedingt aus denen, die der Redner ausdrücklich anspricht. Im britischen Parlament ist der Redner gehalten, sich an den Präsidenten des Hauses zu wenden, wobei sich seine Rede in Wirklichkeit an die eigenen Parteifreunde, an die nationale oder internationale öffentliche richtet. In einem Café war einmal ein Anschlag zu sehen: „Lieber Fiffi, du darfst hier nicht auf die Sessel", was nicht bedeutet, die in dies Café mitgebrachten Hunde könnten das wirklich lesen und verstehen. Zuhörerschaft läßt sich in einer für die Argumentationstheorie und ihre Entwicklung sinnvollen Weise definieren als die *Gesamtheit derer, auf die der Redner durch seine Argumentation einwirken will.*

Worin besteht nun diese Gesamtheit? Sie kann sehr unterschiedlich beschaffen sein und etwa im Fall einer inneren Auseinandersetzung, bei der es um die richtige Entscheidung in einer schwierigen Situation geht, nur aus der Person des Redners selbst bestehen und in einem anderen Fall die gesamte Menschheit umfassen, deren kompetente und vernünftige Mitglieder ich als die universale Öffentlichkeit auffasse, und dazwischen liegt eine unendliche Vielfalt partikularer Zuhörerschaften.

Für manche, die in besonderem Maße Individualismus und Rationalismus in sich vereinigen, liefert die innere Auseinandersetzung mit sich selbst das Modell für ein aufrichtiges und ehrliches Urteilen, in dem nichts verborgen und niemand getäuscht werden soll und wo es nur über die eigenen Ungewißheiten zu obsiegen gilt. So liegt für Pascal das bedeutsamste Kriterium der Wahrheit in der „eigenen Zustimmung zu sich selbst und der beständigen Stimme der eigenen Vernunft".[7] Und ganz ähnlich wendet sich Descartes in der Vorrede zu seinen *Meditationen* an den Leser: „... so will ich in den Meditationen zunächst einmal ebendie Gedanken darlegen, mit deren Hilfe ich zur sicheren und klaren Erkenntnis der Wahrheit gelangt zu sein glaube, um so zu erfahren, ob ich vielleicht durch dieselben Gründe, die mich überzeugt haben, auch andere überzeugen kann."[8] Für Autoren wie Schopenhauer und J. St. Mill stimmt die Logik mit den zur Entwicklung der eigenen Gedanken angewendeten Regeln überein, während die Dialektik als die Technik der Kontroverse und die Rhetorik als die der öffentlichen Rede aufgefaßt wird.[9] Chaignet trifft in seiner Darstellung *La rhétorique et son histoire* die Unterscheidung zwischen

Überreden und *Überzeugen* wesentlich so, daß die Überredung von einem anderen ausgeht, während man sich selbst immer überzeugt.[10]

Doch galt dies nur solange, bis die Ergebnisse der Psychoanalyse gezeigt hatten, daß man sich selbst täuschen kann und daß die eigenen Gründe mitunter auch nur zur Rechtfertigung dienen. Diese Idee findet sich im Ansatz schon bei Schopenhauer, für den der „Intellekt" nur die eigentlichen Motive unseres Handelns verdeckt, die ihrerseits völlig irrational sind.[11]

Ein einzelner Gesprächspartner des Dialogs könnte als Zuhörerschaft vor der einer Menge auf einem öffentlichen Platz den unbestreitbaren Vorzug bieten, daß Ansichten, die sich im Gesprächsverlauf zu seinen Überzeugungen und Einstellungen ergeben, durch das Verfahren von Frage und Antwort überprüft werden könnten. Im Fortgang des Dialogs oder der Kontroverse erkennt der Redner seinen Gesprächspartner immer besser, da er unterstellen kann, daß ihn dieser nicht irreführen will. Da das Ziel des Ideenaustausches darin liegt, den Diskussionsteilnehmern eine bessere gegenseitige Kenntnis zu vermitteln, gewährleistet die hier gezeigte Übereinstimmung einen dichteren Ablauf der Argumentation: daher verglich Zenon die Dialektik, die Technik des Dialoges, mit einer geschlossenen Faust und die Rhetorik mit einer geöffneten Hand.[12]

Diese durchaus zutreffende Unterscheidung hängt zweifellos mit der besseren Kenntnis des Dialogpartners zusammen, zumindest im Hinblick auf den Gesprächsgegenstand. Denn es wäre für den Redner wenig sinnvoll, seine Argumentation zu entwickeln, ohne auf die Reaktionen seines einzigen Gegenüber zu achten. Der Dialogpartner wird ja unvermeidlich von einer passiven Zuhörerrolle zu einer aktiven Teilnahme in dem Gespräch gebracht. Wer nur redet, ohne sich um die Reaktionen des Zuhörenden zu kümmern, wird eher als ein vom inneren Dämon getriebener Visionär und nicht als ein vernünftiger Mensch angesehen werden, der seine Ansichten mitteilen möchte. Daher erweist sich auch in diesem Fall die sokratische Methode von Frage und Antwort als der Argumentation vor einem Einzelnen oder vor einer begrenzten Zahl angemessen, während lange Reden bei einer größeren Zuhörerschaft angebracht sind. Doch ist der wesentlich von den Umständen her bestimmte Unterschied der argumentativen Technik, der aus der mehr oder minder gesicherten und ausdrücklichen Zustimmung zu den entwickelten Argumenten herrührt, nicht als ein spezifischer Unterschied aufzufassen.

Bei einer Rede zu einem eng definierten Thema vor einer Zuhörerschaft von Spezialisten wie Physikern, Historikern oder Juristen ist die Technik von Frage und Antwort nicht angebracht, da es in jeder Disziplin einen Bestand von Thesen und Methoden gibt, der für jeden Spezialisten verbindlich ist und nur in Ausnahmefällen in Frage gestellt werden kann; sie nach Belieben zu bestreiten, zeugte von Inkompetenz, da dies den Bestand der wissenschaftlichen Glaubenssätze gefährdete.[13] Je zentraler diese für eine bestimmte Wissenschaft sind, je schwerwiegender die Abkehr davon wäre und je eher dies einer wissenschaftlichen Revolution[14] gleichkäme, desto entschiedener halten die Vertreter der Disziplin an ihnen fest. Sie billigen die Argumente des revolutionären Denkers erst nach einem Streit, der mitunter über eine ganze Generation dauern kann.

So gelten vor einer spezialisierten Zuhörerschaft bestimmte Thesen und Methoden bis zu einem neuen Wissenschaftsentwurf als allgemein anerkannt, und daher erübrigt es sich hier, auf die Zustimmung der Zuhörerschaft abzuheben. Nur wenn es keinen Bestand gesicherter Wahrheiten und Thesen gibt, wird der Einsatz der Dialektik von Fragen und Antworten notwendig.

Der Spezialist, der sich an eine wissenschaftliche Gesellschaft wendet, weiß ebenso wie der in seiner Kirche predigende Priester, auf welche Thesen er seine Darstellung gründen kann. Dagegen befindet sich hier der Philosoph in einer sehr viel schwierigeren Lage. Denn da sein Diskurs sich im Prinzip an alle Welt richtet, an die universale Öffentlichkeit all derer, die ihn hören und die seiner Argumentation folgen könnten, vermag er nicht wie der Wissenschaftler oder der Prediger auf einen Bestand philosophischer Sätze zurückzugreifen, die für alle Mitglieder seines Publikums gültig sind. Daher muß er nach Tatsachen, Wahrheiten und allgemeinen

Werten suchen, die auch dann, wenn die vorgebrachten Thesen nicht die ausdrückliche Zustimmung aller Mitglieder der universalen Öffentlichkeit finden – dies ist ohnehin unerreichbar –, dennoch für alle mit zureichender Vernunft als gleichermaßen gegeben erachtet werden. Dazu appelliert der Philosoph an den gesunden Menschenverstand oder an die allgemeine Meinung, an die Einsicht oder die Gewißheit und setzt dabei voraus, daß jeder Einzelne der universalen Öffentlichkeit Teil jener Gemeinschaft ist, auf die sich der Redner bezieht, daß er dieselben Einsichten hat und von den gleichen Gewißheiten ausgeht. Eine Nichtzustimmung hierzu ließe sich durch eine bloße Verneinung nicht zureichend ausdrükken, denn wenn die Rede des Philosophen der Allgemeinheit als annehmbar und überzeugend erscheint, so muß der davon Abweichende beweisen, daß nicht er der „Unvernünftige“ ist, der sich gegen die allgemeine Meinung stellt, sondern daß er für seine Opposition oder doch zumindest für seinen Skeptizismus gute Gründe anführen kann. Mithin ergibt sich auch dort, wo es nicht um eine an einen Einzelnen oder an eine begrenzte Zahl gerichtete Rede, sondern um einen Appell an die Vernunft, und das heißt an die universale Öffentlichkeit, geht, der Dialog über alle kontroversen Punkte als notwendig. Daher ist die Dialektik oder die Technik der Kontroverse so zentral für die philosophische Argumentation, wie es die sokratischen Dialoge und die von ihnen ausgehenden Philosophen belegen.

Die Unterscheidung von Reden an einige Wenige und solchen, die für alle gültig sein sollen, läßt deutlicher werden, was die überredende Rede von der auf Überzeugung angelegten Rede unterscheidet. Statt davon auszugehen, daß die Überredung sich an die Vorstellung, an das Gefühl, kurz, an den Automaten wendet, während die überzeugende Rede sich auf die Vernunft beruft,[15] und anstatt die eine Rede der anderen wie das Subjektive dem Objektiven gegenüberzustellen, lassen sie sich technischer und auch exakter dadurch definieren, daß die an eine besondere Zuhörerschaft gerichtete Rede zu überreden sucht, während die Rede an die universale Öffentlichkeit auf Überzeugung abzielt.

Da diese Unterscheidung sich nicht nach der Anzahl der Personen in einer Zuhörerschaft richtet, sondern von den Absichten des Redners ausgeht (strebt er die Zustimmung einiger oder die jeden Vernunftwesens an?), kann der Redner die von ihm Angesprochenen – und dies selbst bei einer inneren Auseinandersetzung – ausschließlich als stellvertretend für die universale Öffentlichkeit ansehen.[17] Bei einer überzeugenden Rede sind Prämissen und Argumente verallgemeinerungsfähig, das heißt, grundsätzlich für alle Mitglieder der universalen Öffentlichkeit übernehmbar. Nach dieser Sichtweise läßt sich die herkömmlich mit den Begriffen Wahrheit und Vernunft verbundene eigentliche Originalität der Philosophie sehr viel besser durch ihren Bezug auf die universale Öffentlichkeit und deren Auffassung durch den Philosophen verstehen.

Bei Aristoteles ist für die Rhetorik, jedoch nicht für die Topik, der Begriff der Zuhörerschaft richtunggebend, denn er untersucht die Gefühle und Leidenschaften, die der Redner durch seine Rede[18] hervorrufen kann, im Hinblick auf die jeweilige Zuhörerschaft, und je nach der besonderen Funktion der Zuhörerschaft unterscheidet er drei Arten der Rede. Bei dieser Unterscheidung der Redearten nach der dem Zuhörer eingeräumten Rolle geht Aristoteles von der athenischen Praxis aus: „Der Zuhörer muß betrachten und beurteilen, beurteilen entweder Geschehenes oder Kommendes. Wer das Kommende beurteilt, gleicht dem Mann in der Volksversammlung, wer das Geschehene beurteilt, dem Richter, wer eine Rednergabe beurteilt, dem Zuschauer. Daher muß es drei Gattungen von rednerischen Erörterungen geben, die Ratsrede, die Gerichtsrede und die Festrede."[19]

In der beratenden Rede rät der Redner zu oder ab, und seine Meinung bestimmt sich nach dem, was als das Nützlichste erscheint. In der Gerichtsrede klagt er an oder verteidigt er im Hinblick auf die Entscheidung für das Gerechte. In der epideiktischen Rede lobt oder tadelt er, und seine Rede bezieht sich auf das Schöne und das Häßliche.[20]

Wenn Aristoteles zur Darstellung der beratenden Rede die politische Versammlung heranzieht und die Gerichte für die Gerichtsrede, so veranschaulichen die während der olympischen Spiele abgehaltenen Rednerwettbewerbe die Besonderheiten der epideiktischen Rede. Denn bei solchen Spielen verhalten sich die Zuhörer als Zuschauer, und ihre Aufgabe liegt allein darin, den Sieger zu bestimmen, dessen Rede der Preis gebührt. „Reden wurden wie Theateraufführungen oder athletische Wettkämpfe betrachtet, in denen sich die Leistung der Teilnehmer darstellen sollten. Die besondere Art der epideiktischen Rede führte dazu, daß die Rhetoren ihre Lehre den Grammatikern überließen und nur die beiden anderen Arten unterrichteten, die der praktischen Beredsamkeit zugerechnet wurden. Den Theoretikern erschien die epideiktische Rede als eine Entartung der Beredsamkeit, die allein darauf ausging, zu gefallen und gesicherte oder doch unbestrittene Gegebenheiten durch Ausschmückung herauszustellen ... Daher schien die epideiktische Rede eher zur Literatur als zur Argumentation zu gehören.“[21]

Uns dagegen erscheint die epideiktische Rede als zentral, da sie ihrer Funktion nach die Zustimmung gegenüber den Werten verstärkt, ohne die die auf Handlung gerichteten Reden kein Mittel finden könnten, ihre Hörer zu erregen und zu bewegen. So kann es geschehen, daß aus einer Trauerfeier für das Opfer eines politischen Mordes ein Aufruhr wird mit dem Ruf nach einer Bestrafung der Schuldigen. Die Analyse der berühmten Rede des Antonius in Shakespeares *Julius Cäsar* (2. Akt, 2. Szene) zeigt deutlich, wie künstlich die Trennung der Redearten ist, denn der Redner, der in einer epideiktischen Rede wie der Trauerrede versucht, im Hinblick auf bestimmte Werte eine Gemeinsamkeit zu schaffen, kann die hervorgerufene Erregung dazu nutzen, um jene, die vor seiner Rede lediglich die Absicht gehabt hatten, sich vor der sterblichen Hülle des Verstorbenen zu versammeln, zu Aktion und Revolte anzufeuern.

Die epideiktische Rede hat in der Regel einen erzieherischen Aspekt, denn sie zielt weniger darauf, eine direkte Handlung hervorzurufen als vielmehr eine Disposition zu einer Handlung herzustellen, wenn der geeignete Moment gekommen ist. Als ihr Ziel nur den Ruhm des Redners zu sehen, wird weder ihrer Art noch ihrer Bedeutung gerecht. Allerdings kann der Ruhm des Redners aus einer solchen Rede entstehen, doch darf die Folge einer Rede nicht mit ihrem Ziel verwechselt werden: dieses besteht darin, Übereinstimmung für bestimmte Werte zu schaffen, die man durchsetzen möchte und an denen sich die Handlung in der Zukunft ausrichten soll. Auch die gesamte praktische Philosophie zählt so zur epideiktischen Art.

3. Die Prämissen der Argumentation

Um durch seine Rede wirksam handeln zu können, muß sich der Redner auf sein Publikum einstellen.

Worin besteht eine solche Anpassung als spezifische Voraussetzung der Argumentation? Wesentlich darin, daß der Redner zum Ausgangspunkt seiner Darlegung nur solche Thesen wählt, für die er bei seiner Zuhörerschaft auf Zustimmung rechnen kann.

Denn das Ziel der Argumentation liegt anders als beim Beweis nicht darin, die Wahrheit der Schlußfolgerung von der Wahrheit der Prämissen ausgehend zu beweisen, sondern die den Prämissen eingeräumte *Zustimmung* auf die Folgerungen zu übertragen.

Um sein Ziel nicht zu gefährden, darf der Redner nur von solchen Prämissen ausgehen, für die ausreichende Zustimmung besteht: sollte sie nicht hinreichen, so wird der auf Überredung bedachte Redner sie mit allen Mitteln zu verstärken suchen. Denn die Übertragung der Zustimmung wird erst möglich durch das Herstellen einer Übereinstimmung zwischen den Prämissen und den Thesen, für die man die Zustimmung erst noch erreichen möchte. Wenn die Schlußfolgerung den Überzeugungen des Hörers zu sehr entgegensteht, dann wird dieser eher eine der Prämissen bestreiten und so alle Bemühungen des Redners zunichte werden lassen. Diese Folge wäre mit dem Schluß *ad absurdum* zu vergleichen, der uns über eine falsche Schlußfolgerung dazu zwingt, eine der Prämissen als falsch zurückzuweisen. In der Argumentation wird ebenfalls zurückgewiesen, doch wird eine der Prämissen nicht deshalb verworfen, weil die daraus abgeleitete Schlußfolgerung falsch, sondern weil sie unannehmbar ist.

Wer in seiner Argumentation die Zustimmung des Publikums zu den Prämissen seiner Rede außer acht läßt, begeht den schwerwiegendsten Fehler: die *petitio principii* (Vorwegnahme des Grundes). Üblicherweise als logischer Fehler angesehen ist sie aber kein

Fehler in der Beweisführung, da sie in keiner Weise die Richtigkeit oder Falschheit der einzelnen Sätze der Folgerung berührt. Die Aussage *wenn p, dann p,* wonach ein Satz sich selbst einschließt, ist nicht nur wahr, sondern als *Identitätsprinzip* ein fundamentales Gesetz der Logik. Doch unter dem Aspekt der Argumentation verändert sich alles, denn hier geht es darum, durch eine Argumentation die Zustimmung zur These p zu erreichen: sie kann nicht von Anfang an als eine von den Zuhörern bereits akzeptierte These dargestellt werden.

Für die petitio principii bietet die Rede des Antiphon über den Mord des Herodes ein charakteristisches Beispiel: „Wisset, ich verdiene euer Mitleid eher als eine Strafe. Strafe gebührt den Schuldigen, Mitleid aber den Opfern ungerechter Beschuldigung."[1]

Die zu Beginn gegebene Folgerung würde dann zwingend, wenn die eingeführte Unterstellung „ich bin unschuldig" akzeptiert wird: in diesem Falle wäre der Prozeß geschlossen und der Angeklagte freigesprochen. Da der Prozeß aber noch im Gange und das Urteil noch nicht ergangen ist, wird offenkundig, daß hier eine petitio principii vorliegt.

Dies Beispiel belegt, daß zwischen der Wahrheit einer These und der Zustimmung zu einer These zu trennen ist. Selbst wenn die These wahr sein sollte, würde es doch eine petitio principii bedeuten, sie bereits dann als akzeptiert anzunehmen, solange sie noch umstritten ist.

Hierbei ist daran zu erinnern, daß Bentham, dem Schopenhauer hierin folgt, die Verwendung von bewertenden oder abwertenden Bezeichnungen bei der Beschreibung eines Phänomens als „in einem einzigen Wort verborgene petitio principii" charakterisiert hat. Was ein neutraler Beobachter etwa als ein „kultisches Phänomen" beschreibt, wird von einem befürwortenden Beobachter als „Ausdruck der Frömmigkeit", von einem ablehnenden als „Aberglaube" beschrieben werden.[2]

Bentham und Schopenhauer sehen in der positiven oder negativen Einschätzung zu unrecht einen Sophismus, eine petitio principii, als sei nämlich jede Stellungnahme an sich zu kritisieren: eine petitio principii besteht jedoch nur so weit, als diese in der Zuhörerschaft vorausgesetzte Einstellung von ihr in Wirklichkeit abgelehnt wird.

Anpassung an das Publikum heißt vor allen Dingen, die ihm vertrauten Thesen als Prämissen der Argumentation zu nehmen.

Unter den zur Übereinstimmung geeigneten Thesen, aus denen der Redner den Ausgangspunkt seiner Rede gewinnt, sind die auf *das Wirkliche*, das heißt auf Tatsachen, Wahrheiten und Annahmen bezogenen Thesen von den anderen zu unterscheiden, die sich auf das *Wünschenswerte*, das heißt auf die Werte, die Hierarchien und die Orte des Wünschenswerten beziehen.

Da die Sprache und die allgemeine Auffassung mit „die Tatsachen" und „die Wahrheiten" objektive Elemente bezeichnen, die für alle gültig sind, so darf die in argumentativer Sicht unternommene Analyse die entsprechende Einstellung der Zuhörerschaft nicht außer acht lassen.

Wird der Status „Tatsache" oder „Wahrheit" einem objektiven Element zugeschrieben, das nach H. Poincaré „einzelnen denkenden Wesen gemeinsam ist und allen gemeinsam sein könnte",[3] das also in der universalen Öffentlichkeit als gegeben angenommen werden kann, dann wäre es möglich, sich auf die Tatsachen und Wahrheiten als auf feste Gegebenheiten zu verlassen, ohne daß es noch nötig wäre, die darauf bezogene Zustimmung der Zuhörerschaft zu verstärken. „Die Zustimmung stellt sich dem Einzelnen lediglich als eine subjektive Reaktion auf etwas dar, das für alle verbindlich ist."[4]

Sobald jedoch eine Tatsache oder eine Wahrheit von der Zuhörerschaft angefochten werden, kann sich der Redner nur noch dann durchsetzen, wenn er nachzuweisen vermag, daß der Gegner sich täuscht, oder zumindest, daß dessen Ansicht nicht berücksichtigt zu werden braucht. Damit disqualifiziert er ihn und spricht ihm ab, ein kompetenter und vernünftiger Diskussionsredner zu sein.

Der Status Tatsache oder Wahrheit ist also nicht auf Dauer gewährleistet, außer unter der Voraussetzung, es gebe eine unfehlbare Autorität, eine Göttlichkeit, deren Versprechen und Offenbarungen keinen Widerspruch erlauben und durch die Tatsachen und Wahrheiten garantiert sind. Gibt es jedoch keine solche absolute Garantie, Evidenz oder Notwendigkeit mit gleicher Verbindlichkeit für jedes vernünftige Wesen, dann können die in der öffentlichen oder in der Expertenmeinung geltenden Wahrheiten wieder in Frage gestellt werden. Ist allerdings die Übereinstimmung hinreichend allgemein, so kann ohne Gefahr der Lächerlichkeit niemand gegen sie angehen, wenn er nicht zumindest die Gründe seiner Skepsis rechtfertigend offenlegt. Ein allgemeiner Zweifel, wie ihn Descartes vertritt, reicht nicht dazu aus, eine einzelne Tatsache zu widerlegen, da er im konkreten Fall nicht als begründet angesehen wird. Bei L. Wittgenstein finden sich hierzu treffende Überlegungen.[5]

Wie läßt sich eine Tatsache oder eine Wahrheit widerlegen? Die wirksamste Technik, sie zu bestreiten, liegt darin, ihre Unvereinbarkeit mit anderen Tatsachen oder anderen Wahrheiten aufzuzeigen, die ihrerseits als stärker gesichert gelten, und diese am besten in einem weiteren Zusammenhang von unverzichtbaren Tatsachen oder Wahrheiten vorzutragen. Eine solche Herausforderung kann sich mitunter darauf beschränken, das Resultat eines mit unzureichender Sorgfalt angelegten Experiments in Frage zu stellen. Andererseits aber kann sie mitunter zu einer intellektuellen Revolution in Wissenschaft, Philosophie oder Religion führen. Und eine solche Konfrontation kann auch so ausgehen, daß jeder auf seiner Position verharrt: dieser Fall tritt in den Naturwissenschaften eher selten, häufiger jedoch bei philosophischen oder religiösen Auseinandersetzungen ein.[6]

Wir stützen uns häufig neben Tatsachen und Wahrheiten auch auf weniger gesichert darstellbare Annahmen, die dennoch eine ausreichende Basis für eine vernünftige Überzeugung abgeben. Diese Annahmen beziehen sich herkömmlicherweise auf die normalen Abläufe, von denen man vernünftigerweise ausgehen kann. Wenn diese auf die allgemeine Erfahrung und den gesunden Menschenverstand bezogenen Annahmen es auch erlauben, sich im Leben zu orientieren, so können sie doch durch die Tatsachen widerlegt werden: das Unerwartete läßt sich nicht ausschließen.

Zur Veranschaulichung einige derartige allgemeine Annahmen: „Die Annahme, derzufolge die Art einer Handlung der des Handelnden entspricht; die Annahme der natürlichen Gutgläubigkeit, wonach es unser erster Impuls ist, das für wahr zu halten, was man uns mitteilt; die Annahme der Interesse, aus der wir schließen, daß jede uns zur Kenntnis gebrachte Aussage uns auch interessieren soll; die Annahme über den vernünftigen Charakter jeder menschlichen Handlung."[7]

Diese Annahmen gründen auf der Vorstellung, daß das Normale der Fall ist. Doch kann der Begriff des Normalen unterschiedlich interpretiert werden und sich eine Diskussion darüber entwickeln, ob die Annahme bei der Sachlage im gegebenen Fall Gültigkeit besitzt. Hier würde es sich bereits um den Versuch handeln, eine die gegnerische These stützende Annahme aufzuheben. Hierin liegt die eigentlich unmittelbare Wirkung einer Annahme: wer ihrer Anwendung widerspricht, muß die Beweislast tragen.

Die *Annahmen ad hominem* können sowohl am Anfang wie am Ende einer Folgerung stehen. Dagegen bieten die auf das Gesetz oder die Jurisprudenz gegründeten *Annahmen ad legem* – ob sie nun den Gegenbeweis zulassen (Annahmen *juris tantum*) oder nicht (Annahmen *juris et de jure*) – ausgezeichnete Beispiele für Thesen, von denen aus sich ein juristisches Folgern entwickeln läßt, da sie immer denen den Beweis ersparen, denen sie nutzen.[8]

Den Urteilen, die sich aus dem empirischen oder angenommenen Wirklichen ergeben, lassen sich jene gegenüberstellen, die eine Präferenz (Werte und Hierarchien) zum Ausdruck bringen oder das Wünschenswerte (die Orte des Wünschenswerten) anzeigen.

Nach einer Definition von Louis Lavelle kommt der Ausdruck Wert überall dort zur Anwendung, wo wir es mit einem „Bruch der Gleichheit oder Gleichgültigkeit zwischen den Dingen zu tun haben, überall dort, wo eines vor oder über ein anderes gestellt werden muß, überall dort, wo es als überlegen beurteilt und der anderen Sache vorgezogen zu werden verdient".[9]

Diese Definition des Wertes gilt vor allem für die Hierarchien, in denen die hierarchisch geordneten Elemente ausdrücklich angegeben sind. Häufig bezeichnen die positiven oder negativen Werte eine günstige oder ungünstige Einstellung im Hinblick auf das Bewertete, ohne eine Beziehung zu anderen Gegenständen herzustellen: positiv wird bewertet, was die Bezeichnungen gut, gerecht, schön, wahr oder wirklich erhält, negativ das, was als schlecht, ungerecht, häßlich, falsch oder scheinbar bezeichnet wird.

Der Ausdruck „Wirklichkeit" oder das „Wirkliche" ist hierbei mehrdeutig. Das Wirkliche als Gegenstand wissenschaftlicher Forschung schließt Abstufungen aus: alle Wirklichkeiten haben den gleichen Rang und sind als Elemente eines Universums miteinander vereinbar. Die Ontologie dagegen oder die philosophische Untersuchung des Wirklichen führt Stufen in das Wirkliche ein, hierarchisiert Aspekte und bringt Werturteile in die Beschreibung des Gegebenen.

Soweit Werturteile umstritten sind, werden sie von den Positivisten als außerhalb der Objektivität liegend und im Gegensatz zu den Wirklichkeitsaussagen angesehen, bei denen Erfahrung und Überprüfung eine Übereinstimmung aller ermöglichen. Werturteile lieferten demgegenüber lediglich einzelnen Gruppen einen Kristallisationspunkt. Eine Objektivität der Werte lasse sich daher kaum oder nur über eine petitio principii behaupten.

Aber gibt es nicht universale, für alle gültige Werte, wie das *Wahre*, das *Gute*, das *Schöne*, das *Gerechte*? Ließe sich nicht ohne Widerspruch behaupten, diese Werte fänden die Zustimmung der universalen Öffentlichkeit?

In der Tat finden diese Werte eine universale Anerkennung, solange sie unbestimmt bleiben. Sobald man sie durch den Bezug auf eine Situation oder auf eine konkrete Handlung zu präzisieren versucht, ergeben sich sofort abweichende Auffassungen und Widersprüche einzelner Gruppen.

Für E. Dupréel stellen die Universalwerte lediglich *Persuasionsinstrumente* dar, „eine Art geistiger Werkzeuge, die sich vollständig von der Wirklichkeit, die sie formen, ablösen lassen, bevor man sich ihrer bedient, und die ebenso auch nach ihrer Verwendung intakt und für weitere Gelegenheiten bereit bleiben".[10]

Die allgemeinen Werte spielen in der Argumentation eine wesentliche Rolle, da durch sie die Einzelwerte, um die der Konsens der Gruppen sich kristallisiert, als besondere Facette der allgemeinen Werte dargestellt werden können. Diese Einbringung der Einzelwerte in einen sie übergreifenden Zusammenhang bezeugt, daß man über die Gruppenwerte hinaus strebt und daß die Bedeutung der Allgemeingültigkeit von Werten und der Zustimmung der universalen Öffentlichkeit anerkannt wird.

Die Analyse der Argumentation über Werte muß die allzu häufig vernachlässigte Unterscheidung zwischen abstrakten Werten wie Schönheit oder Gerechtigkeit einerseits und den konkreten Werten wie Frankreich oder der Kirche andererseits neu unterstreichen.

Konkreter Wert kommt einem Einzelwesen zu, einem Objekt, einer Gruppe oder einer Institution, jeweils in ihrer Einmaligkeit aufgefaßt. Die Einmaligkeit eines Wesens herauszustellen, bedeutet immer auch, es positiv zu bewerten. Alles Fungible und Austauschbare ist eben dadurch schon abgewertet. „Die romantischen Schriftsteller haben uns den einmaligen Charakter bestimmter Wesen, bestimmter Gruppen und bestimmter historischer Momente enthüllt und haben dadurch auch im philosophischen Denken eine Reaktion gegen den abstrakten Rationalismus hervorgerufen, eine Reaktion, die sich in dem eminenten Rang abzeichnet, der der menschlichen Person als dem konkreten Wert per excellence zugesprochen wird."[11]

Bestimmte Verhaltensweisen und Tugenden lassen sich nur im Hinblick auf konkrete Werte definieren und begreifen, wie *Treue, Loyalität, Solidarität, Ehre.* Dagegen beziehen sich Rationalismus und Klassizismus auf abstrakte Tugenden wie Gerechtigkeit, Wahrhaftigkeit, Menschenliebe, den kategorischen Imperativ Kants, in dem die Moral durch die Verallgemeinerungsfähigkeit bestimmt wird, das utilitaristische Prinzip Benthams, nach dem das Gute durch das der größten Zahl Nützlichste definiert ist.

In der Argumentation kann man weder auf abstrakte noch auf konkrete Werte verzichten. Man wird sie allerdings je nach den Umständen einander unterordnen. So überwiegt für Aristoteles die Liebe zur Wahrheit (abstrakter Wert) über die Platon geschuldete Freundschaft (konkreter Wert). Für Erasmus ist ein ungerechter Friede, ein konkreter Wert, der Gerechtigkeit als abstraktem Wert vorzuziehen.

Das Nachdenken über Gott belegt dieses Wechselspiel der Perspektiven. Rühren alle Werte von Gott als dem obersten konkreten Wert her oder ist Gott das vollkommene Wesen, weil er das Gute, das Wahre und das Gerechte verkörpert? Muß man, wenn man Gott als Vorbild nimmt, entscheiden, ein Verhalten ist weise und gerecht, weil es göttlich ist, oder umgekehrt – in dem Maße, in dem ein Verhalten bewertet wird –, es ist Gott zuzuschreiben, der nicht schlecht handeln kann? In diesem Zusammenhang zögert Descartes nicht zu behaupten: „Um die Natur Gottes zu erkennen, soweit ich dies nach meiner Natur vermochte, brauchte ich mich nur bei allen Dingen, von denen ich in mir eine Vorstellung hatte, zu fragen, ob es Vollkommenheit bedeutete oder nicht, sie zu besitzen, und ich konnte sicher sein, daß keine von denen, die irgendeine Unvollkommenheit kennzeichnete, in ihm war, er jedoch alle anderen besaß."[12]

Die auf konkrete Werte gegründeten Folgerungen scheinen typisch für konservative Gesellschaften. Dagegen eignen sich abstrakte Werte besser zur Kritik und sind so auch auf die Rechtfertigung des Wandels und auf den Geist der Revolution bezogen.

Die Argumentation stützt sich neben den Werten auf Hierarchien, die konkret oder abstrakt, homogen oder heterogen sein können.

Zahlreiche Folgerungen gehen von der Vorstellung aus, daß Menschen den Tieren und Götter den Menschen überlegen seien. Für Scheler lassen sich die Werte nach ihren Trägern anordnen, die auf Personen bezogenen Werte sind hiernach denen übergeordnet, die mit Dingen zu tun haben.[13]

Neben den konkreten Hierarchien, für die wir einige Beispiele gegeben haben, beziehen sich andere auf abstrakte Werte, wie den Vorrang des Gerechten über das Nützliche. Ein abstraktes Prinzip wie das der Vorgängigkeit der Ursache vor der Wirkung vermag für eine große Zahl von konkreten Wirklichkeiten eine Rangfolge herzustellen.

Die Überlegenheit des Einen über das Vielfältige liegt der ganzen Ontologie Plotins zugrunde. Heterogene Hierarchien bringen unterschiedliche Werte in Beziehung („die Achtung vor der Wahrheit hat höheren Rang als die Freundschaft zu Plato"), homogene Hierarchien beruhen dagegen auf der Quantität: die größtmögliche Menge eines positiven Wertes wird bevorzugt und entsprechend die kleinstmögliche Menge eines negativen Wertes (der schwächere Schmerz, das kleinere Übel ist im Vergleich einem größeren Schmerz oder Übel vorzuziehen).

Während das, was dem Wirklichen und Wahren nicht entspricht, nur Schein, Illusion oder Irrtum sein kann, hat der Konflikt der Werte nicht die Verwerfung des geopferten Wertes zur Folge, sondern man hängt im Gegenteil an dem, was man opfert, und daher fällt das Opfer schwer, ein geringerer Wert bleibt trotz allem ein Wert.

Auf der allgemeinsten Ebene finden sich im Bereich der Werte die Aussagen über das, was vorzuziehen ist, die eine den Annahmen vergleichbare Rolle spielen. Hier lassen sich die bei den antiken Autoren, insbesondere bei Aristoteles so bezeichneten Gemeinplätze und die besonderen Topoi unterscheiden.[14]

Bei der Darstellung der Topoi werden wir uns auf die Topoi des Vorzuziehenden beschränken, die Aristoteles unter den Topoi des Akzidenz[15] aufführt. Die Gemeinplätze sind allgemeinste Aussagen über den jeweils höher geschätzten Wert in allen Bereichen, während die besonderen Topoi die Präferenzen für einzelne Bereiche bezeichnen.

Ein Topos der *Quantität* wäre die Aussage, daß der dauernde und vielfältige Vorteil der größtmöglichen Zahl dem vorzuziehen ist, was weniger verläßlich und nur in einzelnen Fällen einer geringeren Zahl nützlich ist. Der Topos der *Qualität* gibt als Grund dafür, etwas vorzuziehen, den Umstand an, daß sie einzigartig und selten, unersetzlich und eine nicht wiederkehrende Gelegenheit sei: *carpe diem.* Dieser Topos stellt die Eliten über die Masse, das Außergewöhnliche über das Durchschnittliche und begünstigt das Schwierige, das im Augenblick Notwendige, das Dringliche. Die Topoi der Quantität kennzeichnen den klassischen, jene der Qualität den romantischen Geist.[16]

Neben den allgemeinsten Topoi der Quantität und Qualität finden sich in unserem Kulturkreis die Topoi der Ordnung (das Frühere kommt vor dem Späteren, die Ursache vor der Wirkung), die Topoi des Gegebenen (über den Vorzug des tatsächlich Bestehenden gegenüber dem nur Möglichen), die Topoi des Wesens, die den Individuen, die ihre Art am besten repräsentieren, den Vorrang einräumen, die Topoi der Person zur Überlegenheit von allem, was mit Würde und Autonomie der Person zusammenhängt.

Der Topos des Wesens läßt sich an zwei Beispielen illustrieren. Bekannt sind diese Verse von Clément Marot an Franz I.:

„König mehr als Mars von Ehren umgeben.
Königlichster König, vor allen anderen, die je gekrönt".

Proust nutzt dies Verfahren, um die Herzogin von Guermantes auf ihrer Ebene einzuführen: „... die Herzogin von Guermantes, die offen gestanden schon dadurch, daß sie eine Guermantes war, gewissermaßen etwas anderes und angenehmeres darstellte."[17]

Mit dem Topos der Autonomie verdammt Pascal die Zerstreuung: „Ist nicht der nur glücklich, der fähig ist, sich durch Zerstreuungen Freuden zu verschaffen? Nein, denn das kommt ihm von draußen, von außen zu."[18]

Zum Abschluß dieses Kapitels ist noch auf die in bestimmten Argumentationen gegebenen Übereinstimmungen hinzuweisen, die entweder aus der Art der angesprochenen Zuhörerschaft herrühren oder sich aus der Entwicklung der Diskussion selbst ergeben.

Wendet sich ein Autor an Gruppen, bei denen nach Beruf oder Bekenntnis bestimmte Grundsätze als gegeben angenommen werden können, dann kann er auf deren Geltung bauen. So kann ein Rechtsanwalt vom Richter erwarten, daß dieser die Gesetze seines Landes respektiert wie auch jede von der Jurisprudenz anerkannte rechtliche Norm. Ein Wissenschaftler kann bei einer Rede vor seinen Kollegen voraussetzen, daß sie mit den anerkannten Grundlagen seiner Disziplin übereinstimmen. Und auch der innerhalb der Kirche predigende Geistliche kann annehmen, daß die Gläubigen die Autorität der Heiligen Schrift anerkennen.

Im Fortgang eines Dialogs kann der Argumentierende sich der Zustimmung seines Gesprächspartners bei den einzelnen Schritten seiner Folgerungen vergewissern. Auf dieses Verfahren verweist Sokrates in seinen Gesprächen mit Kallikles:

„So verhält es sich also offenbar hiermit; wenn du über irgend etwas in deinen Ansichten mit mir übereinstimmst, dann wird das von mir und von dir schon genügend geprüft sein, und es ist nicht mehr nötig, das noch einer anderen Prüfung zu unterziehen. Denn du würdest es weder aus Mangel an Weisheit noch aus übergroßer Scheu zugestanden haben; und du würdest auch nicht zustimmen, um mich zu täuschen, denn du bist mein Freund, wie du selbst sagst.“[19]

Sokrates versichert sich also in seiner Entwicklung des Dialogs jeweils der ausdrücklichen Zustimmung seines Gesprächspartners und nutzt dies dazu, ihn im weiteren Fortgang in Widersprüche zu verwickeln. Dies ist das Charakteristikum der sokratischen Ironie.

Sokrates verlangt mehr als nur Zustimmung und beschließt daher dies Gespräch mit dem Satz:

„In Wirklichkeit wird also Übereinstimmung zwischen dir und mir schon die vollkommene Wahrheit ergeben.“[20]

Aus der Übereinstimmung mit einer These zieht Sokrates den etwas unmittelbaren Schluß auf ihre Wahrheit und will damit aufzeigen, daß es ihm nicht um die Zustimmung geht, die das Ziel des Rhetors, sondern um die Wahrheit, die das des Philosophen ist. Doch bleibt die Verallgemeinerung noch zu beweisen, daß die Übereinstimmung im Dialog Zeichen einer objektiven Wahrheit und damit der Übereinstimmung mit der universalen Öffentlichkeit ist.

4. Wahl, Präsenz und Präsentation

Die modernen Auffassungen zur Beweisführung haben mit dem Ziel größtmöglicher Stringenz den Beweis zunehmend auf ein System bezogen, dessen Elemente sämtlich explizit formuliert sind und das sich eben dadurch von dem allgemeinen Denken unterscheidet. Eben diese Formalisierung und Isolierung macht das System zunehmend mechanisierbar, und die erforderlichen Operationen können ohne weiteres Zutun menschlichen Denkens von einer Rechenmaschine oder einem Computer korrekt durchgeführt werden. Dagegen gehört die Argumentation in ein Denken, dessen unterschiedliche Elemente miteinander in wechselseitigem Bezug stehen.

Es hat, etwa in der Physik oder dem Recht, Versuche gegeben, einzelne Bereiche nichtformaler Disziplinen zu systematisieren, um ihnen eine größere Stringenz zu verleihen. Diese Versuche konnten nur soweit gelingen, als sie bei ihrer Anwendung von abstrakten Formeln auf konkrete Situationen nicht auf Gegebenheiten trafen, die den systematischen Annahmen entgegenstanden, auf unvorhergesehene Situationen, die sich dem vorgefertigten Schema entzogen. Nur durch die Argumentation wird es möglich, das System der Erfahrung anzupassen und den verwendeten Formeln eine höhere Flexibilität zu geben. Dies brächte in der weiteren Folge das System in den Gesamtzusammenhang unserer Kenntnisse und Erwartungen zurück und erneuerte die Verbindung zwischen dem abgetrennten Bereich und der umfassenden Gesamtheit unserer Hoffnungen und Überzeugungen. Diese unterschiedlich gegliederte Gesamtheit mit ihren mehr oder minder starken Verfestigungen entspricht in der Alltagserfahrung oder auf der Ebene einer ausgearbeiteten Philosophie einer Globalsicht.

Innerhalb eines so weit gespannten Rahmens muß der argumentierende Redner aus den in seiner Zuhörerschaft geltenden Thesen seine Prämissen gewinnen: er hat eine Wahl zu treffen.

Jede Argumentation enthält eine vorgängige Auswahl, eine Selektion der Tatsachen und Werte, ihre besondere Darstellung in einer bestimmten Sprache und mit einem Nachdruck, der der beigemessenen Bedeutung entspricht. Wahl der Elemente, Wahl einer Beschreibungs- und Darstellungsart, Werturteil oder Gewichtung, all diese Elemente gelten um so begründeter als Entscheidung, je offensichtlicher eine andere Wahl, eine andere Darstellung oder ein anderes Werturteil ihnen entgegengestellt werden kann. Eine auf den ersten Blick als objektiv und unparteiisch erscheinende Aussage und Darstellung offenbart ihre beabsichtigte oder unbeabsichtigte Tendenz, sobald ihr andere Zeugnisse von entgegengesetzter Tendenz gegenübergestellt werden. Der Pluralismus schärft den kritischen Sinn.[1] Dank dieses durch Dritte immer wieder neu vorgetragenen Einspruchs besteht ein deutliches Kriterium für die Unterscheidung des Subjektiven vom Objektiven.

Kant unterscheidet danach die Überredung von der Überzeugung, wobei im ersten Fall nur eine subjektive, im anderen eine objektive Begründung gegeben ist. Doch fügt er hinzu: „Überredung demnach kann von der Überzeugung subjectiv zwar nicht unterschieden werden, wenn das Subject das Fürwahrhalten bloß als Erscheinung seines eigenen Gemüths vor Augen hat; der Versuch aber, den man mit den Gründen desselben, die für uns gültig sind, an anderer Verstand macht, ob sie auf fremde Vernunft eben dieselbe Wirkung thun als auf die unsrige, ist doch, obzwar nur subjectives Mittel, zwar nicht Überzeugung zu bewirken, aber doch die bloße Privatgültigkeit des Urtheils, d. i. etwas in ihm, was bloße Überredung ist, zu entdecken."[2]

Dieser Gedankengang Kants erinnert an den Dialog von Sokrates und Kallikles[3] und kann der gleichen Kritik unterworfen werden: wenn die Nichtübereinstimmung eines Dritten, der als ebenso qualifiziert erscheint wie wir selbst, die Subjektivität unserer Meinung oder doch zumindest den Umstand verdeutlicht, daß sie nicht für alle verbindlich ist, dann reicht die Zustimmung eines Dritten nicht aus, um Objektivität oder zumindest Universalität zu gewährleisten. So etwa bei einer lediglich milieu- oder zeittypischen Meinung. Der Test auf Objektivität und Universalität kommt daher nie zu Ende: auch ein positives Resultat stellt jeweils nur eine Annahme und nicht eine Notwendigkeit oder Gewißheit dar.

Die Auswahl bestimmter Elemente, die beibehalten und in einer Rede dargestellt werden, rückt sie in den Vordergrund und verleiht ihnen *Präsenz* und dadurch Beachtung.

Eine von Mencius überlieferte chinesische Anekdote belegt die Wirkung der Präsenz:

„Ein König erblickt einen Büffel, der zum Opfer geführt wird. Mitleid erfaßt ihn, und er befiehlt, statt dieses Tieres einen Hammel zu opfern. Er habe so entschieden, sagt er, weil er den Büffel vor Augen hatte, den Hammel aber nicht.“[4]

Die Präsenz wirkt unmittelbar auf unser Empfinden. Und die Präsentierung eines Gegenstandes wie der von Antonius geschwenkten Tunika des Julius Cäsar oder auch der Kinder des Opfers oder des Angeklagten kann die Zuhörer oder das Gericht wirklich bewegen. Allerdings kann die wirkliche Präsenz auch Ungelegenheiten mit sich bringen, denn nicht nur können die Hörer abgelenkt, sie können auch in einer anderen Weise bewegt werden, als es der Redner anstrebt. Der Rat mancher Meister der Rhetorik, körperhafte Konkretheit zur Emotion der Zuhörer zu nutzen, sollte daher nicht als Regel gelten.

Darüberhinaus sind die präsenzerzeugenden Techniken der Darstellung dann besonders wesentlich, wenn in Raum und Zeit entfernte Wirklichkeiten vergegenwärtigt werden sollen.

Daher darf die von uns gemeinte Präsenz als die im Bewußtsein gegebene nicht mit der tatsächlichen Präsenz verwechselt werden. Die Verwendung der Möglichkeiten der Sprache und ihrer Fähigkeit der Evokation bildet den Übergang zwischen der Rhetorik als Kunst der Überredung und der Rhetorik als Technik literarischen Ausdrucks. Wenn nach Bacon die Rhetorik die Kunst ist, „die Vernunft auf die Vorstellung anzuwenden, um den Willen besser zu bewegen“, dann liegt das vor allem daran, daß sie den Zugriff der unmittelbaren Umgebung auf unser Empfinden eingrenzt:

„Das Gefühl geht vornehmlich aufs Gegenwärtige; die Vernunft ist auf die Zukunft und den Lauf der Zeit gerichtet. Und da somit die Gegenwart die Vorstellung stärker erfüllt, unterliegt häufig die Vernunft; läßt aber die Kraft der Beredsamkeit und der Überredung die entfernten und künftigen Dinge als gegenwärtig erscheinen, dann obsiegt die Vernunft über die widerstrebende Vorstellung."[5]

Der von Hume's Assoziationismus beeinflußte Georges Campbell hat in seiner *Philosophy of Rhetoric* (1776) die Bedingungen von Zeit, Raum, Verbindung und persönlichem Interesse ausführlich abgehandelt, durch die ein Ereignis uns betrifft und unserem Bewußtsein gegenwärtig ist. Denn die Leistung des Redners ist beachtlich, wenn er durch seine Darstellungsgabe Ereignisse in den Mittelpunkt unserer Aufmerksamkeit rückt, die ohne ihn unberücksichtigt geblieben wären. Was uns gegenwärtig ist, beschäftigt unser Bewußtsein und wird wichtig. Was an Bedeutung verliert, wird durch einen eigentümlichen psychologischen Effekt damit zugleich abstrakt und nahezu inexistent. Autoren wie Spender und Koestler haben beschrieben, wie Menschen die Wirklichkeit je nach ihren gefühlsmäßigen oder politischen Bindungen wahrnehmen. Hierzu einige Sätze von Stephen Spender:

„Fast alle Menschenwesen sehen die Wirklichkeit sehr unterschiedlich. Nur wenige Dinge, die ihren eigenen Interessen und Ideen entsprechen, sind für sie wirklich; andere, ganz genauso wirkliche Dinge aber erscheinen ihnen als Abstraktionen ... Eure Freunde sind mit euch verbündet und daher wirkliche Menschen ... Eure Gegner sind nur langweilige, unverständige und nutzlose Thesen, deren Leben aus lauter falschen Feststellungen bestehen, am liebsten würdet ihr sie mit einer Bleikugel auslöschen ..."[6]

Dieser Zusammenhang zwischen der Präsenz bestimmter Elemente im Bewußtsein und ihrer Bedeutung hat zu einer Auffassung der Rhetorik Anlaß gegeben, wonach Rhetorik die Kunst ist, über Präsentationstechniken diese Präsenz herzustellen. Richard Weaver konnte so in einem für die amerikanische Rhetoriktradition als klassisch geltenden Vortrag sagen: „Als Ganzes genommen ist die Rhetorik eine Kunst der Emphase."[7]

Der Redner braucht nicht wie ein Logiker alle Glieder seiner Schlußfolgerung vollständig aneinanderzureihen und darf allgemein bekannte Prämissen voraussetzen; dem entspricht die aristotelische Definition des Enthymems als rhetorischen Syllogismus.[8] Um Präsenz zu erreichen, ist es jedenfalls angezeigt, bestimmte gesicherte Elemente ausführlich und mit Nachdruck zu behandeln. Ein längeres Eingehen auf diese Elemente verstärkt deren Präsenz im Bewußtsein der Zuhörer.[9] Nur die Insistenz auf einen Gegenstand führt zur angestrebten Emotion.[10]

Die Meister der Rhetorik haben hierzu unterschiedliche Techniken empfohlen. Nachdruck entsteht aus Wiederholung, aus der Häufung von Details oder aus der Hervorhebung einzelner Passagen. Der Gegenstand wird zuerst in einer synthetischen Weise und dann durch eine Aufzählung der einzelnen Teile und Aspekte dargestellt. So schildert Fléchier in seiner Trauerrede für Henri de la Tour d'Auvergne, Vicomte de Turenne, die Reaktionen auf den Tod des Marschalls:

„Wieviel Seufzer, wieviel Klagen, wieviel Lobpreisungen erklangen in den Städten, auf dem Lande! Der eine sieht seine Ernte heranreifen und segnet dabei sein Angedenken ... Hier hält man für ihn ein Seelenamt ... Dort richtet man Trauerfeierlichkeiten aus ... So beklagt das ganze Königreich den Tod seines Verteidigers ..."[11]

Diese Technik, ein Thema zu entwickeln, wird in der Rhetoriktheorie als *Amplifikation* bezeichnet. Diese rhetorische Figur, die im weiteren noch als argumentatives Schema behandelt werden wird, zerlegt zur Erzeugung von *Präsenz* ein Ganzes in seine Teile.

Bei einer anderen Figur, der *Häufung*, wird mit einer Aufzählung der Elemente begonnen und mit einer Synthese geschlossen. Hierzu ein Beispiel aus Vico: „Deine Augen sind zur Schamlosigkeit, dein Gesicht zur Frechheit, deine Zunge zum Wortbruch, dein Bauch zur Völlerei und deine Füße zur Flucht gemacht: So bestehst du ganz aus Bosheit."[12]

So wird auch in der *Synonymie* oder *Metabole* die gleiche Idee in verschiedenen Worten wiederholt, die einen Gedanken in eine bestimmte Richtung zu korrigieren scheinen, wie in einer Passage aus Corneilles *Cid*:

„Geh, lauf, fliege und räche uns.“[13]

Während also die Wiederholung eines Wortes nur die Insistenz ausdrückt, verstärkt die *Metabolé* diesen Nachdruck, indem sie den einen oder den anderen Aspekt besonders herausstellt. Ein ähnlicher Effekt läßt sich durch die *Enallage der Zeit* erreichen, das Präsens tritt hier an die Stelle des Futur und dies verstärkt die Präsenz:

„Wenn du sprichst, *bist* du tot“.

Diese wenigen Beispiele belegen schon die Bezüge der Figuren zur Argumentationstheorie.

Im Vorwort ist bereits darauf verwiesen, daß zur Erreichung von Persuasion in der Tat üblicherweise unübliche Redeweisen eingesetzt werden. So ist die *Hypotypose* jene Redefigur, die nach der *Rhetorik ad Herennius* „die Dinge auf eine Weise darstellt, als entwickelte und ereignete sich die Sache unmittelbar vor unseren Augen“.[14]

Eine Figur besteht aus einer vom Üblichen abweichenden Redeweise, deren Form einer besonderen Struktur zugerechnet werden kann. Die Wiederholung ist also dann eine Figur, wenn sie nicht dadurch bedingt ist, daß unser Gesprächspartner uns nicht verstanden hatte, die Frage ist dann eine Figur, wenn sie rein oratorisch ist, der Redner also die Antwort auf die Frage kennt. So ist auch die *Prolepsis* eine nützliche Figur, bei der der Redner Einwände vorbringt, die er selbst sofort widerlegt.

Eine Figur ist argumentativ, wenn ihre Verwendung, die einen Wechsel der Perspektive bewirkt, im Hinblick auf die suggerierte neue Situation als normal erscheint. Findet die Rede jedoch nicht die Zustimmung des Zuhörers, dann wird die Figur als Schmuck, als Stilfigur wahrgenommen, da sie als Mittel der Persuasion keine Wirkung erreicht hat. So kann eine allgemein übliche Metapher unbemerkt bleiben und sogar zu einem Klischee werden. Andererseits kann ein theoretischer Begriff wie der der Dauer bei Bergson von Sartre deshalb, weil er ihn ablehnt, auf den Rang einer rhetorischen Figur verwiesen werden,[15] womit er eine einfache Stilfigur meint.

Was in einem bestimmten Kontext üblich ist, ist es nicht in einem anderen: im entsprechenden Rahmen fallen Festkleider nicht auf.

„Es gibt", sagt Longinus, „keine bessere Figur als die völlig verborgene, von der nicht zu erkennen ist, daß es sich hierbei um eine Figur handelt. Und es gibt keinen besseren Ausweg noch ein besseres Hilfsmittel, um ihr Auffallen zu hindern, als das Sublime und das Pathetische; weil die derart in das Große und Glänzende eingebettete Kunst all das gewinnt, was ihr mangelte und keiner Täuschung mehr verdächtigt wird."[16]

Durch die Auffassung der Figuren als dem Gegenstand der Rede aufgesetzten Schmuck hat man in der rhetorischen Technik nur einen blumigen und leeren, durch Übertreibung lächerlich wirkenden Stil gesehen.

Da es keine einzige und vollständig angemessene Weise zur Beschreibung des Wirklichen gibt, bei der jede andere Weise eine Verfälschung oder Verformung bedeutete, kann die Trennung zwischen dem Gegenstand und der Form der Rede nicht auf so einfache Weise erfolgen, wie sie sich das klassische Denken vorgestellt hat. Was jeweils die normale und übliche Form sich auszudrücken und was nur literarischer Effekt und Schmuck ist, läßt sich zumeist nicht ein für allemal festlegen. Nimmt man als üblich eine Art des Ausdrucks an, die nicht weiter auffällt, dann läßt sich diese nicht unabhängig vom linguistischen und kulturellen Kontext des Diskurses bestimmen. Viele Aussagen, die als einfacher Ausdruck der zu beschreibenden Wirklichkeit erscheinen, wirken bei einer Übersetzung in eine andere Sprache gesucht und gekünstelt.

Gerade der neutrale Stil kann in Wirklichkeit Ergebnis einer rhetorischen Leistung sein: dies gilt für Gide, wenn er schockierende und ungewöhnliche Werturteile durch einen den Leser in keiner Weise provozierenden Stil ohne Relief durchzusetzen sucht.[17]

Dies erinnert daran, daß die gewöhnliche Umgangssprache ebenso wie die gängigen Meinungen und die Gemeinplätze die Übereinstimmung einer Gemeinschaft darstellen. Die Übereinstimmung über die Art und Weise, bestimmte Tatsachen wiederzugeben, oder doch ein Fehlen von Widersprüchen hierzu kann die Übereinstimmung der Zuhörerschaft zum eigentlichen Problem begünstigen. Es wird sich zeigen, wie sehr der einfache Gebrauch der Sprache Stellungnahmen einschließt, die unbemerkt blieben, würde man die rhetorische Analyse ausschließlich auf die Figuren beschränken.

5. Bedeutung und Interpretation der Gegebenheiten

In einer Rede können sämtliche Elemente, die der Redner berührt, nur in einer Sprache beschrieben werden, die das Publikum verstehen muß. Dadurch enthalten die angeführten Tatsachen über das Gegebene hinaus die besondere Art, sie zu interpretieren und zu beschreiben. Dies soll nicht heißen, daß wir einer Ontologie anhängen, die eine klare Trennung zwischen den unmittelbaren und irreduziblen Gegebenheiten einerseits und den von ihnen ausgehenden theoretischen Konstruktionen andererseits vornimmt. Die Arbeiten von Jean Piaget über den Aufbau der Wirklichkeit beim Kinde zeigen deutlich, wie sehr das, was dem Erwachsenen als gegeben erscheint, nur das Ergebnis einer während der ersten Lebensjahre geleisteten Konstruktion ist.

Der Gegensatz zwischen dem Gegebenen und dem Konstruierten ist aus der Sicht der Argumentation her relativ: sie erlaubt, die aus einer Interpretation herrührenden Elemente von jenen zu trennen, über die ein Konsens besteht, der bis zu seiner Neubestimmung eindeutig und unstrittig ist. Hierbei muß die Wahl zwischen Interpretationen der gleichen Ebene, die zumeist inkompatibel sind – wenn man sich etwa fragt, ob der eigene oder der Nachbarzug anfährt – von der Wahl der Allgemeinheitsebene, auf der man das Phänomen beschreiben will, unterschieden werden. Ein und dieselbe Handlung könnte als das Anziehen einer Schraube, das Montieren eines Autos, das Verdienen des Lebensunterhaltes oder als das Fördern des Exports beschrieben werden.[1] Man kann das Phänomen beschreiben, indem man es aus seinem Kontext herauslöst; man kann in ihm auch eine Ursache und eine Wirkung sehen, ein Mittel oder einen Zweck, das Symbol eines größeren Zusammenhanges oder eine Richtungsweisung. Auch wenn sich diese unterschiedlichen Interpretationen nicht gegenseitig ausschließen, so führt doch die Präsentierung der einen zur Verdekkung der anderen: man kann darin also nicht den objektiven Ausdruck des Wirklichen sehen. Und es bleibt weiter festzuhalten, daß die Interpretation nicht nur Auswahl ist: sie kann auch Bedeutung schaffen, in einen neuen Kontext oder eine eigene Theorie einfügen.

Solange die Vielfalt der möglichen Interpretationen nicht bemerkt wird und die eigene Interpretation ohne irgendwelche konkurrierenden anderen als selbstverständlich erscheint, solange besteht kein Anlaß, zwischen dem Gegebenen und dem Konstruierten zu trennen: diese Unterscheidung ergibt sich erst bei der durch Abweichungen in der Interpretation verursachten Auseinandersetzung.

Das gleiche gilt auch für die Interpretation eines Textes. Ein Sinn erscheint als gegeben, wenn der Text klar erscheint, man also nur eine einzige vernünftige Interpretation sieht. Doch kann, was als Qualität des Textes erscheint, auch aus Ignoranz oder Mangel an Phantasie herrühren.

Dieser Gesichtspunkt läßt sich durch die folgende Bemerkung von Locke bestätigen:

„Mehr als ein Mann, der auf den ersten Blick eine Stelle der Schrift oder eine Klausel des Gesetzes verstanden zu haben glaubte, hat alle Einsicht darein verloren, nachdem er die Kommentatoren dazu gehört hatte, deren Erklärungen seine Zweifel mehrten oder sie erst erweckten und ihm den Text verdunkelten.“[2]

Die Klarheit eines Textes hängt also deutlich von den Interpreten ab und ergibt sich erst nach einer Gegenüberstellung der Gesichtspunkte und darf nicht als eine dieser Konfrontation vorgängige Qualität angenommen werden.

Die Probleme der Bedeutung und der Interpretation stellen sich in bezug auf die *Zeichen* (signe) und auf die *Anzeichen* (indice). Ein *Zeichen* kann das von ihm Bezeichnete hervorrufen, wenn es im Hinblick darauf in einem Kommunikationsakt verwendet wird. *Anzeichen* verweisen dagegen quasi objektiv und unabhängig von aller Kommunikationsabsicht auf eine andere Sache.[3] Die zur Orientierung der Wanderer an den Bäumen befestigten Markierungen sind Zeichen; die von einem Wildschwein im Schnee hinterlassenen Spuren Anzeichen. Die Bedeutung der linguistischen Zeichen, die zwar nicht die einzigen sind, ist so groß, daß sie eine besondere Untersuchung rechtfertigt.

Ein zur Mitteilung einer Information ausgesprochener Satz kann durch seinen Akzent die Herkunft des Sprechers offenlegen und so zugleich Zeichen und Anzeichen sein.

Auch vor den auf dem Boden abgedrückten Spuren kann sich die Frage stellen, ob es sich hierbei um Anzeichen oder Zeichen handelt: die Haruspices sahen darin Zeichen, den Ausdruck des Willens der Götter in einem Zusammenhang von Phänomenen, denen wir nicht die geringste Bedeutung beimessen würden.

Über Jahrhunderte hat man unter dem Einfluß rationalistischer Denker, die die mathematische Sprache als das Modell ansahen, nach der sich die gewöhnliche Sprache und vor allem die der Philosophen richten sollte, die Vorstellung gehabt, daß die Mitteilungen im Prinzip klar seien und die unterschiedlichen Interpretationen aus einer Nachlässigkeit der Autoren oder aus der Böswilligkeit der Deuter herrührten. Daher stammt auch die schlechte Reputation der Juristen und besonders der Advokaten. Manche zeitgenössische Theoretiker, wie I. A. Richards, sind ganz in die andere Richtung gegangen. Während die klassische Tradition den Buchstaben vom Geist eines Textes unterschied, sieht er in dem Buchstaben selbst nur ein Trugbild, das sich zwischen den vielfachen Interpretationen eigentlich auflöst. Daher ist für ihn die Rhetorik als Ausdruckstechnik wie bei Jean Paulhan definiert als die Analyse eines Mißverständnisses und der Möglichkeiten, dieses zu beheben.[4]

Heute gilt allgemein, daß die Mathematiken und alle formalen Systeme künstliche Sprachen sind, die zur Ausschließung jeder Mehrdeutigkeit zahlreichen Restriktionen unterliegen: es handelt sich dabei im Verhältnis zu den natürlichen Sprachen eher um die Ausnahme als um ein für alle Umstände anzustrebendes Modell. In den natürlichen Sprachen ist in der Tat die Mehrdeutigkeit und die Möglichkeit mehrerer Interpretationen die Regel. Besonders die Sprache der Philosophen käme nur schwer ohne Metaphern aus, die ja durch ihren Mangel an Klarheit gekennzeichnet sind. Äußerstenfalls wäre sogar die Vorstellung aufzugeben, daß die Ausdrücke einen eigenen Sinn haben: dieser wäre nur eine in der Sprache gebräuchlich gewordene Metapher.[5]

Da die Worte allein kein fehlerfreies Verstehen der Mitteilung gewährleisten können, ist außerhalb des Wortes, im Satz, im verbalen oder nichtverbalen Kontext nach Zusatzinformationen zu suchen, die das Mißverständnis begrenzen und die Botschaft der Absicht des Senders gemäß zu verstehen erlauben. Mitunter wird die Interpretation auch andere Erfordernisse zu berücksichtigen haben, etwa bei heiligen Schriften oder juristischen Texten.[6]

Pascals Gedanke „Wenn das Wort Gottes, das wahr ist, falsch ist im wörtlichen Sinne, dann ist es wahr im geistigen Sinne"[7] fügt für jede Interpretation eines religiösen Textes eine zusätzliche Bedingung hinzu: er muß vom Interpreten als wahr angesehen werden können. In einem geringeren Maße bemüht man sich, sobald der Autor ein bestimmtes Prestige hat, seinen Text so zu interpretieren, daß man ihn als wahr, vernünftig oder zumindest als sinnvoll ansehen kann. Um dies zu bewerkstelligen, muß mitunter ein gleiches Zeichen auf zwei unterschiedliche Weisen interpretiert werden. Heraklits berühmtes Fragment „Wir steigen und wir steigen nicht in denselben Fluß" zwingt dazu – soll dem Autor nicht eine offenbare Inkohärenz unterstellt werden –, dem Ausdruck „denselben Fluß" zwei verschiedene Bedeutungen zuzuschreiben, wobei sich dieser sowohl auf die Ufer des Flusses wie zugleich auf die ihn bildenden Wassertropfen bezieht.

Wenn also der Art. 4 des Code Napoléon für den Richter die Pflicht zu richten einführt („der Richter, der unter dem Vorwand des Schweigens, der Unklarheit oder des Ungenügens der Gesetze Recht zu sprechen sich weigert, kann unter die Anklage der Rechtsverweigerung gestellt werden"), so *muß* dieser Recht sprechen, selbst wenn es sich um vom Gesetzgeber nicht vorgesehene Fälle handelt. Er muß die Texte also auf solche Weise interpretieren, daß er dadurch den Rechtsstreit entscheiden kann, und dies auch dann, wenn die herkömmliche Interpretation keine Lösung bietet.

Wenn also die Ausschaltung jeder Mehrdeutigkeit die von den

Logikern und Mathematikern verwendeten künstlichen Sprachen betrifft, so ergibt sich aus diesen Beispielen, daß der Gebrauch und die Interpretation von Mitteilungen in natürlicher Sprache anderen Gesetzen unterliegen können, die die Forderung nach Eindeutigkeit zweitrangig werden lassen. Bestimmte Sprachverwendungen wie etwa in der Dichtung setzen sogar eine Entfernung vom herkömmlichen Sinn voraus, da nur diese Distanz dem Ausdruck den gesuchten affektiven Wert verleihen kann.[8]

Doch läßt bereits die Verwendung der normalen Sprache Möglichkeiten mehrfacher Wahlen zu: das Spiel der Qualifikationen, der grammatischen Kategorien, der Modalitäten im Ausdruck des Gedankens, der Verbindungen zwischen den Sätzen erlaubt die Elemente der Rede in eine Rangfolge zu bringen und den einen oder den anderen ihrer Aspekte zu betonen.

Eine neutral erscheinende Beschreibung offenbart ihre Parteilichkeit, sobald ihr eine andere Beschreibung entgegengehalten werden kann, deren selektiver Charakter durch die Verwendung des *Epitheton*, einer zur Herausstellung ausgewählten Eigenschaft, gekennzeichnet ist. Aristoteles hat bereits darauf verwiesen: so wird Orest einmal als „Mörder seiner Mutter", zum anderen als „Rächer seines Vaters" bezeichnet.[9] Beide Epitheta treffen zu, geben jedoch nur jeweils einen Aspekt der Wirklichkeit wieder.

Solche Qualifizierungen setzen vorgängige Klassifizierungen voraus, denn erst dadurch lassen sich die beschriebenen Elemente in vorgegebene Kategorien einbringen. Doch lassen sich auch mit den Konjunktionen „und" oder „weder" Klassen bilden. Durch die Verbindung eines Elementes mit einem anderen nähert man sie einander an und bringt sie auf eine gleiche Ebene. Dieses Urteilen durch Angleichen erregt den Unwillen André Gides:

„Werdet doch schlicht ungehalten, wenn ihr sagen hört ‚Stirner und Nietzsche', wie auch Nietzsche selbst ungehalten wurde, wenn er hörte ‚Goethe und Schiller'."[10]

Doch hat Gide ohne Zögern diese Technik der Assimilierung einige Seiten weiter selbst eingesetzt:

„Man mag die Bibel lieben oder überhaupt nicht verstehen, Tausend und Eine Nacht lieben oder überhaupt nicht verstehen, doch möchte ich die Masse der Denkenden nach zwei unvereinbaren Formen der Geistigkeit in zwei Klassen aufteilen: jene, die von diesen beiden Büchern bewegt werden, und jene, die vor diesen beiden Büchern verschlossen bleiben und bleiben werden.“[11]

Weist eine Wirklichkeit zugleich zwei Aspekte auf, dann läßt sich der Vorrang des einen von beiden dadurch aufzeigen, daß er durch ein Substantiv, der andere nur durch ein Adjektiv bezeichnet wird: es liegt eine Welt zwischen der Beschreibung eines Mannes als „verkörperte Seele“ und seiner Beschreibung als „beseelter Körper“.

Eine Idee läßt sich auf affirmative oder negative Weise formulieren: im letzteren Fall stellt sie sich als Widerlegung der Behauptung eines anderen dar, die ihrerseits hinreichend substantiell ist, daß es sie zu widerlegen lohnt. Sie kann auch unter dem Anschein der Harmlosigkeit andeuten, daß das Bestrittene doch nicht ganz unbegründet ist. Indem Nixon während seiner Wahlkampagne für den Gouverneursposten von Kalifornien dauernd wiederholte, der amtierende Gouverneur Brown sei kein Kommunist, verbreitete er eben dadurch das Gerücht, gegen das er vorzugehen schien.

Durch die Unterordnung und häufig auch schon durch die Zusammenstellung von Sätzen bringt man sie eben dadurch für die Zuhörer in eine Rangfolge. Ausdrücke wie „wenn nicht“ oder „außer“ minimisieren den Umstand, den sie einführen. Der folgende Satz kennzeichnet das Wohlwollen des Julian Apostata den Juden gegenüber:

„Sie stimmen in allem mit den anderen Einwohnern überein, außer in dem Glauben an einen einzigen Gott. Dies ist ihnen eigentümlich und uns fremd. Alles andere haben wir gemeinsam.“[12]

Das Gemeinsame überwiegt, die Ausnahme ist von geringem Gewicht.

Die Grammatiker und Stilisten haben auch die Bedeutung der Zeitwahl und der Modalitäten der Rede, des argumentativen Einsatzes von Pronomen, Artikel und Demonstrativpronomen unterstrichen. Hierzu sei auf den *Traité de l'argumentation* verwiesen, wo diese Fragen im einzelnen behandelt sind.[13]

6. Die argumentativen Techniken

Bei den formalen Logikern besteht eine Tendenz, alles deduktive Folgern auf eine Beweisführung zu reduzieren, die dann als korrekt gilt, wenn sämtliche Schritte einem vorgegebenen Schema entsprechen, und als inkorrekt dann, wenn dies nicht der Fall ist. Für jede innerhalb eines Systems durchgeführte Beweisführung, deren Kohärenz bewiesen oder angenommen wird und deren Axiome für wahr gehalten werden, gilt die Wahrheit der aufgewiesenen Schlußfolgerung oder doch zumindest ihre berechenbare Wahrscheinlichkeit als ohne weitere Diskussion gegeben.

Dies kann bei einer Argumentation aus den in den vorhergehenden Kapiteln angeführten Gründen nicht der Fall sein.

Da sich die Argumentation auf Thesen richtet, denen unterschiedliche Öffentlichkeiten mit jeweils unterschiedlicher Intensität zustimmen, kann der Status der in eine Argumentation eingehenden Elemente nicht wie in einem formalen System unveränderlich sein, da er ja von der effektiven oder angenommenen Übereinstimmung des Auditoriums abhängt. Nicht nur können Tatsachen und Wahrheiten immer wieder in Frage gestellt werden, selbst die Bestimmung des Gegebenen kann nur aus einer möglichen Diskussion über seine Interpretation und insbesondere über Bedeutung und Reichweite der verwendeten Begriffe hervorgehen. Soweit ein und dieselbe Gegebenheit durch Einbringen in Kategorien ohne einen vorhandenen Konsens unterschiedlich bezeichnet werden kann, solange rührt eine sie betreffende Aussage aus einer Wahl, die sich wohl diskutieren läßt.

Im Gegensatz zu einer Beweisführung innerhalb eines genau definierten Systems schöpft die Argumentation aus einem zumeist ungenau definierten Bestand *(corpus)*, und ihre stützenden Thesen können teilweise vorausgesetzt oder implizit sein. Während sich also bei einem Beweis die Konklusion aus den Prämissen zwingend deduzieren läßt, implizieren die zur Stützung einer These herangezogenen Argumente diese nicht notwendig: sie sind ebenso wie die Argumente, die sich zugunsten der entgegengesetzten These vorbringen lassen, nur mehr oder minder wirksam. Der einen oder der anderen der konkurrierenden Thesen wird je nach der Einschätzung sowohl der pro und contra präsentierten Argumente als auch des Wertes der Lösung zugestimmt, die sie für die diskutierten Probleme bieten.

In ihrer vollständigsten Ausformung bildet die Argumentation einen Diskurs, in dem die Ausgangspunkte der Übereinstimmung ebenso wie die vorgebrachten Argumente zur gleichen Zeit oder nacheinander an verschiedene Zuhörerschaften gerichtet sein können. Die Argumente üben zwangsläufig untereinander eine Wechselwirkung aus, und auch die Zuhörer können im Fortgang diese Argumente als solche und deren Beziehung zum Redner zum Gegenstand einer neuen Argumentation nehmen.

Daher ist die Rede in ihrer Gesamtheit zu analysieren, besonders wenn man auf den Umfang der Argumentation oder die Abfolge der Argumente eingeht. Vor dieser synthetischen Untersuchung sind jedoch noch die verschiedenen Arten von Argumenten in ihrer Besonderheit darzustellen.

Die Argumente stellen sich sowohl in Form einer Verbindung, durch die sich die den Prämissen eingeräumte Zustimmung auf die Schlußfolgerung übertragen läßt, als auch in Form einer Dissoziation dar, die auf eine Trennung der zuvor in Sprache oder geltender Tradition miteinander verbundenen einzelnen Elemente gerichtet ist.

Die vom Redner verwendeten Ausdrücke bestimmen, ob es sich um eine Verbindung zwischen getrennten Elementen oder um eine schon gegebene Einheit handelt. Dies schließt nicht aus, daß der Redner über die Anordnung dieser Elemente unentschieden sein mag. So hatte Bossuet ursprünglich daran gedacht, das unglückliche Ende des Sünders als Folge seines sündigen Lebens zu schildern, bei weiterem Durchdenken sah er dann jedoch Leben und Tod als untrennbare Einheit:

„Der Tod besteht nicht losgelöst vom Leben, ist er doch die Vollendung des Lebens."[1]

In den folgenden Kapiteln werden drei Arten von Verbindungen untersucht werden: die quasi-logischen Argumente, die auf die Struktur des Wirklichen gegründeten Argumente und die diese Struktur begründenden Argumente. Die quasi-logischen Argumente lassen sich durch eine Annäherung an das formale Denken logischer oder mathematischer Art erklären. Doch im Unterschied zu einer formalen Deduktion setzt ein quasi-logisches Argument immer die Zustimmung zu nicht-formalen Thesen voraus, die erst eine Anwendung des Arguments ermöglichen.

So wird z. B. beim Argument durch Aufteilung eine Folgerung aufs Ganze gezogen, nachdem über jedes der Teile befunden wurde. So sucht man etwa nachzuweisen, daß ein Angeklagter, den weder Eifersucht, noch Haß noch Besitzgier bewegt haben, überhaupt kein Motiv zu einem Mord hat.

Diese Folgerung erinnert an die Aufteilung einer Fläche in einzelne Sektoren: was sich hier in keinem der Sektoren findet, das kann es auch nicht in der Gesamtfläche geben.

Damit das Argument trägt, müssen die Aspekte vollständig gegeben sein. Dazu Quintilian:

„. . . lassen wir unter den aufgezählten Punkten nur eine einzige Hypothese aus, dann bricht das ganze Gebäude zusammen und wir ernten Gelächter."[3]

Dieses Argument nimmt eine quasi räumliche Struktur des Wirklichen an, der all die konkrete Situationen kennzeichnenden Unregelmäßigkeiten, Wechselwirkungen und Übergänge fehlen. Bei der Verwendung solcher Argumente wird die Wirklichkeit auf ein Schema logischer oder mathematischer Art reduziert, mit dem man operiert, und dessen Ergebnisse man dann doch auf die konkrete Wirklichkeit bezieht.

Die auf die Struktur des Wirklichen gegründeten Argumente gehen von den zwischen den Elementen des Wirklichen bestehenden Verbindungen aus.

Der Glaube an das Vorhandensein solcher Strukturen kann sich auf unterschiedliche Wirklichkeiten erstrecken, auf Kausalbeziehungen, auf Wesenheiten, aus denen bestimmte Phänomene hervorgehen: entscheidend ist der unbestrittene Konsens darüber, von dem aus der Redner seine Argumentation entwickeln kann.

So nutzt Bossuet eine der christlichen Tradition entnommene Struktur des Wirklichen, die er den Gläubigen darlegt, um die Achtung für die Predigt zu erhöhen:

„Das Haus Gottes enthält zwei hervorragende und verehrungswürdige Orte, Altar und Kanzel . . . Zwischen diesen beiden heiligen Orten gibt es eine sehr enge Verbindung, und die Werke, die dort geschehen, stehen in einem wunderbaren Zusammenhang. Und wegen dieser wunderbaren Verbindung von Altar und Kanzel haben manche Kirchenväter den Gläubigen auch gelehrt, beiden die gleiche Verehrung entgegenzubringen . . . Wer dem Worte Gottes ohne Andacht lauscht, wird ganz ebenso schuldig wie einer, der durch sein Versehen den wirklichen Leib des Sohnes Gottes zu Boden fallen läßt.“[4]

Durch die so zwischen Altar und Kanzel hergestellte Gleichheit kann er von den Gläubigen fordern, beiden gleiche Achtung entgegenzubringen. Die Gleichheit von Altar und Kanzel erleichtert dabei die Einstellungsübertragung.

Die die Struktur des Wirklichen begründenden Argumente gehen von einem bekannten Einzelfall aus und bilden einen Präzedenzfall, ein Modell oder eine allgemeine Regel, wie in den Beweisführungen nach Modell und Beispiel.

In diese Kategorie fallen auch die noch zu untersuchenden unterschiedlichen Arten von Argumenten durch Analogie, die sowohl eine unbekannte Wirklichkeit strukturieren können als auch Stellungnahmen dazu möglich machen. Die Verwendung von Metaphern wird dabei aus der Sicht der Rhetorik, nicht der Poetik, behandelt und hierzu nachgewiesen, in welchem Maße sie das Denken orientieren.

Die auf *Dissoziationen* zurückgreifende argumentative Technik wurde von den Theoretikern der alten Rhetorik überhaupt nicht behandelt. Sie ist dennoch für jede Überlegung fundamental, die zur Lösung einer durch das allgemeine Denken gestellten Schwierigkeit die Elemente des Wirklichen voneinander trennen muß, um das Gegebene so neu organisieren zu können. Durch die Trennung des Wirklichen vom Schein – unter den auf gleiche Weise bezeichneten Elementen – wird ein philosophisch Wirkliches dem Wirklichen des sensus communis gegenübergestellt.[5]

Da diese Dissoziationen in jedem eigentlich philosophischen Denken zentral sind, werden die durch diese Technik erzeugten Kopplungen als philosophische Paare bezeichnet, im Gegensatz zu den antithetischen Paaren wie das Gute und das Böse und den klassifikatorischen Paaren wie „Tiere – Pflanzen“ oder „Norden – Süden“.

Die Analyse endet mit einer Darstellung der Rede in ihrer Gesamtheit und durch die Untersuchung der Probleme aus Umfang, Wirksamkeit und Anordnung der Argumente.

7. Die quasi-logischen Argumente

Wir werden die quasi-logischen Argumente jeweils neben die formalen Schlüsse halten, denen sie sich angleichen, und in einem zweiten Schritt all das herausstellen, was sie davon unterscheidet, was zur Kontroverse Anlaß gibt und sie eben dadurch ohne definierte Verbindlichkeit läßt. Um eine Argumentation zu einer zwingenden Beweisführung umzuformen, wären die verwendeten Ausdrücke zu präzisieren, jede Mehrdeutigkeit auszuschließen und für die Folgerung jede Möglichkeit unterschiedlicher Interpretation zu unterbinden. Den Gutgläubigen beeindruckt der logische Anschein dieser Argumente, dem Spezialisten der formalen Logik fällt dagegen vornehmlich all das auf, was sie von der rigorosen Deduktion unterscheidet.

Dieser Mangel an Strenge und Präzision des quasi-logischen Argumentes könnte als ein Mangel an Logik erscheinen: dieser Vorwurf gilt jedoch nur dann, wenn der Status als Beweis beansprucht wird. Die vom Redner für seine These angeführten Gründe sind von einer anderen Art: es geht nicht um eine korrekte oder inkorrekte Beweisführung, sondern um stärkere oder schwächere Argumente, die sich gegebenenfalls noch mit Hilfe von Argumenten eines anderen Typus wirksamer machen lassen.

Als Nebenbemerkung läßt sich festhalten, daß in der Antike, solange das wissenschaftliche Denken der mathematischen Art noch weniger entwickelt war, auch quasi-logische Argumente gebräuchlicher waren. Heute wird zuallererst ihre Schwäche durch einen unmittelbaren Bezug auf formale Strukturen unterstrichen.

1. Widerspruch und Unvereinbarkeit

Die Aussage eines Satzes und zugleich seine Negation in ein und demselben System, also ein Widerspruch, macht das System inkohärent und damit unbrauchbar. In diesem Fall muß das System geändert und die Möglichkeit, das Wahre und das Falsche gleichzeitig zu behaupten, ausgeschlossen werden: das eine oder das andere muß gelten.

Für einen Widerspruch in normaler Sprache ist dies jedoch nicht zwingend. An Heraklits bekanntem Fragment: „Wir steigen und wir steigen nicht in denselben Fluß" wurde gezeigt, daß wir darin nur einen *scheinbaren* Widerspruch sehen; der Ausdruck „derselbe Fluß" wird auf zwei verschiedene Weisen interpretiert, derart, daß die Affirmation für die erste und die Negation für die zweite Interpretation gilt und der Widerspruch aufgehoben ist.

Der Widerspruch führt zum Absurden, wenn es nicht möglich ist, dem durch ein *distinguo* aufgrund der aufgezwungenen Eindeutigkeit der verwendeten Zeichen zu entgehen. Doch für in natürlicher Sprache formulierte Sätze gilt dies nicht entsprechend. Diese können bestenfalls als eindeutig angenommen werden, doch überwiegt die andere Annahme, daß, wer zu uns spricht, keine offensichtlich absurden Dinge sagen wird.

Daher findet man sich in der Argumentation eigentlich nie vor einem Widerspruch, sondern vor einer Unvereinbarkeit, wenn eine geltende Regel, eine entwickelte These oder eine übernommene Einstellung in einem gegebenen Falle ohne eigenes Wollen zu einem Konflikt entweder mit einer zuvor angenommenen These oder Regel oder mit einer allgemein akzeptierten These führt, für die Erwartung besteht, daß man mit ihr übereinstimmt, wie das für jedes Mitglied der Gruppe gilt.

Ein erstes Beispiel für Unvereinbarkeit wäre ein Lehrer, der den Kindern beibringt, daß sie ihren Eltern gehorchen müssen und daß sie nicht lügen dürfen. Doch wenn nun der Vater zu lügen befiehlt oder wenn Vater und Mutter miteinander unvereinbare Befehle erteilen?

Das zweite Beispiel wäre das eines Menschen, der vorgibt, niemals etwas Lebendiges zu töten, und dem man nachweist, wie er durch die Behandlung eines eitrigen Abszeß zwangsläufig Millionen Mikroben töten wird.

Die Unvereinbarkeit zwingt zur Wahl, zur Angabe der einen Regel, nach der man sich bei einem Widerstreit richten wird, und dazu, die andere aufzugeben oder ihre Geltung einzugrenzen.

Wer, ohne es zu bemerken, in eine Unvereinbarkeitslage gerät, macht sich lächerlich. Lachen sanktioniert seine Blindheit.[1] In der Kontroverse ist Lächerlichkeit ein wirksames Mittel, und Sokrates nutzt es häufig in seiner Dialektik. „Und gleichermaßen erscheint der lächerlich, der, statt eine Unvereinbarkeit zuzugeben, sich so verhält, als wolle er sich einer Entscheidung oder Anpassung durch Kompromisse entziehen."[2]

Die Furcht vor Lächerlichkeit und dem damit verbundenen Gesichtsverlust ist ein verläßliches Mittel von Argumentation und Erziehung. Wer sich die Achtung der anderen bewahren möchte, wird dies um jeden Preis zu vermeiden suchen. Ein kluger Mann wird nicht leichthin einen irrigen Satz aufstellen, denn er könnte sich dadurch lächerlich machen. Selbst wer seine Meinung ändert, setzt sich dann der Lächerlichkeit aus, wenn er seine Einstellungsänderung nicht zu begründen vermag.

Immerhin kann man durch Autorität dem Lächerlichen entgegentreten. Der Ausgang dieses Konfliktes ist ungewiß. Für Isokrates bemißt sich der Einfluß eines Führers nach seiner Fähigkeit, auch lächerlich erscheinende Regeln verfügen und dennoch deren Befolgung durch seine Untergebenen erreichen zu können.[3] Für das Wagnis, sich den Tatsachen und der Vernunft entgegenzustellen, scheint ein göttlicher Nimbus unerläßlich: Tertullian bringt durch das *credo quia absurdum* den übernatürlichen Charakter seines Glaubens zum Ausdruck.

Normalerweise werden Unvereinbarkeiten dazu dargestellt, daß sie aufgehoben werden, doch ist die Lösung nicht im vorhinein gegeben. Das gesamte internationale Privatrecht ist entwickelt worden, um die Gesetzeskonflikte zu lösen, die sich durch das

Hineinwirken von systemfremden Gesetzen in ein Rechtssystem ergeben, das deren Anwendung verlangt.

Paragraph 3 von Artikel 3 des Code Napoléon besagt: „Die Gesetze zu Status und Fähigkeiten von Personen gelten für die *Franzosen,* auch wenn sie im Ausland ansässig sind." Die Jurisprudenz hat symmetriegemäß daraus geschlossen, daß Status und Befugnisse von Ausländern in Frankreich gleichermaßen durch deren nationales Recht geregelt werden. Doch wie ist bei der Scheidung von zwei verheirateten Personen zu verfahren, wenn das nationale Recht des einen Gatten die Scheidung zuläßt, das des anderen sie jedoch untersagt? Die Inkompatibilität entsteht aus der vom Gesetz vorgeschriebenen gleichzeitigen Anwendung von zwei Systemen, die bei gegenseitiger Isolierung ohne Schwierigkeit funktioniert hätten.

Der Konflikt kann sich aus einer menschlichen Entscheidung ergeben; ein Regierungschef verdeutlicht mit seiner Vertrauensfrage die Unvereinbarkeit zwischen der Ablehnung seiner Vorlage und seinem Verbleiben im Amt. Obwohl die Unvereinbarkeit auf eine Entscheidung zurückgeht, können die anderen, sobald sie unwiderruflich getroffen ist, damit wie mit einem Naturablauf rechnen.

Für im Kriege liegende Staaten kann das angeführt werden, was La Bruyère über Frauen gesagt hat, die sich gegenseitig nicht ausstehen können:

„Ein schwieriger Punkt ist die Neutralität zwischen Frauen, mit denen wir gleichermaßen befreundet sind, obwohl sie miteinander aus uns nicht betreffenden Gründen gebrochen haben: meist muß man sich für eine von ihnen entscheiden oder aber beide verlieren."[4]

Zwei Gruppen, wie die katholische Kirche und die Kommunistische Partei, können sowohl dahingehend entscheiden, daß die Zugehörigkeit zu der einen Gruppe mit der gleichzeitigen Zugehörigkeit zu der anderen unvereinbar ist, als auch eine gegenseitige Vereinbarkeit einräumen; es können auch die Führer dieser Gruppen hierin unterschiedliche Auffassungen vertreten.

Je nach der Art, in der die Regeln gegeben und die Situationen beschrieben sind, können sie als vereinbar oder unvereinbar erscheinen. Kommt von zwei sich ausschließenden Regeln stets nur eine zur Anwendung, so ist der Konflikt unvermeidlich. Doch werden sie dann wieder vereinbar, wenn durch eine Aufteilung in der Zeit, im Raum oder im Gegenstand der Konflikt vermieden werden kann. „Zwei Aussagen der gleichen Person an unterschiedlichen Punkten ihres Lebens können als inkompatibel dargestellt werden, wenn die Gesamtheit ihrer Aussagen als ein geschlossenes System angesehen wird; sieht man jedoch einzelne Perioden ihres Lebens als untereinander verschieden, dann hebt sich die Unvereinbarkeit auf.“[5] Dies gilt ebenso für die Aussagen verschiedener Mitglieder einer Gruppe nach dem Gesichtspunkt, ob sie alle als für die Gruppe repräsentativ gehalten werden oder nicht.

Unter den zahllosen Fällen von Unvereinbarkeit ergeben sich manche nicht aus dem Gegensatz miteinander unvereinbarer Regeln, sondern dadurch, daß die Aufstellung einer Regel mit den Bedingungen oder Folgen ihrer Bestätigung oder Anwendung unvereinbar ist: diese Unvereinbarkeiten kann man als *Selbstaufhebung* (autophagie) bezeichnen. Die *Retorsion* ist jenes Argument, das die Regel durch den Hinweis auf die bestehende Selbstaufhebung angreift.[6]

Ein komisches Beispiel der Retorsionsanwendung kann den Ablaufsmechanismus dieser Folgerungsform veranschaulichen. In einem Provinztheater will das Publikum eben das Absingen der Marseillaise beginnen, da betritt ein Polizist die Bühne und erklärt, hier sei alles untersagt, was sich nicht ausdrücklich auf dem Programmzettel aufgeführt findet. „Und Sie“, ruft einer der Zuschauer dazwischen, „stehen Sie auf dem Programm?“.[7]

Dieses Beispiel zeigt zugleich einen Anwendungsfall der Autophagie wie auch die Möglichkeit, sich der Retorsion zu entziehen, denn dazu würde es genügen, die Vertreter der öffentlichen Ordnung von der Anwendung dieser Regel auszunehmen. Die im Beispiel dieses Witzes[8] belegte Struktur der Selbstaufhebung findet sich jedesmal, wenn man zur Retorsion greift.

Nach Aristoteles kann durch Retorsion widerlegt werden, wer

dem Prinzip der Widerspruchsfreiheit widerspricht, da er eben durch die Behauptung, dies sei wahr, von der These des Gegners behauptet, sie sei falsch: seine Handlung enthält, was seine Worte bestreiten. Das Argument ist nicht rein formal: um die Unvereinbarkeit offenzulegen, ist das zu formulieren, was die Zurückweisung des Prinzips der Widerspruchsfreiheit voraussetzt; diese Formulierung würde ihrerseits Kontroversen auslösen können.

Eine weitere zur Selbstaufhebung führende Situation entsteht bei dem vergeblichen Versuch, die Regel auf sich selbst anzuwenden: so wäre den Neopositivisten, für die jeder sinnvolle Satz entweder analytisch oder empirisch ist, die Frage zu stellen, ob dieser Satz seinerseits einen Sinn hat und wenn ja, ob er analytisch oder empirisch begründet ist.

Eine andere Form der Selbstaufhebung ergibt sich aus der Gegenüberstellung einer Aussage mit den Bedingungen oder Konsequenzen ihrer Befolgung.

Hierzu etwa die schriftliche Nachricht eines Advokaten für einen Domestiken:

„Ich bin im ‚Elefanten', wo ihr mich finden könnt. Solltet ihr nicht lesen können, dann bringt diesen Zettel zum Buchhändler, damit er ihn euch vorliest."[9]

Epikur, der dem Weisen geraten hatte, keine Kinder zu haben und falls doch Kinder zur Welt kommen, sie nicht anzuerkennen, antwortet Epiktet ironisch:

„Und hätten auch dein Vater und deine Mutter geahnt, daß du so sprechen würdest, so glaube ich, sie würden dich dennoch nicht ausgesetzt haben."[10]

Dieser Satz Epiktets ist darauf abgestellt, Epikur lächerlich zu machen, da er doch, wären seine Eltern epikuräische Weise gewesen, von ihnen entweder gar nicht erst gezeugt oder nach der Geburt ausgesetzt worden wäre.

Nach diesen Beispielen führt die Selbstaufhebung nicht zum Absurden, sondern läßt den lächerlich erscheinen, dem sie unterläuft. Da im Gegensatz zum formalen Widerspruch die Unvereinbarkeit nicht generell gilt, sondern sich in einer bestimmten Situation ergibt, besteht eine Möglichkeit, sie zu vermeiden, darin, im vorhinein sämtliche denkbaren Situationen zu untersuchen, aus denen sie entstehen könnte. Dies ist die *logische* Einstellung des Juristen oder Talmud-Gelehrten, der mit der Absicht einer vorgängigen Lösung die unterschiedlichsten Situationen konstruiert, aus denen sich Probleme ergeben könnten.

Eine Diskussion unter Talmud-Gelehrten betraf die Regel, wonach eine innerhalb einer festgelegten Entfernung von etwa fünfzig Metern vom Schlag aufgefundene Taube als dem Eigentümer des Taubenschlages gehörig angesehen wird, außerhalb dieses Umkreises soll sie dem Finder gehören. Ein etwas impertinenter Rabbi erhob sich mit der Frage: „Wie ist zu entscheiden, wenn nun der eine Fuß der Taube näher und der andere weiter als fünfzig Meter entfernt zu stehen kommt?" Er erhielt nach dem Talmud auf diese Frage keine Antwort, sondern wurde aus der Akademie gejagt (*Baba Batra* 236).

Diese Reaktion zeigt, daß bestimmte Fälle außer acht gelassen werden, um Grenzsituationen, deren Lösung vom Kontext abhängen könnten, nicht vorab entscheiden zu müssen. Dies ist die *praktische* Einstellung dessen, der nicht im Vorhinein sämtliche denkbaren Probleme entscheiden will. Haben kluge Richter einen schwierigen Fall zu entscheiden, so suchen sie die Reichweite der zur Urteilsbegründung herangezogenen Regel so weit als möglich einzugrenzen, um einen Präzedenzfall zu vermeiden und einen künftigen Richter in einem ähnlichen Fall nicht zu binden.

Wer nicht entweder eine Regel aufgeben oder aber eine im ungelegenen Augenblick auftretende Inkompatibilität bereinigen möchte, wird sich so einzurichten suchen, daß diese schwierige Situation und damit die Notwendigkeit zur Aufhebung der Unvereinbarkeit gar nicht erst entsteht: dies ist die *diplomatische* Einstellung.

Saint Simon beschreibt in einer von Proust zitierten Stelle ausführlich die Ausflüchte, zu denen der Adel zu greifen hatte, um nicht die schwierigen Fragen des Vortritts entscheiden zu müssen:

„Wenn es in manchen Fällen nicht möglich ist, eine gemeinsame Auffassung herzustellen, kommt man eher dahin überein, daß Monseigneur, der Sohn Ludwigs XIV., einen auswärtigen Fürsten nur unter freiem Himmel empfängt, damit nicht gesagt werde, der eine habe beim Betreten des Schlosses den Vortritt vor dem anderen genommen."[11]

Man umgeht die problematische Situation; falls sie sich aber doch ergibt, tut man wenigstens so, als bemerke man sie nicht, und nimmt dazu Schweigen, Fiktion oder auch Lüge zu Hilfe.

Da in Japan die Höflichkeit gebietet, Besucher nur in formeller Bekleidung zu empfangen, wird jemand, der die Person, die er besuchen möchte, in Arbeitskleidern antrifft, sie zuerst übersehen und erst dann begrüßen, wenn sie ihren Anzug gewechselt hat. Die diplomatische Krankheit ist eine der Techniken, durch die eine unangenehme Wahl oder ein peinliches Opfer hinausgezögert werden können, allerdings um den Preis einer Lüge. Jankélévitch sagt dazu in einem Vergleich der Lüge mit dem Almosen: „Das Almosen schiebt wie die Lüge das Problem nur auf, ohne es zu lösen; es vertagt die Schwierigkeit und verstärkt sie zugleich."[12]

Will man eine Inkompatibilität auflösen und nicht nur weiter aufschieben, so muß man daher eine der beiden in Konflikt geratenen Regeln aufgeben oder zumindest doch über eine Dissoziation der Begriffe neu fassen. Im weiteren findet sich noch Anlaß, ausführlicher auf diese besondere Begründungstechnik der Argumentation zurückzukommen.

2. Identität, Definition, Analyzität und Tautologie

Eine rein formale Identität ist evident gegeben oder konventionell gesetzt, in beiden Fällen ist sie der Kontroverse und mithin der Argumentation entzogen. Dies trifft jedoch niemals für die in der normalen Rede gegebenen Identifikationen zu.

Diese zielen bald auf eine vollständige, bald auf eine nur teilweise Identität der konfrontierten Elemente.

Die Identifikation zweier Ausdrücke kann aus der Definition oder aus der Analyse folgen.

Soll durch eine Definition das *definiens* mit dem *definiendum* gleichgesetzt werden, so handelt es sich um einen argumentativen, quasi-logischen Gebrauch der Identität. Die Definitionen sind in der Tat darauf ausgerichtet, den definierten Term und den ihn definierenden Ausdruck als austauschbar anzusehen, es sei denn, das *definiens* wird ausdrücklich nur als Annäherung aufgefaßt.

In der natürlichen Sprache lassen sich vier Definitionsarten unterscheiden: die normative Definition, die den Gebrauch eines Terms bestimmt, die deskriptive Definition, die den normalen Gebrauch als gegeben voraussetzt, die kondensierende Definition, die die wesentlichen Elemente der deskriptiven Definition anführt, und schließlich die komplexe Definition, die Elemente der vorhergehenden Definitionen auf unterschiedliche Weise verbindet.[13]

Die Logiker tendieren dazu, Definitionen als beliebig setzbar aufzufassen, doch gilt dies nur für ein formales System, in dem die Zeichen ausschließlich den ihnen durch Übereinkunft zugeschriebenen Sinn haben sollen. Dies trifft jedoch in einer natürlichen Sprache niemals zu, allenfalls für wissenschaftliche Ausdrücke, die mit der ihnen zugeschriebenen Bedeutung in die Sprache eingeführt werden. Besteht das Wort schon zuvor, dann ist es in der Sprache mit vorgängigen Einordnungen und Werturteilen verbunden, die ihm von vornherein eine positive oder negative Färbung verleihen. Die Definition eines Ausdrucks kann hier also nicht als beliebig setzbar angenommen werden. Wäre dies möglich, wie ließe sich dann erklären, daß etwa in den platonischen Dialogen so häufig über die Bedeutung der Worte diskutiert wird? Eine gegebene deskriptive Definition kann dem Test der Erfahrung unterworfen werden wie jeder beliebige andere Gebrauch. Geht es dagegen um die normative Definition von Worten wie „Gerechtigkeit“ oder „Demokratie“, die einen Wertbegriff bezeichnen, dann wird durch die Definition der dem *definiendum* zugeschriebene Wert auf das *definiens* übertragen; ein solcher Transfer, der bestimmt, welcher Sache Wert beizumessen ist, kann offensichtlich nicht Gegenstand einer willkürlichen Entscheidung sein, da er autoritativ eine Wertkontroverse entscheiden würde.[14]

In der Philosophie muß daher die Definition eines umstrittenen Wertes argumentativ gerechtfertigt werden; denn wird die Definition akzeptiert, so wird damit zugleich das quasi-logische Argument anerkannt, welches *definiendum* und *definiens* als austauschbar erscheinen läßt. Wird ein Begriff definiert, der in der Sprache bereits eine eingeführte Bedeutung hat, so wird entsprechend die vorgeschlagene Definition mit der herkömmlichen Bedeutung des Begriffs gleichgesetzt, über die nicht beliebig entschieden werden kann.

Kann ein Begriff auf mehrfache Weise definiert werden, so bedeutet Definieren jeweils Wählen, und dies ist nur dann ohne Diskussion möglich, wenn die Wahl für die Folgerung ohne Folgen bleibt. Bestimmt andererseits eine Definition den Schluß, dann ist sie zu begründen. Eine gesetzliche Definition gewinnt nur durch die Autorität des Gesetzgebers Verbindlichkeit.

Soweit ein analytisches Urteil sich aus linguistischen Konventionen ergibt, läßt sich hierzu offenbar jede auf eine Definition gegründete Äquivalenz assimilieren. Die für den modernen Neo-Positivismus zentrale Annahme, wonach jedes logische Gesetz analytisch ist, rührt aus der Gleichsetzung der Logik mit einer definierten Sprache, wie sie durch systematische Axiome und zulässige Deduktionsregeln bestimmt ist. Ein Nachdenken über den Status der Logik wird zur Frage nach der Angemessenheit der Gleichsetzung der Logik mit einer Sprache und zu den philosophischen Voraussetzungen einer solchen Gleichsetzung. Ergibt sie sich aus einer willkürlichen Definition? Wenn nicht, dann ließe sich zur Idee der Analyzität auf die voranstehenden Ausführungen zur Definition zurückverweisen.

Analytische Philosophie heißt die durch die Oxford-Schule propagierte philosophische Bewegung, die die Aufgabe der Philosophen in der linguistischen Analyse sieht. John Wisdom hat hierzu die materiale, die formale und die philosophische Analyse voneinander unterschieden.[15] Danach begnügt sich die materiale Analyse damit, den einen oder den anderen der verwendeten Ausdrücke zu explizieren: „A ist Kind von B" heißt da „A ist Sohn oder Tochter von B". Die formale Analyse soll die logische Struktur des Satzes untersuchen, wie in der bekannten Analyse von Bertrand Russell, der den Nachweis unternimmt, daß der Satz „Der König von Frankreich ist kahl" äquivalent ist mit „Es gibt einzig und allein ein

Wesen, das König von Frankreich ist, und dieses Wesen ist kahl". Sind also die beiden ersten Formen der Analyse linguistisch oder logisch, so geht die philosophische Analyse vom Komplexen zum Einfachen, zu den letzten Elementen, zu grundlegenden Tatsachen oder unmittelbaren Wahrnehmungsgegebenheiten.

L. S. Stebbing hat sie als *direktional*[16] bezeichnet. Vom Standpunkt der Argumentation – nicht von einem ontologischen – her gesehen, ist offensichtlich jede Analyse direktional, da sie zum Ziel hat, bestimmte Ausdrücke austauschbar zu machen, indem sie den Zuhörer zu Anschauungen hinführt, die den Ideen des Redners entsprechen, und indem sie abweichende Interpretationen ausschließt, die auf die zu analysierenden Aussagen angewendet werden könnten. Russells Analyse ist von Strawson widersprochen worden, der auf den im Gebrauch einer natürlichen Sprache offenkundigen Voraussetzungen insistiert hat, die Russells Analyse zu eskamotieren sucht. So ist nach Russell der Satz „Der König von Frankreich ist kahl" in Wirklichkeit falsch, da es in Frankreich zu dem Zeitpunkt, an dem der Satz geäußert wird, keinen König von Frankreich gibt, während für Strawson unter diesen Bedingungen der Satz nicht falsch, sondern ohne Anwendung ist („The question does not arise").[17] Die direktionale Analyse verwendet zugleich eine quasi-logische Argumentation, um einen komplexen Ausdruck auf jene ontologischen Elemente zu reduzieren, für die der Redner Gewißheit zu haben glaubt, wobei er all jene Aspekte als unwesentlich ansieht, die die Aussage von jenen letzten Elementen abweichen lassen könnten, auf die sie die Analyse reduziert. Die Analyse führt so mit anderen philosophischen Mitteln zu den gleichen argumentativen Konsequenzen wie die Definition.

Wie die Definition könnte auch die Analyse einen anderen Status als den eines quasi-logischen Arguments in Anspruch nehmen. Während aber die Definition zur Vermeidung einer Kontroverse willkürlich gesetzt ist, stellt sich die Analyse als evident und notwendig dar. Doch wäre ihr dann nicht der entgegengesetzte Vorwurf zu machen, nämlich, sie lehre uns nichts Neues und sei, weil *tautologisch*, ohne jedes Interesse? Danach würde sie lediglich mit anderen Ausdrücken, also unter Rückgriff auf eine Definition, den

Inhalt des analysierten Satzes wiedergeben. Der tautologische Charakter der Analyse entspricht so dem unkontroversen Status der Definition.

Bestimmte Redensarten, wie „Geschäft ist Geschäft" oder „Mark ist Mark" stellen sich ihrem Wortlaut nach als indiskutable Tautologien dar. In Wirklichkeit handelt es sich aber dabei nur um *scheinbare Tautologien:* wenn sie auch als Aussagen einer Identität erscheinen, wird sich doch jeder um eine Interpretation dieser Aussage bemühen, die sie für eine Mitteilung als hinreichend interessant erscheinen läßt, und daher die darin übereinstimmenden Ausdrücke zu differenzieren suchen.

Wie ein Widerspruch durch Interpretation zu einem scheinbaren Widerspruch aufgelöst werden kann, so wird auch die Tautologie zu einer scheinbaren Tautologie umgeformt, indem beiden Ausdrücken eine jeweils unterschiedliche Bedeutung zugeschrieben wird. „Doch wäre es falsch, davon auszugehen, daß die exakte Bedeutung der beiden Ausdrücke im vorhinein festgelegt oder vor allem die Beziehung zwischen ihnen stets die gleiche sei. Die Identitätsformel bringt uns auf eine Differenz, doch spezifiziert sie nicht, worauf wir unsere Aufmerksamkeit zu richten haben."[18]

Wer eine solche Aussage liest oder hört, muß sie jeweils in der angemessensten Weise interpretieren, wie in diesem von M. Jouhandeau berichteten schönen Beispiel:

„Wenn ich alles das sehe, was ich sehe, dann denke ich, was ich denke."[19]

Mehrere Figuren der Rhetorik nutzen Tautologie und scheinbaren Widerspruch, um dazu zu nötigen, ein und demselben Wort eine unterschiedliche Bedeutung zuzusprechen.[20]

3. Gerechtigkeitsregel und Reziprozität

Nach Leibniz sind zwei Wesen, a und b, dann identisch, wenn jede Aussage zu einem dieser Wesen übereinstimmt mit der entsprechenden Aussage für das andere Wesen. Danach können identische Wesen sinnvollerweise auf gleiche Weise behandelt werden, da kein Grund besteht, sie unterschiedlich zu behandeln.

Das Prinzip, wonach zwei Wesen als austauschbar gelten, kann um so eher akzeptiert werden, als durchaus fraglich ist, ob es wirklich angewendet werden kann. Gibt es identische Wesen? Der Logiker G. Frege konnte den Nachweis führen, daß niemals zwei verschiedene Wesen gleichgesetzt werden, sondern allein zwei unterschiedliche Weisen, das gleiche Wesen zu bezeichnen: der Nachweis der Identität von Morgenstern und Abendstern beweist, daß die unterschiedlichen Benennungen denselben Himmelskörper bezeichnen.[21] In der Praxis geht es allerdings darum zu wissen, in welchem Fall es vernünftig oder gerecht ist, zwei Wesen oder Situationen, die man trotz ihrer Unterschiedenheit miteinander gleichsetzt, auf gleiche Weise zu behandeln: es liegt keine vollständige, sondern nur eine teilweise Gleichsetzung vor, gerechtfertigt dadurch, daß die Unterschiede als unbedeutend, die Ähnlichkeiten dagegen als wesentlich angesehen werden.

Was unbedeutend ist oder nicht, bestimmt sich nach dem verfolgten Ziel. Wenn es also darum geht, zwischen Phänomenen Korrelationen derart herzustellen, daß mit ausreichender Wahrscheinlichkeit vorhergesagt werden kann, daß ein Phänomen des Typus a mit einem Phänomen des Typus b zusammen auftritt oder von ihm gefolgt sein wird, dann ist es in der Tat die – möglicherweise durch eine Theorie genauer gefaßte – Erfahrung, die zu bestimmen erlaubt, welche Aspekte des Phänomens man bei einer Klassifizierung oder bei der Suche nach Regelmäßigkeiten oder Naturgesetzen außer acht lassen kann.

Sollen dagegen Verhaltensregeln aufgestellt werden, welche die für alle Individuen in einer bestimmten Situation verbindlich sein sollenden Pflichten festlegen, welche Verpflichtungen hat man dann andererseits ihnen gegenüber? Wenn es sich nicht nur um deskriptive, sondern um normative Gesetze handelt, dann entscheiden die Ziele der eingeführten Regel darüber, ob die eine oder die andere ihrer Eigentümlichkeiten wesentlich oder unwesentlich ist. Das allgemein anerkannte Prinzip der Gleichheit vor dem Gesetz bedeutet, daß *alle* Wesen mit den vom Gesetz geforderten Eigenschaften von dem Gesetz auf gleiche Weise, das heißt auf die durch das Gesetz bestimmte Weise, zu behandeln sind.

Dieses Prinzip drückt eine rein formale Gerechtigkeitsregel aus, wonach „die Wesen einer wesentlich gleichen Kategorie auf die gleiche Weise zu behandeln sind".[22] Eine Anwendung dieser Gerechtigkeitsregel liegt darin, Präzedenzfällen zu folgen, solange keine wichtigen Gründe dagegen sprechen. Die Gerechtigkeitsregel ist hierbei nur Ausdruck eines Trägheitsprinzips: es erscheint vernünftig, in analogen Situationen in gleicher Weise wie schon zuvor zu reagieren, wenn es sich dort bewährt hatte. So entstehen Sitten, in denen herkömmliche Handlungsweisen normativen Rang gewinnen.

Eine in vergleichbaren Situationen jeweils unterschiedliche Handlungsweise wird im allgemeinen als ungerecht empfunden, weil sie Parteilichkeit verrät.

Ein Beispiel für die argumentative Verwendung der Gerechtigkeitsregel findet sich in einer Ansprache des Demosthenes:

„Wollen diese etwa behaupten, daß ein Vertrag dann gilt, wenn er sich gegen unsere Stadt richtet, und dann nicht, wenn er ihr Sicherheit bietet? Hieltet ihr dies für gerecht?"[23]

Die Gerechtigkeitsregel und die daraus abgeleitete Verwendung des Präzedenzfalles können zwei Einwänden begegnen.

Der erste bezieht sich auf die Gleichsetzung von zwei wesentlich unterschiedenen Situationen. Hierzu eine Passage, in der sich der rumänische Schriftsteller C. V. Gheorghiu gegen die Gleichbehandlung von Gefangenen zu wenden scheint:

„Diese Bruchstücke von Menschen, die nur noch Teile ihres Körpers besitzen, erhalten die gleiche Nahrungsmenge wie die kompletten Individuen. Das ist eine große Ungerechtigkeit. Ich schlage daher vor, den Gefangenen ihre Rationen im Verhältnis zum Körper, soweit er noch vorhanden ist, zuzuteilen."[24]

Gheorghius schwarzer Humor protestiert gegen die Entindividualisierung der Menschen durch ihre Einordnung in alle möglichen administrativen Kategorien. Ironisch unterstellt er die Einführung neuer administrativer Kategorien und sucht so einen Widerwillen gegen diese äußerste Verachtung des Menschen zu provozieren. Doch würde man in der Begründung ebenso verfahren, wenn tatsächlich eine wesentliche Kategorie durch eine andere ersetzt werden sollte, etwa beim Vorschlag, die Menschen nicht nach ihren Leistungen, sondern nach ihren Bedürfnissen zu behandeln.

Die zweite Kritik betrifft das Verfahren gegenüber zwei Situationen, die man einander gleichsetzt.

So verwundert sich Locke darüber, daß es nicht jedem Einzelnen überlassen bleibt, sein Seelenheil auf seine eigene Weise zu suchen, während man ihm doch sein Erbe nach seinem Willen zu verwenden gestattet.[25] Er fordert einen gleichen Liberalismus für den religiösen wie für den bürgerlichen Bereich. Doch könnte die Angleichung heute bei einer zunehmend reglementierten Wirtschaft eine entgegengesetzte Wirkung haben und im Bereich des Bewußtseins ebenso zur zunehmenden politischen Intervention führen wie im Bereich der Wirtschaft.

Das Argument der Reziprozität setzt zwei Wesen oder Situationen einander gleich, indem es aufweist, daß sie als korrelative Ausdrücke in einer Relation auf die gleiche Weise zu behandeln sind.

In der formalen Logik können die Ausdrücke a und b, Antezedens und Konsequenz einer Relation R, ohne Schwierigkeiten miteinander vertauscht werden, wenn die Relation symmetrisch ist: läßt sich diese Symmetrie als wesentlich nachweisen, so ist dies eine Begründung dafür, die Ausdrücke einander gleichzusetzen und auf sie die Gerechtigkeitsregel anzuwenden, die ihre gleiche Behandlung fordert.

Hierzu einige Beispiele aus Antike und Moderne: „Was zu lernen ehrenhaft ist, ist auch ehrenhaft zu lehren“;[26] „Wenn sie (die Steuern) zu verpachten für euch nicht schändlich ist, dann ist es auch für uns nicht schändlich, sie zu pachten“.[27] La Bruyère gibt sich erstaunt über den Anblick „einer Menge von Christen beiderlei Geschlechts, die sich an bestimmten Tagen in einem Saal zusammenfinden, um dort einer Gruppe von Exkommunizierten zu applaudieren, die eben wegen der von ihnen gegebenen Unterhaltung exkommuniziert sind“.[28] Und ebenso entrüstet sich ein Clochard: „Ich kann wirklich nicht verstehen, wie Bettelei in einer Gesellschaft ein Verbrechen sein soll, in der Wohltätigkeit eine Tugend ist.“[29]

Die goldene Regel ergibt sich in unterschiedlichen Formen aus der Anwendung der Gerechtigkeitsregel auf als symmetrisch angenommene Situationen.

„Was du nicht willst, daß man dir tu, das füg' auch keinem andern zu."

Isokrates lobt die Athener, wenn er schreibt:

„Sie forderten von sich selbst die gleichen Gefühle für ihre Untergebenen, die sie ihrerseits von den über ihnen Stehenden erwarteten."[30]

Die Anwendung des Arguments der Reziprozität vermag uns durch die von ihr bewirkte Umkehrung der Situationen über die Eigentümlichkeit unserer eigenen Sitten nachdenklich zu machen, die wir als normal ansehen, weil wir daran gewöhnt sind. Daraus rührt die erzieherische Wirkung von Erzählungen wie den *Lettres persanes* von Montesquieu, der uns unsere eigenen Institutionen und Sitten mit fremden Augen sehen läßt. Ich erinnere mich an eine humoristische Zeichnung, auf der vor ihrem Herrn, der in der Wanne ein Bad nimmt, eine Katze zur anderen sagt: „Warum lekken sie sich nicht wie alle?"

Das Argument der Reziprozität wird eindeutig komisch, mitunter auch skandalös, wenn die Gleichsetzung der Situationen die wesentlichen Unterschiede außer acht läßt:

„In Surate öffnet ein Engländer eine Flasche Ale, die enorm aufschäumt. Er fragt einen darüber staunenden Inder, was er daran so Besonderes finde. ‚Was mich verwundert, ist nicht, daß all dies so heraus kommt', antwortet der Eingeborene, ‚sondern wie Sie das da haben hineinbringen können'."[31]

L. Sterne, der aus der Parodie der Argumentation viele komische Effekte gewinnt, schreibt diesen kleinen Dialog:

„‚Wer hat aber wohl jemals darauf gedacht, seine Großmutter zu beschlafen?' rief Kisarcius.

‚Der Jüngling', sagte Yorick, ‚der nicht allein daran dachte, sondern sein Vorhaben bei seinem Vater mit der Wiedervergeltung rechtfertigte: ‚Sie schliefen bei meiner Mutter, Papa' sagte der junge Mensch. ‚Warum sollte ich nicht bei Ihrer schlafen?'"[32]

Das Talionsprinzip, das auf Bestrafungen die gleiche Gerechtigkeitsregel zur Anwendung bringt wie die goldene Regel auf das moralische Verhalten, ist nicht anwendbar, wenn die behauptete Symmetrie nur scheinbar besteht, entweder durch Einwirken eines natürlichen Phänomens, einer Verwandtschaftsbeziehung oder einer persönlichen Einstellung, die die Gleichsetzung von Situationen verhindert. So in diesem Gespräch bei Jouhandeau:

„Hätte ich damals gewußt, Levy, daß ihr reich wart, geliebt hätte ich euch nicht, doch statt Raimund hättet ihr mich geheiratet und ich hätte euch mit ihm betrogen, bis zu dem Tage, an dem ich euch verlassen hätte, um euch mehr und weiter zu berauben, da ich und Raimund ohne euch doch hätten glücklich sein können, aber alles ist anders gekommen: ich bin seine Frau, und noch reicher zu sein, nützt euch nichts, weder für Gold noch Silber werde ich mit euch meinen Raimund betrügen."[33]

Mitunter bleibt die Frage, ob die Gleichsetzung gültig ist oder nicht. Wie stark ist etwa die persuasive Kraft dieses Gedankens von Montaigne: „Gleiche Narrheit ist es zu beklagen, daß wir heute in hundert Jahren nicht leben werden, wie zu beklagen, daß wir nicht vor hundert Jahren gelebt haben."[34]

Lassen sich Zeiträume einander gleichsetzen, in denen man einmal tot sein wird und zum andern noch nicht geboren war? Und geht es an zu erwägen, daß geborene Wesen notwendig sterben müssen, und daraus die Folgerung zu ziehen, die Unsterblichkeit der Götter sei eine mit der Tatsache unvereinbare Idee, daß sie geboren sind, um auf die Welt zu kommen?

Diese und viele andere Beispiele, in denen die Argumente der Reziprozität auf das Wirkliche angewendet werden, belegen den quasi-logischen Aspekt des Denkens, das sich in als symmetrisch angenommenen Situationen auf die Gerechtigkeitsregel bezieht.

4. Argumente der Transitivität, Einschließung und Aufteilung

Transitivität bezeichnet die formale Eigenschaft einer Relation, die von der Aussage, daß sie zwischen einem Ausdruck und einem zweiten und zwischen diesem zweiten Ausdruck und einem dritten gegeben ist, zu der Schlußfolgerung zu gelangen erlaubt, daß sie auch zwischen dem ersten und dem dritten Ausdruck besteht. Diese Eigenschaft charakterisiert Relationen wie „gleich wie", „enthalten in", „größer als"; die Relation aRc gilt immer, wenn die Prämissen aRb und bRc gelten.

In manchen Fällen wird Transitivität behauptet, ohne wirklich gewährleistet zu sein: „Die Freunde meiner Freunde sind auch meine Freunde" gibt eine argumentative Transitivität, die durch Erfahrung widerlegt werden könnte. Wer diese Formel verwendet, könnte sie trotz widersprechender Fälle mit dem Argument aufrechterhalten, sie gelte nur für die *wirklichen* Freunde: durch die transitive Definition von „die wahre Freundschaft" ist die Redensart in einen analytischen Satz verwandelt, der durch keine Erfahrung mehr widerlegbar ist.

Der Syllogismus bestätigt die Transitivität der Inklusions- und Implikationsbeziehung. Sind diese Beziehungen in einem formalen System definiert, dann steht die Transitivität außer Zweifel. Gilt dies auch für den Kettenschluß, in dem das Satzglied im zweiten Teil einer Aussage im Anfang der nächsten wieder aufgenommen und dabei jedesmal das für den gegebenen Zweck angemessene Mittel angestrebt wird?

Hierfür ein aus dem *Ta-hsüeh* entnommenes und sehr bekanntes Beispiel:

„Da die Alten die Intelligenz ihre erzieherische Wirkung im ganzen Lande ausüben lassen wollten, brachten sie zuerst ihr Reich in Ordnung; da sie in ihr Reich Ordnung bringen wollten, regelten sie zuerst ihr Familienleben; da sie ihr Familienleben regeln wollten, bildeten sie zuerst ihre eigene Person; da sie ihre eigene Person bilden wollten, läuterten sie zuerst ihr eigenes Herz; da sie ihr Herz läutern wollten, strebten sie nach Wahrhaftigkeit ihrer Gedanken; da sie nach Wahrhaftigkeit ihrer Gedanken strebten, ließen sie sich vor allem die vollkommene Wissenschaft angelegen sein; diese vollkommene Wissenschaft besteht darin, Sinn für die Wirklichkeiten zu entwickeln."[35]

Bietet dieser Übergang von der Folge zur Bedingung, der umgekehrt dem symmetrischen Übergang von den Bedingungen zu den Folgen entspräche, nun in Form eines Enthymems eine zwingende Transitivität oder eine schon durch die gewählte Form überredend wirkende Argumentation? Jedenfalls sind wir hier weit von der formalen Transitivität, aus der sich eine gemeinsame Eigenschaft aller durch sie verbundenen Elemente ableitet.

Die Einbeziehung des Teiles in das Ganze läßt die Aussage zu, daß das Ganze mehr ist als jedes einzelne seiner Teile. Was in Arithmetik und Geometrie beweisbar ist, wird zum quasi-logischen Argument, wenn daraus Folgerungen der Art gezogen werden „Das Ganze ist mehr wert als ein Teil", oder „Was dem Ganzen nicht erlaubt ist, ist auch dem Teil nicht erlaubt", „Wer mehr kann, kann auch weniger", wobei hier „weniger" als ein Teil des Ganzen genommen wird, das „mehr" ist.

So verwendet auch Locke implizit diesen Argumentationstyp:

„Denn was für die ganze Kirche nicht rechtmäßig ist, kann nicht auf Grund eines kirchlichen Rechtes für eines ihrer Glieder rechtmäßig werden."[36]

Bei V. Jankélévitch findet sich eine analoge Überlegung, wonach es vernünftig ist, das Teil dem Ganzen unterzuordnen:

„Die Sparsamkeit handelt gemäß der Aufeinanderfolge wie die Diplomatie gemäß der Koexistenz; und wie diese das Teil dem Ganzen, das begrenzte Interesse dem allgemeinen Interesse aufopfert, so bestimmt jene durch ihre zeitlichen Maßnahmen das Aufopfern der Gegenwart für die Zukunft und des flüchtigen Augenblicks für die längstmögliche Dauer. Kann man anders als aus Absurdität für das Vergnügen einer einzigen Sekunde die höheren Interessen eines ganzen Lebens gefährden wollen?"[37]

Diese Unterordnung des Teiles unter das Ganze versteht sich von selbst, wenn die Teile homogen sind; wie verhält es sich aber dann, wenn die *Präsenz* der Gegenwart und des Aktuellen Vorrang über alle Zukunft gewinnt, was ja nicht ausgeschlossen werden kann?

Läßt sich immer voraussetzen, daß, wer mehr kann, auch weniger vermag? Drückte diese Aussage eine formale Wahrheit aus, dann wäre es unmöglich, ihr zu widersprechen. Doch es gibt ein ausgezeichnetes Beispiel für das Gegenteil in dem berühmten Gesetz Vandervelde, das nach dem Ersten Weltkrieg in Belgien auf die Initiative des großen Sozialistenführers hin verabschiedet worden war; es gestattete den Verkauf einer Mindestmenge von zwei Litern Alkohol an jedermann, verbot aber den Verkauf kleinerer Mengen. Obwohl es paradox schien, hat dieses Gesetz wirksam dazu beigetragen, den Alkoholismus in der Arbeiterschaft zu bekämpfen, und dies war das Ziel seines Urhebers.

Allgemein gelten die Arten als Untergliederungen oder Teile der Gattungen: von hier aus ist es nur ein kurzer Schritt, die das Ganze und seine Teile betreffenden Schlüsse in solche zu übersetzen, die sich auf die Beziehungen zwischen den Arten und den Gattungen beziehen. Zumeist sucht man bei diesem Argumenttyp nicht auf die Überlegenheit der Gattung über die Art zu schließen, sondern eher gelangt man von den Arten zur Gattung oder zu einer noch nicht untersuchten Art: „Über die Gattung läßt sich aussagen, was in einer der Arten gegeben ist; was in keiner der Arten vorkommt, zählt nicht zur Gattung.“[38]

Dieser Begründungstyp erinnert an die oben (S. 57) erwähnten Argumente durch Aufteilung. Während aber über die Arten, die eine Gattung bilden, allgemeine Übereinstimmung besteht, läßt sich die Aufteilung frei vornehmen, was unerwartete Wirkungen erlaubt:

„Sie hatten schönes Wetter in den Ferien?

Aber ja doch, in einem Monat hat es nur zweimal geregnet.

Wie, so wenig?

Ja, das eine Mal acht Tage lang und das andere Mal über drei Wochen.“[39]

Das Argument mittels Aufteilung, dessen Verwendung nicht nur zum Beweise, sondern auch dazu dienen kann, durch Aufzählung der Teile Präsenz zu schaffen (vgl. Amplifikation, oben S. 45), liegt an der Wurzel des Dilemmas, ebenso wie die Begründungen *a pari* und *a contrario*.

Im Dilemma werden zwei Möglichkeiten mit dem Ergebnis überprüft, daß sie beide zu unangenehmen Folgen führen:

„Lehrt jemand, der ein Diener des Wortes Gottes und Prediger des Friedensevangeliums sein will, das Gegenteil, dann versteht er entweder die Pflichten seines Amtes nicht oder handelt ihnen entgegen und wird dem Herrn des Friedens eines Tages darüber Rechenschaft abzulegen haben."[40]

Demosthenes reduziert die Wahlmöglichkeiten der Athener, Philipp von Mazedonien gegenüber, zu einem Dilemma:

„Und eines vor allem, Athener, habt ihr zu bedenken: für euch besteht heute die Wahl nur zwischen dem einen oder dem anderen, Philipp entweder in seinem eigenen Lande anzugreifen oder aber von ihm in dem euren angegriffen zu werden ... Und bedarf es da noch der Worte, welchen Unterschied es bedeutet, den Krieg bei ihm oder hier zu führen?"[41]

Das Dilemma ist dann zwingend, wenn eingeräumt werden muß, daß sich die Situation auf eine Alternative reduziert: es bleibt nur, jene Seite der Alternative zu wählen, die das kleinere Übel bedeutet.

Die Darstellung einer Situation in der Form des Dilemmas dient häufig dazu, die Unehrlichkeit des Gegners zu erweisen. Entsprechend greift Héron de Villefosse als Verteidiger der Echtheit der Tiara des Saitapharnes den dieser These widersprechenden Experten an:

„Findet Herr Furtwängler auf einem antiken Monument eine der Figuren oder eines der Motive der Tiara oder glaubt er es zu finden, dann erklärt er aus diesem Grunde, daß die Tiara falsch sei; findet er kein Beispiel für dieses Motiv oder diese Figuren ... dann erklärt er ebenfalls, die Tiara sei falsch. Dies ist ein ganz außergewöhnliches Diskussionsverfahren."[42]

Bleiben Nuancen unberücksichtigt und werden nicht alle Elemente mitgeteilt, die jeweils den Schluß auf die Unechtheit der Tiara zuließen, und werden alle Begründungen auf ein zu immer demselben Resultat führendes Dilemma reduziert, so wird die Argumentation des Gegners als Ausdruck eines Vorurteils und als völlig unabhängig von den Ergebnissen einer Untersuchung der Tiara dargestellt.

Mitunter ist die Darstellung unter der Form des Dilemmas unzulässig, wenn nämlich dessen beide Zweige zu einer manifesten Absurdität führen. Sterne erfreut sich sehr daran, die eine oder die andere Form der Argumentation ins Lächerliche zu wenden. Und so gibt er die Überlegungen der Straßburger Juristen zur Nase eines Unbekannten wieder:

„Solch eine ungeheure Nase, sagten sie, könnte, wofern sie echt gewesen, unmöglich in der bürgerlichen Gesellschaft geduldet worden sein. Wofern aber falsch; – so wäre es eine noch größere Beleidigung und Kränkung der Rechte dieser Gesellschaft, daß man sie durch falsche Zeichen und Merkmale hinters Licht führen wolle; welches eine noch schärfere Ahndung verdiene.

Die einzige Einwendung hiergegen war, daß, wenn es ja etwas bewiese, so bewiese es, daß die Nase des Fremden weder echt noch falsch sei."[43]

Das Verhältnis zwischen Teil und Ganzem, zwischen Art und übergeordneter Gattung hat im Recht zu zwei Arten von Argumenten geführt, der Folgerung *a pari* und *a contrario*. Wird behauptet, was für eine Art gilt, gilt auch für die andere, oder werden sie einander gegenübergestellt? Wenn nach einer Rechtsregel die Söhne von ihren Eltern erben können, gilt dies dann auch für die Töchter, oder sind die Töchter dadurch von der Erbteilung ausgeschlossen? Nur der Kontext kann die richtige Interpretation liefern. Die Geschichte des Rechts belegt, daß eine gleiche Regel zu unterschiedlichen Zeiten gemäß der ersten Interpretation ausgelegt wurde, während ursprünglich die zweite als richtig galt. Daß man zwischen diesen beiden Arten von Argumenten unschlüssig bleiben kann, verdeutlicht den Unterschied der Argumentation zum formalen Beweis. Die Anwendung des argumentativen Schemas setzt eine Entscheidung voraus über das Gewicht der Argumente, die für Angleichung oder Trennung der beiden Arten einer gleichen Gattung in einer gegebenen Situation sprechen.

5. Gewichte, Maße und Wahrscheinlichkeiten

Der Vergleich stellt dann ein quasi-logisches Argument dar, wenn er nicht durch ein Gewichts- und Maß-System zu einer Gewichtung oder einem wirksamen Maß führt; die persuasive Wirkung solcher Vergleiche ist dennoch durch die mitgedachte Idee gegeben, daß sich das Urteil gegebenenfalls kontrollieren ließe.

Sätze wie „Seine Wangen haben das Rot von Äpfeln“ oder „Er ist reicher als Krösus“ scheinen ein kontrollierbares Urteil auszudrücken.

Wenn Cicero sagt: „Es ist das gleiche Verbrechen, den Staat zu bestehlen wie gegen die öffentliche Ordnung gerichtete Schenkungen zu machen“,[44] dann gibt er einer nicht vom Gesetz sanktionierten Handlung das gleiche Gewicht wie einem strafbaren Delikt.

Während der Maßstab bei einem wirklichen Abwiegen oder Abmessen neutral und unveränderlich ist, sind die Vergleiche jeder Art der Gegenreaktion des gewählten Vergleichsausdrucks ausgesetzt, da die beiden Ausdrücke durch ihren Vergleich in einer Klasse zusammengebracht und dadurch mehr oder minder homogen werden. Wird von einem Schriftsteller gesagt, er stehe einem berühmten Dichter nach, oder aber, er sei einer ausgemachten Null überlegen, so wird damit jedesmal ein vertretbares Urteil von allerdings sehr unterschiedlicher Qualität ausgesprochen.

Diese Wirkung hat Bossuet deutlich gesehen, der sie ausdrücklich unterstreicht: „. . . die frommen Herrscher wollen durchaus, daß ihr ganzer Ruhm sich vor dem Gottes verdunkele; und weit entfernt davon beleidigt zu sein, wenn man vor ihm ihre Macht herabmindert, wissen sie sehr wohl, daß man sie nie tiefer verehrt, als wenn man sie in diesem Vergleiche mit Gott so herabsetzt.“[45]

Die Annäherung von zwei derart entfernten Ausdrücken erhöht den niedrigeren, mindert allerdings den höheren etwas herab.

Daher gibt es die Überlegenheit des Unvergleichlichen, das sich nur mit sich selbst vergleichen läßt, das man als *einzigartig* ansieht.

Nachdem Plotin zuerst die Überlegenheit des Einen über alle andere Wirklichkeit aufgezeigt hat, und nun doch die Abwertung fürchtet, die darin liegt, fügt er hinzu: „. . . im eigentlichen Sinne aber läßt sich nichts finden, was wir über Ihn, geschweige denn von Ihm aussagen könnten . . . ebenso die Aussage, daß Er ungehindert handle, und auch, da anderes ist, daß er auch dies ungehindert wirke; man darf Ihn überhaupt nicht als zu etwas in Beziehung stehend ansprechen . . .“[46]

Analog schreibt La Bruyère in einem Zusammenhang über den Rang der großen Künstler:

„V... ist ein Maler, C... ein Musiker und der Autor von *Pyramus* ist ein Dichter; doch Mignard ist Mignard, Lulli ist Lulli und Corneille ist Corneille."[47]

Durch die Annäherung verschiedener Handlungen setzt der Vergleich sie auf ein bestimmtes und von den Gesprächsteilnehmern akzeptiertes Niveau; eine Divergenz kann hierbei allerdings komisch wirken:

„Ein hübsches Mädchen und eine säuerliche alte Jungfer warten auf den Autobus. Die alte Jungfer lehnt die ihr angebotene Zigarette mit Entrüstung ab:

‚Auf der Straße rauchen? Da könnte ich ja gleich den erstbesten Passanten hier umarmen!' – ‚Das wäre mir auch lieber, doch solange kann man ja noch eine rauchen.'"[48]

In der quasi-logischen Argumentation ist der Vergleichsausdruck selten eindeutig bestimmt. Da die Verwendung dieses Arguments weniger informieren als beeindrucken will, ist die Angabe einer Größe in absoluten Zahlen mitunter weniger wirksam als die Angabe einer relativen Größe, wenn der Vergleichsbegriff hierfür gut gewählt ist. Soll die Größe eines Landes unterstrichen werden, so wäre es in Paris sinnvoller zu sagen, daß es Frankreich neunmal enthält, als anzuführen, es sei halb so groß wie Brasilien.

Der Vergleichsausdruck kann auch eine Kontrastierung bedeuten. So dienen die lobenden Beschreibungen eines goldenen Zeitalters oder der guten alten Zeit vor allem dazu, die Epoche und das Land, in dem man lebt, herabzusetzen.

Oft ergibt sich der Vergleich aus einem Opfer: Dieses ist ein Maßstab für den Wert dessen, was man erhalten oder bewahren will. Daher die Bedeutung der Märtyrer als Glaubensgaranten.

Der Gedanke Pascals „Nur die Berichte glaube ich, deren Zeugen sich umbringen lassen würden",[49] findet seine Entsprechung bei Calvin, der die geringe Bindung der Katholiken an ihre Religion verzeichnet und dem die Entschiedenheit der Protestanten gegenüberstellt: „Unser Glaube ist ein ganz anderer und fürchtet nicht der Schrecken des Todes noch des Jüngsten Gerichts."[50]

Durch den asketischen Verzicht läßt sich der mystische Zustand bewerten. So greift Plotin dies Argument auf: „Indem sie (die Seele) alles andere, woran sie zuvor ihre Freude hatte, Herrschaft, Macht, Reichtum, Schönheit, Wissen, gering achtet und es sagt; würde sie es sagen, wenn sie nicht einem begegnet wäre, das stärker ist als all das?"[51]

Die Bekenner des Glaubens mögen bescheiden und ohne Ansehen sein, doch ihre Zahl wird für ihren Mangel an individuellem Prestige einstehen, wie in der Legende von den elftausend Jungfrauen, die mit der Hl. Ursula zogen.

Bei der Argumentation mit dem Opfer werden die Dinge in Ermangelung eines objektiven Maßstabs nur nach dem von den Menschen beigemessenen Wert beurteilt. Bildet dieser Wert eine Konstante? Dafür spricht eigentlich nichts: das geopferte Gut kann, wie das angestrebte Ziel auch, einer Ambivalenz unterworfen sein: „Man stößt das weit von sich, dem man zuviel geopfert hat, oder aber man klammert sich in einer Art Verzweiflung daran fest."[52]

Das nutzlose, vergebliche Opfer kann zu einer Abwertung des so Geopferten führen. Bei einer abgeschlagenen Offensive sprachen die Soldaten von ihren gefallenen Kameraden als von „denen, wo man wieder von vorn anfangen muß".[53]

Das Argument mit dem Opfer wird komisch, wenn es etwas anderes bemißt als das, was den Gesprächspartner interessiert:

„Bei einem Einstellungsgespräch bringt der Arbeitgeber dem Stellenbewerber seine Verwunderung zum Ausdruck:

– Für jemanden ganz ohne jede Erfahrung verlangen Sie ein recht hohes Gehalt.

– Die Arbeit ist aber auch um so schwieriger, je weniger man weiß, wie man damit fertig wird."[54]

Den quasi-logischen oder quasi-mathematischen Argumenten lassen sich alle zuordnen, die sich auf nicht berechenbare Wahrscheinlichkeiten oder doch zumindest auf Ideen beziehen, die unterhalb der Wahrscheinlichkeitsrechnung liegen.

Hierzu lassen sich zwei Argumente anführen, die auf die Vorstellung zurückgehen, daß die Wahrscheinlichkeit einer besseren

Wahl durch die Zahl der Lösungen, unter denen zu wählen ist, erhöht wird. Isokrates rät, die Jüngeren in die Ratsversammlungen zuzulassen:

„Da die Qualität unseres Urteils sich nicht nach der Zahl unserer Jahre, sondern nach unserem Temperament und unseren Fähigkeiten unterscheidet, warum sollten dann nicht gebotenermaßen die Erfahrungen beider Generationen aufgerufen sein; erbrächte dies nicht die Möglichkeit, die nützlichsten Ratschläge aus allen gehaltenen Reden zu erwählen?“[55]

Diese Argumentation verwendet auch Locke, um der Tyrannei der Herrscher in Religionsdingen entgegenzutreten:

„Da es nämlich nur eine Wahrheit, nur einen Weg zum Himmel gibt, welche Hoffnung besteht denn, daß mehr Menschen dahin geführt würden, wenn sie kein anderes Gesetz hätten als die Religion des Herrschers, und in die Notwendigkeit versetzt würden, das Licht ihrer eigenen Vernunft aufzugeben ... der enge Weg würde noch sehr verengt werden; ein Land allein würde im Rechte sein ...“[56]

Beide Argumente behaupten jene Lösungen als besser, die eine größere Zahl an Optionen bieten: das Problem der Teilnahme an Ratsversammlungen wie das der Religionsfreiheit wird auf einen einzigen seiner Aspekte zurückgeführt, auf die mehr oder minder große Wahrscheinlichkeit, zu dem erhofften Ergebnis zu gelangen.

Das irdische Leben erscheint in der uns von Pascal vorgeschlagenen Wette als ein begrenzter Einsatz, verglichen mit dem zu gewinnenden ewigen Heil, der Unbegrenztheit des unendlich glücklichen Lebens, denn in diesem Spiel liegen alle Chancen auf unserer Seite: „... jeder Spieler wagt mit Gewißheit, um ungewiß zu gewinnen; und trotzdem wagt er, ohne gegen die Vernunft zu verstoßen, sicher das Endliche, um unsicher Endliches zu gewinnen ... Aber die Ungewißheit des Gewinnens ist gemäß der Ziffer der Wahrscheinlichkeit für Gewinn und Verlust der Gewißheit dessen, was man wagt, angemessen ... und so ist unsere Darlegung, bei gleicher Chance für Gewinn und Verlust, von unendlicher Überzeugungskraft, wenn Endliches in einem Spiel zu wagen und das Unendliche zu gewinnen ist.“[57]

Leibniz wie Bentham wollten die Wahrscheinlichkeit zur Bewertung von Beweisen und Berichten heranziehen, und die Jesuiten hatten in ihrer Kasuistik den *Probabilismus* auf ihre Art verwendet.

Alle diese Techniken setzen die Reduktion eines Problems auf einen einzigen seiner Aspekte voraus, der zwar nicht berechenbar, doch in Häufigkeitsausdrücken bewertbar ist. Diese Reduktion kann allerdings die Vernachlässigung anderer und vielleicht wesentlicher Aspekte nach sich ziehen, und Pascal hat dies in seinen *Provinciales* unterstrichen.

Die Schwierigkeiten der Reduktion auf das Formale und Quantitative lassen die quasi-logischen Argumente selten allein überzeugend wirken: sie müssen durch Argumente ergänzt werden, die auf der Struktur des Wirklichen gründen.

8. Argumente aus der Struktur des Wirklichen

Eine einmal anerkannte wechselseitige Verbindung von Elementen des Wirklichen kann zur Grundlage einer Argumentation werden, durch die sich eine Übertragung von Anerkannten zu dem erst noch zur Anerkennung zu bringenden erreichen läßt.

Wenn Bossuet von der in der Kirche überlieferten Gleichheit von Altar und Kanzel predigt, so will er von den Gläubigen den gleichen Respekt für das Wort Gottes erlangen, den sie dem Leib des Sohnes Gottes in der Kommunion erweisen.

Die üblicherweise angesprochenen Strukturen sind anderer Art: die Mehrzahl der auf das Wirkliche gegründeten Argumente verwendet Sequenzverbindungen[1] wie die Beziehung von Ursache und Wirkung, oder Koexistenzverbindungen[2] wie die Beziehung zwischen Person und Handlungen.

Hierin liegen zwei unterschiedliche Weisen, das Wirkliche zu strukturieren. Sequenzverbindungen setzen Phänomene gleichen Niveaus in Beziehung, bei der Begründung über Koexistenzverbindungen stützt sich die Argumentation auf Ausdrücke unterschiedlicher Ebenen, wie etwa dem Wesen und seinen Darstellungen.

1. Sequenzverbindungen

Setzt die Argumentation eine Kausalbeziehung zwischen Phänomenen voraus, dann kann sie sich auf die Frage nach den Ursachen, auf die Bestimmung der Wirkungen oder auf die Bewertung einer Handlung nach ihren Folgen richten. Bei intentionalen Akten tritt zur Bestimmung der Ursache das für die Handlung ausschlaggebende Motiv.

Die durchgeführte Argumentation dient dazu, ein Phänomen

darzustellen, es zu erklären und manchmal die weitere Erforschung zu leiten.

Die Entdeckung eines Leichnams führt zu einer Folge von Fragen: Handelt es sich um einen natürlichen Tod oder um ein Verbrechen? Und wer kommt in diesem Falle als Täter in Frage? Wer hatte ein Motiv, das Opfer zu töten? Wer unter den Verdächtigen hatte den Vorsatz und die Möglichkeit zu handeln? Wie weit sind die vorhandenen Annahmen präzis und stimmig? Wie weit können sie den Ablauf der Ereignisse erklären? Wären nicht auch andere Hypothesen ebenso plausibel?

Hierbei kommt in der inneren Überlegung wie in einer nach außen gerichteten Argumentation die gleiche Art des Folgerns zur Anwendung. Im letzteren Fall bedarf es zu ihrer Wirksamkeit der Übereinstimmung unter den Gesprächsteilnehmern über die möglichen Motive einer Handlung, über ihre Triftigkeit und Wahrscheinlichkeit in einem gegebenen Kontext.

Wer in einem Glücksspiel unverhältnismäßig oft gewinnt, setzt sich dem Verdacht des Betruges aus, der seinen Erfolg eher erklärbar machen würde. Wenn mehrere Zeugenaussagen übereinstimmen, ohne daß die Zeugen sich zuvor abgesprochen haben, so ist daraus zu schließen, daß sie dem gleichen Ereignis beigewohnt haben, das sie bestätigen.

Setzt man Korrelationen, Naturgesetze und das Prinzip voraus, daß gleiche Ursachen auch gleiche Wirkungen hervorbringen, dann wird man von diesem Standpunkt aus Hypothesen in einem bestimmten Kontext entwickeln und mittels entsprechender Untersuchungsschritte überprüfen.

Das pragmatische Argument[3] erlaubt die Beurteilung einer Handlung nach ihren Folgen. Für Bentham ist dies die einzig gültige Argumentation für die Annahme einer Norm:

„Was heißt, eine *richtige* Begründung für ein Gesetz vorzubringen? Die Vorteile oder Nachteile anzuführen, die dieses Gesetz hervorbringen wird. Was heißt, eine *falsche Begründung* zu geben? Für oder wider ein Gesetz irgend etwas anderes vorzubringen, als was seine Auswirkungen, seien sie gut oder schlecht, anbetrifft."[4]

Das Urteil nach den Folgen scheint sich so sehr von selbst zu verstehen, daß es nicht gerechtfertigt zu werden braucht. Die Folgen können beobachtet oder vorausgesehen, gewährleistet oder vorausgesetzt sein. Das pragmatische Argument kann sogar das Verhalten des Abergläubischen rechtfertigen:

„Sind wir dreizehn am Tisch oder zünde ich mit einem Streichholz drei Zigaretten hintereinander an, nun, dann bin ich nervös und es gelingt mir nichts mehr. Bestehe ich dagegen darauf, daß wir nicht mehr als zwölf sind oder lehne ich es ab, die dritte Zigarette anzuzünden, dann gewinne ich meine Ruhe und alle meine Fähigkeiten zurück. *Daher* ist diese Forderung und diese Weigerung legitim und vernünftig."[5]

Das pragmatische Argument, das den Wert der Ursache auf den ihrer Folgen zu reduzieren scheint, vermittelt die Vorstellung der Gleichrangigkeit aller Werte: Da im Pragmatismus die Wahrheit einer Idee nur nach ihren Wirkungen beurteilt werden kann, wird damit das Scheitern einer Unternehmung oder einer Existenz zum Kriterium ihrer Irrationalität oder Uneigentlichkeit.

Max Scheler bezeichnet die Gleichsetzung der Moral mit dem Nützlichen als Pharisäertum.[6] Auch S. Weil wendet sich gegen diese Argumente für das Christentum, die an das Reklame-Genre „Vorher – Nachher" erinnern; sie bestehen in der Aussage: „Wie unzulänglich waren doch die Menschen vor ihrer Begegnung mit Christus."[7]

Die schwerwiegendsten Einwände gegen das pragmatische Argument rühren aus den Schwierigkeiten seiner Anwendung, denn wo soll man in der unendlichen Kette der Konsequenzen einer Handlung innehalten und wie einer einzigen Ursache die Folgen zurechnen, die sich doch zumeist aus einem Zusammenwirken mehrerer Momente ergeben?

Dies läßt sich durch die vielfältigen Schwierigkeiten veranschaulichen, die die Anwendung des Artikels 1382 des Code Civil mit sich bringt, demzufolge „Jedwede wie immer geartete Handlung, durch die einem Dritten ein Schaden verursacht wird, verpflichtet denjenigen zum Ersatz, durch dessen Schuld der Schaden entstanden ist". Welche Folgen sind dem Fehler zuzurechnen? Wie weit ist der Fehler als einzige Ursache der Ereignisse anzusehen, die in der Verkettung von Ursachen und Wirkungen einander gefolgt sind?

Soweit einem Ereignis unterschiedliche und auch gegensätzliche Wirkungen zugerechnet werden, – ist die Sünde Evas, durch die Adam Gott ungehorsam wurde und die dazu führte, daß sie des Paradieses verlustig gingen, damit aber zum Ursprung der ganzen Menschheit wurden, ein Nutzen oder ein Schaden? Als Antwort auf diesen Einwand wurde das utilitaristische Kalkül erfunden, das die Gesamtheit der Folgen der zu bewertenden Handlung auf ein positives oder negatives quantitatives Resultat zu reduzieren unternimmt. Die vom Utilitarismus hervorgerufene Kritik wäre auch gegen die Verwendung des pragmatischen Arguments unter der doppelten Bedingung gültig, daß es in jedem Fall die Gesamtheit der Folgen auf ein objektiv berechenbares Resultat zurückzuführen beansprucht und im weiteren eine Verwendung anderer Argumente ausschließt. Dieser doppelte Anspruch des Benthamschen Utilitarismus ist jedoch nicht notwendig in jeder Verwendung des pragmatischen Arguments enthalten, die darin nicht mehr sieht als ein wichtiges, aber doch nicht ausschließlich in einer Kontroverse zulässiges Argument.

Der beste Beweis vom Gegenteil liegt darin, daß ein und dieselbe Kausalkette je nachdem unterschiedlich bewertet wird, ob sie als eine Folge von Ursachen und Wirkungen oder durch die Einführung eines intentionalen Elements als eine Beziehung von Mitteln zu einem Zweck angesehen wird. Daß ein gleiches Ereignis auf die eine wie auf die andere Weise interpretiert werden kann, erlaubt Stileffekte wie die von Cicero zur Gegenüberstellung von Ziel und Folgen verwendete *Antithese:* „Nicht das Elend des Exils hat mir deine Ungerechtigkeit bereitet, sondern der Ruhm meiner Rückkehr.“[8]

Die Gegenüberstellung von Zielen und Folgen kann zu unerwarteten und auch komischen Ergebnissen führen:

„Um dem Begräbnis seines verstorbenen Verwandten einen würdigen Rahmen zu geben, hatte ein reicher Erbe seine Bediensteten großzügig bezahlt. Aber – je mehr man diesen Spitzbuben zum Trauern zahlt, desto heiterer und ausgelassener werden sie.“[9]

Die Folgen können den angestrebten Zielen diametral entgegenstehen, besonders bei unkoordiniertem Handeln Verschiedener. So konnte Anatole France *Thais* mit der frappanten Formulierung einleiten: „Zu dieser Zeit war die Wüste von Einsiedlern bevölkert."[10]

Bestimmte Handlungen erbringen allerdings die gewünschten Folgen nur, solange sie nicht als zielgerichtete Mittel, das heißt als *Verfahren* wahrgenommen werden. Dies wurde von Proust sehr genau bemerkt: „... bedauerte es jemand, gesellschaftlich nicht ausreichend gesucht zu sein ... so würde ich ihm sagen, er solle keiner Einladung folgen, in seinem Zimmer eingeschlossen leben, niemanden dort einlassen, und dann werde man vor seiner Türe anstehen. Oder vielmehr würde ich es ihm nicht sagen. Denn dies ist eine sichere Art, gesellschaftlich begehrt zu sein, die nur ebenso wirksam ist, wie die geliebt zu werden, das heißt, wenn man sie in keiner Weise zu eben diesem Zweck angenommen hat, man also zum Beispiel das Zimmer hütet, weil man schwer erkrankt ist oder es zu sein glaubt oder dort eine Geliebte eingeschlossen hat, die man der Welt vorzieht."[11]

Entsprechend gilt auch, daß die rednerischen Wirkungen als Verfahren abgewertet werden, wenn sie nicht einer aufrichtigen Empfindung zu entsprechen scheinen und es ihnen an Natürlichkeit fehlt. Und dies führt dann zwangsläufig zu einer negativen Einschätzung der Rhetorik.

Der Wert des Mittels ist nur relativ, da er von dem als unabhängig aufgefaßten Wert abhängt, der dem Ziel beigemessen wird. Doch können Mittel zu Zielen werden, wie im Geiz oder in der Liebe: „Man liebt bereits, wenn man im Geliebten erst eine Quelle unerschöpflicher, unbestimmter, unbekannter Glückseligkeiten erahnt ... Hier ist das Geliebte noch ein Mittel, ein einzigartiges Mittel und unmöglich durch unzählige und unbestimmte Ziele zu ersetzen ... Man liebt dann wirklich, wenn man seinen Freund *um seiner selbst willen,* liebt, ganz so wie der Geizige sein Gold. Das Ziel ist dann vergessen, der Wert des Geliebten nicht mehr relativ, sondern absolut."[12] Die Wandlung eines Mittels zum Ziel und eines Zieles zum Mittel fällt zusammen mit seiner Aufwertung oder Abwertung. Wenn Mut für den Sieg im Kriege unerläßlich ist, so macht Isokrates aus dem Krieg ein unerläßliches Mittel zur Bewährung dieses Mutes: „. . . ein Gott hat aus Bewunderung für ihren Mut diesen Krieg entstehen lassen, damit solche Naturen nicht unerkannt und ihr Leben unrühmlich verborgen bleibt."[13]

Den Krieg nur als Mittel zum Beweis des Mutes der Männer zu sehen, grenzt an eine lächerliche Unangemessenheit; offenkundig komisch ist die von einigen Bestattungsinstituten erfundene und von der Reklame für Photoapparate angeregte Werbung („Sie drücken auf den Auslöser, wir erledigen alles andere"): „Sterben genügt, alles Weitere übernehmen wir."[14] Jenseits einer bestimmten Grenze wirkt eine Argumentationstechnik nicht mehr persuasiv, sondern ruft nur noch Gelächter hervor.

Wo liegt diese Grenze? Das Mißverständnis zwischen den als Ziel und den als Mittel betrachteten Werten muß derart sein, daß der ironisch vorgebrachte Vorschlag unmöglich ernst genommen werden kann. So etwa bei J. Swift, der ein unfehlbares Mittel anpreist, damit die Kinder der Armen weder ihren Eltern noch der Allgemeinheit eine Last werden: sein Vorschlag war ganz einfach, sie zu braten, um den Erwachsenen so ein zusätzliches Nahrungsmittel zu verschaffen. Nach den entsetzlichen Erfahrungen des letzten Krieges allerdings erschien dieser Vorschlag Schulkindern, denen man ihn vorgelesen hatte, schrecklich und überhaupt nicht komisch.[15]

In einem schon älteren Film wollte eine Prostituierte ihr Gewerbe aufgeben und heiratete dazu einen Mann, der ein Fuhrunternehmen leitete. Der Zuhälter stellte nun den Transportunternehmer vor die Frage, wie er denn seinerseits jemanden behandeln würde, der ihm einen seiner Wagen stehlen wolle; diese gleiche Behandlung müsse er durch den gewärtigen, dem er seine Existenzmittel wegnehme. Die Umwandlung eines menschlichen Wesens in ein Mittel erregt je nach den Umständen Lachen oder Entrüstung, in einem anderen Kontext mag sie als völlig normal erscheinen.

Die „Mittel-Zweck"-Relation bestimmt Argumente wie die der Verschwendung, des Überflüssigen und des Entscheidenden.

Besteht ein wirksames Mittel zur Verwirklichung eines Wunsches, so gewinnt dieser damit hinreichende Konsistenz und wird zu einem Ziel. Bossuet fordert die Sünder zur Buße, indem er darauf insistiert, daß Gottes Gnade ihnen die Möglichkeit zu ihrer Errettung gibt. Jesu Opfertod hat den Christen die Möglichkeit zur Buße gegeben. Unbußfertigkeit verstärkt den Schmerz der Hl. Jungfrau, da sie das Opfer ihres Sohnes als unnötig erscheinen läßt: statt den Menschen ein Mittel zum Heil zu werden, erscheint dieser Tod dann eher als unnütz. Bossuet wendet diese Argumentationsweise in seinen *Predigten* häufig an.[16]

Will man zur Erreichung eines bestimmten Zieles bereits erbrachte Leistungen nicht einfach abschreiben, so wird man weiter in die gleiche Richtung wirken. Dieses Argument kann auch dazu dienen, um jene, die über bedeutende Begabungen, Wissen oder eine besondere Fähigkeit verfügen, in deren Ausbildung zu bestärken.

Ist etwas überflüssig, so verliert es, und ist es entscheidend, so gewinnt es eben dadurch an Gewicht: „Die Handlung, die in Anbetracht der Umstände volle Wirkung erzielen kann, und die nicht als vergeudet anzusehen ist, gewinnt zugleich an Wert, und dies befördert ihre Vollendung".[17]

Sind die in der Zuhörerschaft verbreiteten und die vom Redner vertretenen Thesen zu weit voneinander entfernt, als daß sie in einem Schritt zur Übereinstimmung gebracht werden könnten, dann ist es angezeigt, die Schwierigkeiten zu unterteilen und das Ergebnis schrittweise zu erreichen: statt von A zu D wird man den Gesprächspartner zuerst nach B, von dort nach C und endlich zu D führen – dies ist das Verfahren nach Etappen.

Gegen diese Technik wird der Gegner sich auf das Argument der Richtung verlegen, das, den weiteren Verlauf vorwegnehmend, sich dem ersten Schritt entgegenstellt, aus der Befürchtung, daß er auf eine „Rutschbahn" führen könne, die, einmal beschritten, kein Innehalten mehr erlaubt und von einem Positionsverlust zum anderen letztlich zur vollständigen Niederlage führt.

Diese dynamische Auffassung der Argumentation bringt eine neue Unsicherheit in den Prozeß: Wird jemand, der im Hinblick auf einen Übergang von A nach B argumentiert, sich mit diesem bewirkten Wandel begnügen, oder wird er ihn lediglich als Etappe in einer bestimmten Richtung auffassen? Dabei braucht die vorgeschlagene Veränderung nicht für einen leichteren Übergang nach C zu stehen, sondern kann eine Verallgemeinerung des Übergangs von A nach B nach der Technik des Präzedenzfalles mit sich bringen. Mittels dieser Technik läßt sich in der Tat jede Entscheidung als ein künftig den von A nach B erleichternden Übergang auffassen. Dieser Technik stellt sich die Meidung des Präzedenzfalls entgegen, die ebenso wie das Argument der Richtung daran hindert, eine bei Einmaligkeit durchaus willkommene Lösung zu übernehmen, deren Verallgemeinerung nicht annehmbar wäre.

Die Diskussion kann daher gehen entweder um die Reichweite einer Entscheidung, die Möglichkeit, auf einer bestimmten Stufe einzuhalten, oder darum, diese Maßnahme als eine in ihrer Art einmalige Entwicklung anzusehen.

Wenn der Redner den unmittelbaren Übergang von A nach D vorschlägt, dann kann sein Gegner als Kompromiß den Übergang von B nahelegen und diesen als eine Etappe in einer schrittweisen Entwicklung darstellen, entweder aus der Hoffnung, zu einem weiteren Schritt nicht gezwungen zu sein oder auch aus der Gewißheit, noch Zeit zu gewinnen, bevor der unerwünschte Übergang akzeptiert werden muß: dieses Verfahren, das Bentham unter die „dilatorischen Sophismen"[18] einordnet, das jedoch nicht sophistischer als andere argumentative Techniken ist, besteht in einem Abwerfen von Ballast. Notwendige Opfer lassen sich nicht umgehen, wenn man sich nicht in einer Position der Stärke befindet. In diesem Falle wird derjenige, der alles auf einmal erreichen will, dahin argumentieren, der vom Gegner als graduell bezeichnete Übergang laufe in Wirklichkeit darauf hinaus, „das trennen zu wollen, was ein Ganzes bilden sollte, und durch die Aufteilung die Maßnahme zunichte oder unwirksam werden zu lassen."[19]

Dieser Aufteilungstechnik entspricht auch die Gegenüberstellung von quantitativem und qualitativem Wandel: Von welchem Punkte an ist die Veränderung nicht mehr nur eine des Grades, sondern der Art? Von welchem Steuersatz an kann eine Steuer mit

Konfiskation gleichgesetzt werden? Von welchem Zeitpunkt an wandelt die Verstaatlichung ganzer Industriezweige die Wirtschaft eines Landes in eine sozialisierte? Die gesamte Diskussion hierzu stellt nur eine Variante des Verfahrens nach Etappen dar; jede einzelne Etappe ist hier quantitativ, das Ergebnis besteht jedoch in einem qualitativen Wandel, einer Veränderung des Wesens.

Das Argument der Überschreitung bezieht sich nur auf einen einzigen Wert, dem kein anderer Wert begrenzend als Hindernis bei der unverhältnismäßigen Entwicklung des herausgehobenen Wertes entgegengestellt ist: es betont, jede Verwirklichung in dem betreffenden Bereich sei nur als eine Etappe in einem unbegrenzten Fortschritt anzusehen. Doch wird ein Anhänger des Wertepluralismus dagegen natürlich einwenden, daß jeder verabsolutierte Wert zu Unvereinbarkeiten mit anderen Werten führen muß, deren Verwirklichung er im Wege steht. Eine unbegrenzte Freiheit ist weder mit dem Wirklichen noch mit zugleich gegebenen anderen Freiheiten vereinbar.

Durch ihr Bezeichnen einer Denkrichtung kann die Idee der Überschreitung mittels der Übertreibung sowohl zur *Hyperbel* wie zur *Litotes* führen.[20]

2. *Koexistenzverbindungen*

Die Sequenzverbindungen vereinen gleichartige Elemente, also etwa durch einen Kausalnexus verbundene Ereignisse und Phänomene; die Koexistenzverbindungen stellen dagegen eine Verbindung zwischen Wirklichkeiten unterschiedlicher Ebenen her, von denen eine als Ausdruck oder Kundgebung der anderen erscheint, wie die Beziehung zwischen einer Person und ihren Handlungen, Urteilen und Werken. Während also philosophisch und abstrakt gesehen die Koexistenzverbindung durch die Beziehung zwischen der Handlung und dem Wesen symbolisiert ist, bildet die Beziehung zwischen einer Person und ihren Kundgebungen den Prototyp einer solchen Verbindung. Alle Aussagen zu einer Person werden durch die Art, in der diese sich darstellt, gerechtfertigt, doch ist es die Einheitlichkeit und Stabilität der Person, die die Gesamtheit ihrer Handlungen verbindet. Der Charakter der Person und die ihr zugeschriebenen Absichten geben ihrem Verhalten Sinn und erklärende Bedeutung.

Wird die Person aus ihren Kundgebungen heraus konstruiert, dann werden diese je nach der Idee interpretiert, die man sich von ihr macht: die Person und ihre Handlungen befinden sich in einer dauernden Interaktion, und es ist dabei nicht zu entscheiden, welches Element dem anderen vorangeht. Bei den Sequenzverbindungen geht die Ursache stets der Wirkung voraus, in der Philosophie konnte jedoch die Beziehung zwischen der Person und ihren Handlungen auf zwei diametral entgegengesetzte Weisen entwikkelt werden: Während die Monade bei Leibniz ein für allemal gegeben ist und ihre Existenz in der Zeit sich auf eine durch ihre Art bestimmte Weise entwickelt, steht im Existenzialismus die Existenz vor dem Wesen und die Person entwirft sich ausschließlich durch ihre Handlungen. Die Theorie der Argumentation braucht in einer ontologischen Debatte keine Stellung zu beziehen. Sie kann sich mit der Aussage begnügen, daß die Idee der Person und die Art, ihre Handlungen aufzufassen, sich in einer dauernden Wechselwirkung befinden.

Alles, was mit der Struktur der Person zusammenhängt, erscheint als wesentlich und von einer Stabilität, die all dem bestritten werden kann, was nur akzidentiell und vorübergehend gegeben ist. „Jedes Argument zur Person unterstellt diese Stabilität: man setzt sie voraus, wenn man die Handlung je nach der Person interpretiert, man bedauert, daß diese Stabilität nicht gewahrt worden ist, sobald gegen jemanden der Vorwurf der Inkohärenz oder ungerechtfertigter Veränderung erhoben wird.“[21]

Der Aufbau der Person verleiht ihr eine bestimmte Kontinuität, hält sie verantwortlich für ihre begangenen Handlungen, die zu ihrem Ansehen, ihrem Verdienst oder ihrer Schuld beitragen. Es ist die Person, die man lobt oder tadelt, belohnt oder bestraft.

Soziale Techniken wie Sprache, Moral, Recht und Religion tragen dazu bei, diesen Eindruck von Einheitlichkeit und Geschlossenheit zu verstärken: die wesentlichste dieser Techniken liegt in der Zuschreibung eines Eigennamens. Eine zeitlose Bestimmung, ein Epitheton unterstreichen diesen unveränderlichen und von äußeren Umständen unabhängigen Aspekt der Person. Diese Besonderheit ist bei Kenneth Burke, dem amerikanischen Kritiker, der am besten die argumentative Verwendung von literarischen Techniken untersucht hat, gut dargestellt:

„Ein Held ist vor allem ein Mensch, der heldische Dinge vollbringt; sein ‚Heroismus' liegt in seinen Handlungen. Doch kann ein Held auch ein Mensch mit den Möglichkeiten zur heroischen Handlung sein. Danach sind in den Krieg ziehende Soldaten Helden. Oder es wird ein Mensch als Held angesehen, weil er heldische Taten *vollbracht hat*, wenn er auch heute in seinem gegenwärtigen *Zustand* ebenso zu handeln zu alt oder zu schwach sein mag."[22]

Doch neben dieser die Person verfestigenden Stabilität betont man ihre Freiheit, Spontaneität, ihre Veränderungs- und Anpassungsfähigkeit bis hin zur Konversion. Hierdurch unterscheidet sich die Person von einer Sache. Der Existenzialismus geht so weit, ihr sogar ein Wesen, eine Natur zu bestreiten; diese stellt sich erst bei ihrem Tode fest.

Trotz allem ist vom Standpunkt der Argumentation her die Person Urheber ihrer Handlungen, ein dauerhaftes Wesen, um das herum und auf das hin man all das einordnet, was man als seine Wirkungen ansieht.

Dieses doppeldeutige Bild der Person, wie auch aller nach gleichem Muster gebildeten Koexistenzverbindungen macht die Besonderheit der Humanwissenschaften aus, die als Geisteswissenschaften den Naturwissenschaften entgegengestellt werden. Vor allem in Recht und Moral kommt der Verbindung „Handlung-Person" mit den korrelativen Begriffen von Verantwortlichkeit, Zurechenbarkeit, Freiheit und Zwang eine zentrale Rolle zu.[23]

Wie beeinflussen Handlungen unsere Auffassung der Person? Diese ist den Auswirkungen jeder neuer Handlung unterworfen, da wir der Person eine Freiheit, eine Fähigkeit zum Wandel einräumen: je weiter eine Person in die Geschichte eingeht, um so starrer wird das Bild, das wir uns von ihr machen. Doch bleibt diese Fixiertheit immer nur relativ: sie hängt von einem Wechsel der

Perspektive ab, der zuvor vernachlässigten Handlungen größere Bedeutung für die Strukturierung der Person zuschreibt und deren entscheidenden Charakter betont. Denn die Personen werden – außer ihr Wesen wäre wie bei Gott oder Satan *a priori* gegeben – nur durch ihre Handlungen bekannt; unsere humanistische Rechtsauffassung hindert daran, Menschen präventiv noch vor Begehung einer Missetat zu bestrafen: die ihnen zugesprochene Freiheit verbietet es, sie mit einem schädlichen Tier, einer giftigen Schlange oder einem tollwütigen Hund gleichzusetzen. Jede Handlung erscheint nicht so sehr als Anzeichen einer unveränderlichen Natur, sondern vielmehr als Beitrag zum Aufbau der Person, der erst mit deren Tod endet.

Ein Urteil über einen Anderen fällt mitunter auf den Urteilenden selbst zurück. Bezichtigt dieser einen Dritten zu Unrecht der Leichtfertigkeit oder Parteilichkeit, dann kann ihm dies nun seinerseits zum Vorwurf gemacht werden. Bei Bewertungen, die von einer – häufig kontroversen – Interpretation abhängen, kann, solange verbindliche Kriterien fehlen, jedes Urteil auf den zurückgewendet werden, der es ausspricht. Nach einer orientalischen Märchenerzählung hatte ein Zauberer den Kaiser davon überzeugt, daß nur Menschen einwandfreier Moral die Kleider, die er ihm gegeben hatte, sehen könnten. Keiner der Höflinge wagte offen zu sagen, was er sah, um nicht dadurch etwa seine eigene Unmoral zu offenbaren. Die List des Zauberers wurde erst durch die Frage eines unbefangenen Kindes entdeckt, warum der Kaiser denn keine Kleider anhabe. Die vollkommene Unschuld des Kindes unterbrach die vom Zauberer hergestellte Beziehung zwischen dem, was man sah, und der Moral des Sehenden.

Indem diese Erzählung einen Wechselbezug zwischen dem Charakter des Subjekts und seinen Wahrnehmungen herstellt, zeigt sie das Extrem der häufig zwischen dem Subjekt und seinen Bewertungen angenommenen Wechselwirkung, die alle nicht überprüfbaren Aussagen verdächtig werden läßt.

Die begangenen Handlungen tragen zum guten oder schlechten Ruf eines Handelnden bei. Der gute Ruf, dessen man sich erfreut, wird zu einem mit der Person verbundenen Kapital, zu einem

Guthaben, auf das man im Bedarfsfalle zurückgreifen kann. Darüberhinaus vermittelt er ein günstiges oder ungünstiges Vorurteil, da alle Handlungen der Person in ihrem Kontext diskutiert werden, ihr wird die *Intention* zugeschrieben, die dem von ihr bestehenden Eindruck entspricht.

Dieses Interpretationsphänomen veranlaßte den amerikanischen Psychologen S. E. Asch zur Kritik an den Methoden seiner Kollegen, die herausgefunden hatten, daß der gleiche Satz je nach dem jeweils angegebenen Autor günstig oder ungünstig beurteilt wurde: sie sahen darin den von ihnen für irrational erachteten Einfluß des Prestige. Asch hat das als unzutreffend nachgewiesen, da das Urteil je nach dem durch die Person des Autors gegebenen Kontext unterschiedlich interpretiert wurde.[24]

Das schlagendste Beispiel gegenläufiger Interpretationen könnte etwa das Handeln von Gott oder Satan abgeben, das von vornherein günstig oder ungünstig beurteilt wird. Beide haben auf Hiob Heimsuchungen aller Art herabgebracht, und doch versichert uns Calvin, Gott habe gut und Satan in verdammenswerter Weise gehandelt, da ihre Ziele einander diametral entgegenstanden.[25]

Die hinter den Handlungen liegende Intention wird wesentlich, sie gilt es hinter dem äußeren Wirken der Person aufzudecken, da sie den Handlungen Bedeutung und Gewicht verleiht. Daher gibt es ein doppeltes Urteil, eines über die Handlung, das andere über den Handelnden: „Nicht ohne Grund", schreibt Lalande, „kann man von intelligenten Irrtümern sprechen: bei Descartes gibt es eine Fülle davon; oder von ehrenhaften Verbrechen oder Vergehen, wie im Fall des für die Armen betrügenden Saint Vincent de Paul."[26]

Der Einfluß der Person auf die Art der Einschätzung ihrer Handlungen wird durch das *Prestige* vermittelt, das denen eignet, die bei anderen eine Neigung zur Nachahmung erwecken.[27]

„Das Vorbild der Großen", schreibt Gracian, „ist ein so hervorragender Rhetoriker, daß er selbst zu den infamsten Dingen überredet."[28] Man ahmt ihr Verhalten nach und übernimmt ihre Meinungen. Hieraus ergibt sich die Bedeutung des Autoritätsarguments, wo das Prestige einer Person oder einer Gesamtheit von

Personen eingesetzt wird, die Zustimmung zu einer These zu gewinnen.

Das Autoritätsargument – *argumentum ad verecundiam* – wurde in der Wissenschaft am heftigsten bekämpft, weil es sehr häufig mißbräuchlich dazu verwendet wurde, jede Neuheit, Entdeckung und Veränderung, die den als unfehlbar geltenden Autoritäten widersprach, auszuschließen.

Allerdings kann sich keine Autorität gegen eine beweisbare Wahrheit durchsetzen – eine Tatsache wird immer über die Autorität des Lord-Mayor obsiegen –, doch verhält es sich bei Meinungen oder Werturteilen anders. In einer Kontroverse wird allerdings zumeist nicht das Autoritätsargument an sich in Frage gestellt, sondern die jeweils angerufene Autorität angezweifelt. Pascal, der sich über die „Standesherren" mokiert, ruft doch die Autorität des Heiligen Augustinus an, und Calvin setzt der Autorität der Kirche die der Propheten entgegen.

Die angerufenen Autoritäten sind sehr unterschiedlich: bald ist es die „einhellige Übereinstimmung" oder die „allgemeine Meinung", bald sind es bestimmte Kategorien von Menschen wie „die Gelehrten", „die Philosophen", „die Kirchenväter", „die Propheten"; einmal ist die Autorität unpersönlich gefaßt: „die Physik", „die Lehre", „die Religion", „die Bibel", zum anderen kann es sich um namentlich bezeichnete Autoritäten handeln.[29]

Das Autoritätsargument ist dann von Bedeutung, wenn keine Beweismöglichkeit besteht. Es wird andere Argumente stützen, und wer es verwendet, wird die mit seiner These übereinstimmende Autorität herausstellen und die für die These seines Gegners angeführte Autorität abwerten. Zuletzt bleibt nur die göttliche Autorität unumstritten. Dies ist das fundamentale Argument, das die Unterwerfung unter das Wort Jesu rechtfertigt:

„Einem Meister (Jesus) von so hoher Autorität kommt es wohl zu, daß man ihm aufs Wort glaubt, auch wenn seine Lehre dunkel ist: *ipsum audite* . . . Fragen wir nicht nach dem Warum der Wahrheiten, die er uns lehrt: alles liegt darin beschlossen, daß er gesprochen hat."[30]

Ist keine absolute Autorität gegeben, dann erfordert der Konflikt der Autoritäten ein Kriterium, sie gegeneinander abzuwägen: die heute gängigste Begründung liegt in der Kompetenz, doch bestehen daneben andere Begründungen wie Tradition, Altertum, Universalität. Die Suche nach einer neuen Begründung geht zumeist mit einer Zurückweisung der etablierten Autoritäten einher.

Eine eigentümliche Verwendung des Autoritätsarguments liegt dann vor, wenn die bestimmte Autorität zum Verständnis einer Aussage unfähig sein soll, was die Folgerung nahelegt, daß sie selbst unverständlich, von niemandem zu verstehen ist.

Um Kompetenzkonflikte auszuschließen, hat das Recht aus der „Kompetenz“ einen technischen Begriff gemacht: der gemäß den Verfahrensregeln bestimmte Richter ist zur Entscheidung eines Streitfalles kompetent. Er entscheidet mit Autorität, und die Autorität der beurteilten Sache läßt sich mit jener Wahrheit vergleichen, vor der alle sich zu beugen haben.

Die in jeder Argumentation vorausgesetzte Wechselwirkung der Person mit ihren Handlungen kann aufgehoben oder eingeengt werden: in bestimmten Fällen wird die Wirkung der Person auf die Handlung, in anderen die der Handlung auf die Person unterdrückt.

Besteht die Möglichkeit, eine Wahrheit zu beweisen, eine Tatsache auf unbestreitbare Weise zu begründen, dann verändert der Charakter des Aussagenden den Status der Aussage in keiner Weise. Wenn ein Verbrecher eine Giftformel erfunden hat, so läßt sich deshalb doch nicht an der Richtigkeit seines Rezeptes zweifeln. (Dagegen „stürzt ein Tatsachenirrtum einen Weisen in die Lächerlichkeit“, die Interaktion wird durch eine Handlung ersetzt, die vom Handeln zur Person geht.)

Um umgekehrt die Person zu schützen, müßte sie als vollkommen, als göttlich gelten. Alles was Gott tut oder sagt, ist als Ausdruck seiner Vollkommenheit zu interpretieren, nichts kann ihm entgegenstehen. Dies hat Leibniz in seiner *Theodicee* unterstrichen:

„Der Güte und Gerechtigkeit Gottes lassen sich nur Scheingründe entgegenstellen; diese würden einem Menschen gegenüber Gewicht haben, sinken aber in sich zusammen, wenn man sie auf Gott anwendet und sie gegen die Beweise für die unendliche Vollkommenheit seiner Eigenschaften abwägt.“[31]

Die angeführten Techniken zur Unterbindung der Wechselwirkung in der einen oder anderen Richtung lassen sich als Techniken der *Unterbrechung* bezeichnen. Doch bietet sich für ihre Verwendung in der Argumentation nur wenig Gelegenheit. Häufig sind dagegen die Techniken der *Zügelung*, die die Bedeutung einer Handlung und ihrer Wirkung auf das Bild der Person nicht unterdrücken, sondern lediglich eingrenzen sollen.

Dem günstigen oder ungünstigen Vorurteil oder der Voreingenommenheit kommt die Rolle zu, die Meinung, die man von einer Person hat, im Rahmen des Möglichen auch gegenüber Handlungen beizubehalten, die ihr auf den ersten Blick nicht zu entsprechen scheinen. Die Handlung wird in Übereinstimmung mit dem Vorurteil interpretiert, um derart eine Entsprechung zwischen der so interpretierten Handlung und der Vorstellung, die man von der Person gewonnen hatte, zu bewahren. Bleibt die Nichtübereinstimmung zwischen beiden allzu deutlich bestehen, dann greift man zu anderen Techniken der Zügelung, um eine zu starke Rückwirkung der Handlung auf den Handelnden zu vermeiden. Man wird die weiter zurückliegenden Handlungen außer Acht lassen, solche, die in der Kindheit oder Jugend begangen wurden, oder solche, die einem anderen Bereich zugehören, oder jene, die Ausnahmefälle darstellen, weil sie im Rausch oder unter dem Einfluß einer starken Gefühlserregung begangen wurden; man wird dafür das Milieu, schlechte Erziehung oder schlechten Umgang verantwortlich machen.

Soll die Handlung oder das Urteil vor dem Bild der Person geschützt werden, dann geschieht das über deren Anbindung an eine andere Quelle. Damit die Predigten korrumpierter Priester mit Respekt angehört werden, nimmt Bossuet hierzu eine Analogie des Heiligen Augustinus wieder auf:

„Der Strauch trägt eine Frucht, die nicht die seine ist und die auch dann die Frucht des Weinstocks bleibt, wenn er sich an diesem Strauche rankt ... Verschmäht nicht diese Traube unter dem Vorwand, sie sei von Dornen umrankt: verwerft diese Lehre nicht deshalb, weil schlechte Sitten sie umgeben; sie kommt doch immer von Gott ...“[32]

Wer jedoch eine Zeugenaussage oder eine Beurteilung angreifen möchte, wird im Gegenteil durch die Abwertung des Handelnden eine Gemeinsamkeit zwischen ihm und seinen Handlungen herzustellen versuchen. Aristoteles rät in seiner Rhetorik „von uns aus jeden anzuklagen, der uns anklagt, da es doch unsinnig wäre, würde der Kläger für unglaubwürdig, seine Rede aber für glaubwürdig erachtet."[33]

Die Theoretiker der Antike rieten zu Angriffen *ad personam*. Heute wird die Verwendung derartiger Verfahren eher negativ beurteilt, es sei denn, um einen schlechten Zeugen zu disqualifizieren. Bei allen Gegenständen, wo durch Techniken der Unterbrechung Redner und Rede getrennt werden können, ist es ungehörig und unwirksam, eher den Redner als die von ihm vertretene These anzugreifen.

Handelt es sich nicht um Tatsachen, sondern um Meinungen und vor allem um Bewertungen, dann beeinflussen nicht nur die Person des Redners, sondern auch seine Funktion und Rolle unstreitig die Weise, wie das Publikum seine Worte aufnimmt: die gleichen Bemerkungen werden auf sehr unterschiedliche Weise gehört und verstanden werden, je nachdem, ob Rechtsanwalt, Staatsanwalt oder Richter sie aussprechen.

Doch vermitteln umgekehrt die Vorschläge des Redners ein Bild von ihm, dessen Bedeutung nicht unterschätzt werden darf: Aristoteles begriff sie unter der Bezeichnung des *rednerischen Ethos* als eines der drei Elemente wirksamer Überredung, das eine appelliert mittels der Argumente an die Vernunft, das andere legt die rhetorischen Verfahren darauf an, die Leidenschaften des Publikums zu erwecken.

Nach dem Modell der Verbindung Handlung-Person werden andere Koexistenzverbindungen konstruiert, deren Verwendung für die Humanwissenschaften typisch ist. Wenn die Geschichtswissenschaften ihre Interessen von den Individuen auf die Völker, Epochen, Institutionen, politischen und wirtschaftlichen Systeme verlagern, dann entwickeln sie dabei Kategorien, die ähnlich wie die Person konstruiert sind. Wie sich diese durch ihre Handlungen bezeugt, so manifestieren sich die nationalen Gruppen durch ihre

Mitglieder. Durch diese läßt sich der „*Volksgeist*" beschreiben; und andererseits wirkt die Vorstellung, die man sich von der Gruppe macht, das positive oder negative Vorurteil, das man über sie hegt, auf die Einstellung zurück, die man einzelnen Mitgliedern dieser Gruppe entgegenbringt.

Doch stellt die Verbindung Individuum-Gruppe Probleme *sui generis*, die daher rühren, daß das Individuum normalerweise mehreren Gruppen zugleich angehört und sich nicht immer ohne weiteres sagen läßt, mit welcher es übereinstimmt, welche es repräsentiert. Dieses Problem stellt sich nicht bei der Verbindung zwischen einer Person und ihren Handlungen.

So kann das Mitglied einer Minderheit eher als repräsentativ angesehen werden als das einer Mehrheit: ein einzelner Schwarzer in einer weißen Bevölkerung, ein Weißer unter Schwarzen, ein Reisender in einer Menge von Eingeborenen sind leichter zuzuordnen. Es wäre lächerlich, jeden Eingeborenen als Repräsentanten der Mehrheit aufzufassen, er wird von seinen Landsleuten vielmehr als Repräsentant einer regionalen, konfessionellen oder professionellen Untergruppe angesehen werden.

Von Geburt an und für das ganze Leben gehört man je nach der Rasse und dem Volk, in das man geboren ist, zu bestimmten Gruppen; man tritt in andere, politische oder professionelle Gruppen zu einem bestimmten Zeitpunkt ein und kann sie wieder verlassen. Bestimmte Gruppen sind durch Institutionen, Recht, Sitte, Traditionen anerkannt und geschützt. Andere, etwa Cliquen in einer Klasse oder einer Sportmannschaft, bilden sich spontan und lösen sich nach einer Weile wieder auf. Kultur, Religion und Ideologie tragen zu Gemeinschaftsbindungen unter den Mitgliedern einer Gruppe bei, die sich im Konflikt mit anderen Gruppen und vor allem bei einem nationalen Krieg oder einem Bürgerkrieg verstärken.

Einzelne werden nach ihren Funktionen als repräsentativ angesehen: der Botschafter eines fremden Landes, das Haupt einer Kirche oder der Präsident einer Partei sind institutionell bestimmte Wortführer. Doch wie weit gilt dies für die anderen Gruppenmitglieder? Üblicherweise bestimmt die Handlung jedes einzelnen Mitglieds die Meinung mit, die außerhalb der Gruppe Stehende sich von ihr machen. Um diese Gemeinsamkeit aufzulösen, werden ebenfalls Techniken der Unterbrechung oder Zügelung eingesetzt: beim Ausschluß oder der offiziellen Verurteilung eines Mitgliedes wird die Unterbrechung der Verbindung um so deutlicher, je repräsentativer dieses Mitglied zuvor erschien.

Die Koexistenzverbindungen stellen gleichermaßen eine Beziehung zwischen den Ereignissen, den Männern, den Werken und der jeweiligen historischen Epoche her. Man spricht von dem mittelalterlichen oder dem Renaissance-Menschen, dessen ideale Repräsentanten man beschreibt. Zwar sind Ausnahmen einzuräumen, die als verfrüht oder verspätet eingeordnet und einer früheren oder späteren Epoche als ihrer historischen zugeschrieben werden. Offenbar kann der Versuch, eine komplexe und vielfältige Wirklichkeit zu erklären, nicht ohne derartige – in Anbetracht der Gesamtzusammenhänge aber als sekundär erscheinende – Ausnahmen auskommen.

Dies gilt auch für literarische oder künstlerische Strömungen (Romantik), Stile (Barock), wirtschaftliche oder rechtliche Strukturen (Kapitalismus, Feudalismus), Ideologien (Liberalismus, Sozialismus), und alle Kategorien, deren die Geschichte bedarf.[35]

Die Entstehungsweise dieser Kategorien, dieser „Idealtypen" wie Max Weber sie nennt, und ihr Verhältnis zur Erfahrung, zu den „Quellen" der Geschichte, bestimmten die Mehrzahl der besonderen methodologischen Probleme der Geisteswissenschaften. Zahlreiche Belege hierfür finden sich in den Untersuchungen zur Epocheneinteilung in der Geschichte.

Die in den Geisteswissenschaften erarbeiteten Kategorien haben allerdings nicht die Bestimmtheit und Dauer von Objekten und sind nicht durch biologische Bezüge wie bei den Tierarten festgestellt, sondern sind theoretische Konstrukte und an eine Unterscheidung zwischen dem Wesentlichen und dem Kontingenten, Zufälligen oder Unwesentlichen gebunden. Die häufigste Koexistenzverbindung liegt in dem Bezug zwischen dem Wesen und den daher bestimmten Handlungen: das Bemühen der Metaphysiker, durch ein gemeinsames Wesen das den Individuen Gemeinsame und das sie Unterscheidende durch das Einwirken äußerer Elemente wie der Materie und dem Zufall zu erklären, läßt sich zu allen argumentativen Techniken in Beziehung setzen, die zur Herstellung von Koexistenzverbindungen verwendet werden.

Dieser Bezug auf das Wesen verdeutlicht den Gegensatz zwischen Brauch und Mißbrauch, wobei Mißbrauch jene Vorgänge bezeichnet, die nicht auf die Vorstellung der eigentlichen Funktion zurückwirken sollen, dies mittels einer Wesen und Mißbrauch trennenden Technik der Unterbrechung. Auch die Vorstellung des „Zuwenig" oder „Zuviel" ist explizit oder implizit durch den Bezug auf das Wesen bestimmt.

Der Person läßt sich ein Wesen mittels rhetorischer Figuren wie der *Personifizierung,* der *Prosopopeia* und der *Apostrophe* annähern.

3. Symbolische Verbindungen, doppelte Hierarchien, Rangordnungen

Den Koexistenzverbindungen läßt sich die symbolische Verbindung zurechnen, wie sie zwischen Symbol und Evoziertem besteht und die durch eine *Teilhabe* als einer mythischen oder spekulativen Vision eines Ganzen bestimmt ist, dem das Symbol und das Symbolisierte gleichermaßen zugehören. In einer solchen Vision können in der Zeit auseinanderliegende Wirklichkeiten in einer zeitenthobenen Auffassung von Geschichte als koexistent aufgefaßt werden. So steht Adam als Vorläufer von Christus mit ihm nicht in einer Kausalitätsbeziehung, sondern in einer Beziehung der Teilhabe an einem göttlichen Entwurf, der ihre Gemeinsamkeit bedingt.

Durch eine solche Teilhabebeziehung wirkt die gegen das Symbol gerichtete Handlung direkt auf das Symbolisierte: wird die Fahne bespuckt, so wird damit das durch sie symbolisierte Land verhöhnt, wer das Kreuz schwingt, macht sich damit zum Wortführer eines militanten Christentums; eine Religion wird durch Angriff auf ihre Kultobjekte geschmäht. Um religiöse oder patriotische Leidenschaften zu erwecken, bedarf es des Symbols, da die Emotion sich nur schwer an einer abstrakten Idee entzündet.

In einer romantischen Sicht des Universums, in der die Natur am Leben der Menschen teilzuhaben scheint, spiegeln sich die die Menschen betreffenden Ereignisse am Himmel wider; das treffendste Beispiel hierfür bietet der tragische Himmel im Hintergrund vieler Gemälde der Kreuzigung Jesu. Der irrationale Charakter der meisten die symbolische Verbindung darstellenden Geschichten schließt hier die Techniken der Unterbrechung und Zügelung aus.

Die Argumentation kann hier nur dann eine Rolle spielen, wenn die symbolische Verbindung institutionalisiert worden ist. Ist der König das Symbol des Staates, dann erlischt mit der Abdankung seine Rolle. Gegebenenfalls wird ein Symbol nicht deshalb gewählt, weil es das Land in seinem Besten repräsentiert, wie ein Nobelpreis oder eine Boxmeisterschaft, sondern weil es kein individualisiertes Unterscheidungsmerkmal aufweist, das es von der Masse abhebt, so etwa der Unbekannte Soldat. Dennoch können ihm all die Ehrenerweisungen derer zuteil werden, die durch ihn die Nation und all jene ehren wollen, die sich für ihr Wohl geopfert haben.

Soweit ein Symbol dem Symbolisierten eine Präsenz verleiht, kann es zu einer rhetorischen Figur, wie der *Metonymie*, dienen.

Stützt man sich auf die Strukturen des Wirklichen, und hierbei sowohl auf die Sequenz- wie auf die Koexistenzverbindungen, dann lassen sich Argumente doppelter Hierarchie entwickeln, für die das Argument *a fortiori* ein Beispiel gibt.

Ist die doppelte Hierarchie rein quantitativ, dann kann sie sich auf eine statistische Korrelation stützen und entsprechend aus der Größe eines Mannes auf die entsprechende Länge seiner Beine schließen lassen. Doch sind die qualitativen doppelten Hierarchien interessanter. So etwa jene, die von der Überlegenheit eines Zieles auf die Überlegenheit auch des Mittels zur Erreichung eben dieses Zieles schließen läßt.[36] Auf die Überlegenheit des Menschen über die Vögel gründet sich jenes Argument *a fortiori*, demzufolge „Gott, der für die Spatzen sorgt, auch die vernunftbegabten Wesen, die ihm unendlich viel näher stehen, nicht vernachlässigen wird“.[37]

Die häufigsten Argumente der doppelten Hierarchie beruhen auf Koexistenzverbindungen, insbesondere auf den Beziehungen zwischen einer Person und ihren Handlungen. Aristoteles bringt dies sehr klar zum Ausdruck:

„Und wünschenswerter ist, was der Bessere und Würdigere hat, wünschenswerter z. B. was Gott, als was der Mensch, und was die Seele, als was der Leib hat."[38]

So sind die göttlichen Gesetze den Gesetzen der Menschen übergeordnet,[39] und das reine Wissen, aus dem das Denken eines Gottes sich erhält, ist der Meinung als der Nahrung der menschlichen Seelen überlegen.[40] Wenn es eine Hierarchie des Seins gibt, kann ihr eine Hierarchie des Verhaltens zugeordnet werden: Für Plotin besteht die verbindliche Verhaltensregel darin, sich an das Eine anzunähern und von den sinnlich wahrnehmbaren Wesen als den letzten von allen zu entfernen:[41] die Ontologie dient als Begründung für die Hierarchie der Verhaltensweisen.

Aus der Überlegenheit des Menschen über die Tiere, der Erwachsenen über die Kinder lassen sich leicht moralische Lektionen ableiten: „Benimm dich nicht wie ein Schwein oder ein wildes Tier"; „Benimm dich wie ein Erwachsener" wird etwa zu einem Kind gesagt.

Zur Wirksamkeit dieser Argumente bedarf es allerdings der Übereinstimmung über die Ausgangshierarchie: nur in einer aristokratisch orientierten Gesellschaft ist das Verhalten der Vornehmen vornehm und das der Gemeinen und Bauern bäurisch.

Am Schluß einer Darstellung der auf die Struktur des Wirklichen gegründeten Argumente ist noch die Bedeutung hervorzuheben, die den Unterschieden der Art oder des Ranges gegenüber einfachen graduellen Unterschieden zukommt.

„Werden Überlegungen zum Rang eingeführt, die sich aus der Gegenüberstellung eines Unterschiedes im Grade zu einem der Art oder eines Unterschiedes in der Modalität zu einem des Prinzips ergeben mögen, so hat dies eine Verringerung der Unterschiede im Grade und eine mehr oder minder starke Angleichung jener Begriffe zur Folge, die sich nur durch die Intensität voneinander unterscheiden, und eine Betonung dessen, was sie von den Begriffen einer anderen Ebene trennt. Entgegengesetzt wirkt die Umformung von Rangunterschieden in Gradunterschiede; sie nähert die Begriffe einander an, die zuvor durch eine unübersteigbare Schranke voneinander getrennt schienen, und stellt die Unterschiede in den Abstufungen heraus."[42]

Die Befürworter des Marshall-Plans, der für das im Kriege verwüstete Europa aufgestellt und als Wiederaufbauplan angelegt war, gingen davon aus, daß ihn ein Nachlaß der Kredite um 25 Prozent in ein Hilfs-Programm verwandeln würde: ein quantitativer Unterschied wurde als Unterschied in der Art ausgegeben.

Wann wird ein quantitativer Unterschied zu einem qualitativen, wieviele Haare sind einem dicht behaarten Manne auszureißen, bis er kahl ist? Für den Punkt dieses Übergangs, an dem sich ein Unterschied im Grade zu einem Unterschied in der Art verwandelt, bedarf es einer Entscheidung.

Durch die Periodisierung der Geschichte werden die kontinuierlichen und graduellen Unterschiede zu Artunterschieden umgebildet: das Mittelalter unterscheidet sich von Renaissance und Neuzeit wesentlich und nicht nur nach Nuancen. Diese Perioden müssen durch bestimmte Ereignisse voneinander getrennt werden, die die Unterteilung rechtfertigen. Der Beginn einer neuen Ära wird immer durch Tatsachen von solcher Bedeutung definiert, daß alles darauf Folgende von allem Vorhergehenden wesentlich unterschieden sein muß; für einen Christen ist so das Schicksal der Menschheit nach Christus ein anderes geworden. Jede Unterteilung in Perioden gründet sich auf charakteristische Werturteile.

Wird andererseits die menschliche Art über die Theorie der Entstehung der Arten an das Tierreich angeschlossen, so wird zu einem Gradunterschied, was zuvor als eine unaufhebbare Scheidung erschien, die sich durch die Gegenwart einer Seele göttlichen Ursprungs im Menschen ergeben hatte.

Während Montaigne, um gegen die dem Tode beigemessene Bedeutung anzugehen, uns unser ganzes Leben als eine Abfolge von Erschütterungen zeichnet, die den Übergang von der Jugend zum Alter kennzeichnen und deren letzte der Tod ist,[43] vermindert Bossuet auf der anderen Seite die Distanz, die die einzelnen Menschen voneinander trennt dadurch, daß er sie alle als vor dem Tode gleich zeigt.[44]

Die Stoiker stellten einen grundlegenden Unterschied zwischen tugendhaften Männern und anderen auf: „Der Gegenstand der Verfehlung mag mehr oder minder bedeutend sein, der Fehler an sich bleibt sich gleich, ohne Mehr noch Weniger. Ob ein Steuermann ein Schiff verliert, das Gold, oder eines, das Stroh geladen hat, so gibt es da zwar einen Unterschied in der Höhe des Verlustes, doch keinen im Ungeschick des Steuermannes."[45]

Eine auf die Übereinstimmung mit Prinzipien oder der Pflicht gegründete Moral erlaubt anders als eine auf die Bedeutung der Folgen einer Handlung gegründete Moral keine quantitativen Unterscheidungen zwischen den Handlungen.

9. Argumentation durch Beispiel, Illustration und Modell

1. Argumentation durch Beispiel

Die Argumentation durch das Beispiel setzt bestimmte Regelmäßigkeiten voraus, die in den Beispielen veranschaulicht werden. An Beispielen läßt sich die Reichweite der Regel, der Grad der dem besonderen Fall angemessenen Verallgemeinerung diskutieren, nicht jedoch das Prinzip der Verallgemeinerung selbst.

Unter diesem Gesichtspunkt verwehrt es die Argumentation durch Beispiel, den jeweiligen Gegenstand als einzigartig und unveränderlich mit dem Kontext verbunden zu denken, in dem das beschriebene Ereignis sich abspielt. Sondern es wird im Gegenteil vom Einzelfall her nach dem zugrundeliegenden Gesetz oder der Struktur gefragt. So bietet eine Geschichte, die davon erzählt, wie ein Mann durch Arbeit und Begabung seinen sozialen Aufstieg erreicht hat, selbst dann, wenn daraus keine ausdrückliche Lehre abgeleitet wird, doch eine Lektion in Optimismus und Vertrauen für eine Gesellschaft, die einen solchen Erfolg möglich macht.

Wenn die Beschreibung einer solchen Situation uns vielleicht noch in einem Zweifel über ihre Aussagekraft beläßt, so wird die Anführung einer Anzahl von gleichartigen Beispielen dem Denken des Lesers keinen Zweifel lassen: es handelt sich wirklich um eine Argumentation, die vom Einzelfall auf eine Verallgemeinerung hin angelegt ist. So wird in einem Stück von Marcel Aymé *(La tête des autres)* dieser unwiderstehliche Eindruck durch zwei Staatsanwälte vermittelt, die „gleichermaßen karrierebewußt, gleichermaßen in ihren Ehen betrogen, gleichermaßen heuchlerisch, naiv korrumpiert und von sich selbst eingenommen sind“.[1] Saint-John Perse bedient sich dieser Pluralisierungstechnik, wenn er von Kolisseen,

Kastilien oder Floriden spricht, um so dem Einzigartigen den Wert eines zur Verallgemeinerung drängenden Archetyps zu geben.[2]

Die Argumentation mittels Beispiel zielt mitunter nicht auf den Übergang von einem Beispiel auf eine Regel, sondern auf einen anderen Einzelfall: Nach Aristoteles erlaubt uns so das Beispiel der Perserkönige Darius und Xerxes, die erst nach ihrer Eroberung Ägyptens nach Europa eindrangen, die Aussage, ein bestimmter anderer Fürst werde sich gleichermaßen noch vor einem Eindringen nach Europa zuerst Ägyptens zu bemächtigen suchen.[3]

Bei dieser Argumentationsform kommt es darauf an, daß dem gewählten Beispiel nicht widersprochen werden kann, da die Wirklichkeit des im Beispiel Angeführten als Basis für die Begründung dient. Welche Reichweite aber kommt dieser zu? Um nicht unzulässig zu verallgemeinern, empfiehlt es sich, von hinreichend unterschiedlichen Beispielen auszugehen und so das Risiko, sich in der Verallgemeinerung zu verlieren, herabzusetzen. Die Regeln von J. St. Mill über die konkomitanten Variationen bieten hierzu wertvolle methodologische Hinweise.

Das Argument durch Beispiel verbunden mit dem Argument *a fortiori* ergeben eine Verwendung des hierarchisierten Beispieles, wie es Aristoteles angibt:

„Die Parier jedenfalls ehrten den Archilochos, obwohl er ein Lästermaul war, die Chier den Homer, der nicht ihr Mitbürger war, die Mytilenäer Sappho, obwohl sie nur eine Frau war, die Lakedämonier Chilon, den sie in den Rat aufnahmen, obgleich sie sonst Reden nicht gerade liebten ...“[4]

Das Argument mittels Beispiel kann immer bestritten werden, nicht jedoch der widerlegende Fall, dessen Unbestreitbarkeit die Regel, die er widerlegt, zu verwerfen oder zumindest abzuändern zwingt: dies erklärt das Gewicht, das ihm in der Methodologie Karl Poppers eingeräumt ist.[5]

Die Verwendung des gleichen Begriffs zur Beschreibung unterschiedlicher Fälle erleichtert deren gegenseitige Annäherung, die sich aus der Natur der Sachen selbst zu ergeben scheint. Die Sprache läßt es als ganz natürlich erscheinen, gleich beschriebene Situationen einer gleichen Regel zu unterwerfen. Gleich beschriebene Situationen unterscheiden zu wollen, bedarf dann einer Rechtfertigung.

2. *Illustration*

Die Argumentation durch Beispiel soll eine Vorhersage oder eine Regel stützen, dagegen spielt der Einzelfall bei einer bereits geltenden Regel eine ganz andere Rolle: er soll sie vor allem illustrieren, ihr in dem Bewußtsein eine bestimmte Präsenz verschaffen. Muß also die Wirklichkeit des Beispiels unbestritten sein, so soll die Illustration dagegen vor allem die Vorstellung ansprechen. Die Art, den Einzelfall aufzuweisen und zu beschreiben, hängt wesentlich von der Rolle ab, die er in der Argumentation zu erfüllen hat: soll er die Regel induktiv begründen oder ihr eine Präsenz geben?

Manche Dichter, wie Edgar Poe oder Villiers de l'Isle-Adam, nutzen diese Wirkung der Illustration dazu, ihre phantastischen Geschichten glaubwürdig erscheinen zu lassen: sie lassen ihre Geschichten häufig mit der Angabe einer Regel beginnen, der die weiter von ihnen berichteten Geschehnisse die Illustration liefern sollen.

Der Übergang vom Beispiel zur Illustration vollzieht sich unmerklich, wenn es zuerst darum geht, eine Regel zu begründen, bevor man sie illustriert. Die ersten Beispiele müssen allgemein gültig sein, da sie der Regel Glaubwürdigkeit verschaffen sollen; ist die Regel erst einmal angenommen, dann werden die weiter folgenden bereits durch sie gestützt.

Descartes nutzt geschickt diese doppelte Technik zu Beginn des zweiten Teiles des *Discours de la Méthode*: „... ich kam zu der Überlegung, schreibt er,[5] daß Werke, die aus mehreren Stücken bestehen und von der Hand verschiedener Meister stammen, häufig nicht so vollkommen sind wie die Arbeiten eines einzelnen."

Dieser Gedanke, den Klassik und zentralisierende Monarchie besonders hoch halten und sich damit vom mittelalterlichen Feudalismus und dem Pluralismus der Renaissance abheben, wird eingangs durch die Aufzählung dessen begründet, was einem Zeitgenossen des 17. Jahrhunderts als selbstverständlich erschien, nämlich „daß Bauten, die ein Architekt allein unternommen und ausgeführt hat, für gewöhnlich schöner und harmonischer sind als solche, die mehrere versucht haben umzuarbeiten, indem sie alte, zu anderen Zwecken gebaute Mauern benutzten. Ebenso sind jene alten Städte, die – anfänglich nur Burgflecken – erst im Lauf der Zeit zu Großstädten geworden sind, verglichen mit jenen regelmäßigen Plätzen, die ein Ingenieur nach freiem Entwurf auf einer Ebene absteckt, für gewöhnlich ganz unproportioniert; zwar findet man oft ihre Häuser – betrachtet man jedes für sich – ebenso kunstvoll oder gar kunstvoller als in anderen Städten, – wenn man jedoch sieht, wie sie nebeneinanderstehen, hier ein großes, dort ein kleines, und wie sie die Straßen krumm und uneben machen, so muß man sagen, daß sie eher der Zufall so verteilt hat und nicht die Absicht vernünftiger Menschen."[7]

Nachdem er dann weiter aufweist, daß die durch einen einzigen Gesetzgeber erlassenen Gesetze, wie die des Lykurg in Sparta, daß die wahre Religion, deren Gebote allein von Gott kommen, allem von mehreren Herrührenden überlegen sein müssen, kann er so seinem eigenen Vorhaben Zustimmung verschaffen, das unmittelbar aus der zuvor begründeten Regel zu folgen scheint. Ohne seine einleitenden Absicherungen hätte sein Vorhaben als allzu breit erscheinen können, durch seinen methodischen Zweifel die „Bücher-Wissenschaften" zu übergehen, zumindest jene, die „nach und nach aus den verschiedensten Meinungen zusammengefügt und erweitert worden sind", um in Befolgung der vier Regeln seiner Methode durch die Leistung eines Einzelnen ein auf die Vernunft gegründetes Wissen neu aufzubauen.

Die Folge der Beispiele zu einer Regel beginnt bei der Begründung der Regel durch die Einzelfälle, um mit der so gewonnenen Regel das eigene Unterfangen sinnvoll erscheinen zu lassen, das in den Wissenschaften das zur Anwendung bringen soll, was aus den Überlegungen zu Architektur und Gesetzgebung folgte.

Der Einzelfall kann gelegentlich zugleich die Regel illustrieren und sie konkret darstellen: „Auf einer befahrenen Straße wächst kein Gras“. Mitunter findet die Regel ihre Bestätigung im Vergleich zweier Anwendungen:

„Die Menschen erweisen sich in den Schwierigkeiten. Denke dir also, wenn du dich einer Schwierigkeit gegenübersiehst, daß Gott dich wie ein Fechtmeister einem jungen und hitzigen Partner gegenübergestellt hat.“[8]

Mitunter besteht die Illustration nicht in der Beschreibung einer historischen Gegebenheit, sondern in dem Bericht eines vom Autor erdachten fiktiven Falles, wie dem der Seeleute, die bei ihrer Ausfahrt den Kapitän zur Führung ihres Schiffes durch Los erwählten, und dies, um die Regel der athenischen Demokratie ins Lächerliche zu ziehen, die auf die gleiche Weise die Ämter der Stadt besetzte.[9] Auch Utopien können so eingesetzt werden.

Aus der absichtlich unangemessenen Illustration lassen sich rhetorische Effekte erzielen, wenn die wiedergegebenen Handlungen entweder der Regel oder der ihrer Erwähnung voranstehenden Zuschreibung widersprechen. So wird *Ironie* in der von Antonius vor dem Leichnam Caesars gehaltenen Rede nachdrücklich eingesetzt, in der er immer wieder darauf zurückkommt, daß Brutus ein ehrenwerter Mann ist, und dabei jede einzelne seiner Handlungen der Undankbarkeit und des Verrats beschreibt, die das Gegenteil belegen.[10]

3. Modell und Antimodell

Der Einzelfall läßt sich nicht nur als Beispiel oder Illustration, sondern auch als richtunggebendes Vorbild darstellen. Doch ist nicht jede beliebige Handlung der Nachahmung wert; Nachfolge finden nur Handlungen jener, die bewundert werden, Autorität haben oder ein soziales Prestige aufweisen, das entweder aus ihrer Kompetenz, ihrer Funktion oder ihrem Rang in der Gesellschaft herrührt.

Natürlich gründet sich eine Rechtsentscheidung, die als Präzedenzfall dient, auf die Gerechtigkeitsregel, die die gleiche Behandlung wesentlich gleicher Situationen fordert. Doch wird man sich für einen Präzedenzfall an das Urteil eines mit Autorität ausgestatteten Gerichts halten, an das Oberste Gericht oder doch wenigstens an die nächstniedere Instanz.

Die Argumentation durch das Modell setzt wie das Autoritätsargument voraus, daß die entsprechende Autorität durch ihr Prestige für die fragliche Handlung Gewähr bietet. Wer seine eigene Rolle als Modell kennt, muß daher auf sein Reden und Handeln achten. Die ganze Rede des Isokrates *An Nicocles* ist von diesem Gedanken durchzogen:

„Laß dein eigenes Urteilen anderen zum Beispiel gereichen und sei eingedenk, daß die Sitten eines Volkes sich nach denen der sie Regierenden richten. Erkenne den Wert deiner königlichen Autorität daran, wie deine Untertanen gemäß deinem Handeln höhere Gesittung und edlere Art sich erworben haben.“[11]

Das Modell bestimmt durch sich das Bessere, obgleich es sich seinerseits nach einem göttlichen Modell richten mag, wie die Hl. Theresa, die in ihrem Verhalten Jesus nachzuahmen suchte. Doch kann nicht bei allen Nachahmern ein hinreichendes Unterscheidungsvermögen vorausgesetzt werden, die vielleicht nur die Schwächen und Fehler ihres Modells nachahmen:

„Das Beispiel der Keuschheit Alexanders hat nicht so zur Nachahmung verlockt, wie das Beispiel seiner Trunkenheit Unmäßige gemacht hat. Es ist nicht schandbar, weniger tugendhaft, und es scheint entschuldbar, nicht lasterhafter zu sein als er.“[12]

Als Modell zu dienen, kann ein Modell schaffen, das heißt, das idealisierte Bild, das sich derjenige, der es sich zum Modell nimmt, davon gemacht hat.

Wenn der Niedrigere ein Modell mit einem gewissen Erfolg nachahmt, indem er eine Verhaltensweise vulgarisiert, dann mindert er dadurch den Wert des Modells. Dies erklärt das Phänomen der Mode und ihrer periodischen Revolutionen – entgegen der relativen Gleichförmigkeit der für eine bestimmte Klasse typischen Bekleidungen –, denn wenn sich die Dienerin wie eine Dame von Welt kleidet, dann ist es für diese an der Zeit, durch eine neue Mode wieder mehr Distanz zu schaffen.

Vom Modell gelangen wir so zum Antimodell. Wenn der Niedrigere den Höheren nachahmt, dann will dieser doch um keinen Preis dem geringgeschätzten und als Beispiel für unwürdiges Leben und schlechten Geschmack geltenden Niedrigeren gleichsehen. Montaigne war für die Argumentation mit dem Antimodell sehr empfänglich:

„Es mögen auch andere so beschaffen sein wie ich, eher durch den Widerspruch als durch das Beispiel, eher durch die Meidung als durch die Nachahmung zu lernen. An solche Unterweisung dachte der alte Cato, wenn er sagt, daß die Weisen mehr von den Narren als die Narren von den Weisen zu lernen haben; und dieser alte Leierspieler, von dem Pausanias berichtet, daß er seine Schüler immer wieder dazu zwang, einem schlechten Flötenbläser zu lauschen, der ihm gegenüber wohnte und wodurch sie dessen Mißtöne und falscher Takt zu hassen lernten.“[13]

Wird eine Verhaltensweise dem Antimodell zugeordnet, so wird das den Willen hervorrufen, sich davon abzuheben. Der Chevalier de Méré unterstreicht diese Wirkung des Antimodells auf das Verhalten:

„Ich sehe auch, daß man die nicht nur meidet, die mißfallen, sondern zugleich alles haßt, was zu ihnen gehört; um keinen Preis möchte man ihnen gleichen. Wenn sie es sind, die den Frieden loben, dann möchte man den Krieg herbeiwünschen; sind sie fromm und ordnungsliebend, würde man es vorziehen, sittenlos und unordentlich zu sein.“[14]

Will man dem Modell gleichen, so ist die Richtung hinreichend gegeben, vom Antimodell kann man sich jedoch auf unterschiedliche Weisen unterscheiden. Der Kontext weist die zu befolgende Richtung: wer nicht als Sancho Pansa erscheinen will, wird sich instinktiv dem Don Quichotte annähern.

Was ein Antimodell abgibt und einem Argument *a contrario* als Ausgangspunkt dient, kann mitunter als ein Argument *a fortiori* verwendet werden: wenn die wilden Tiere sich für ihre Jungen aufzuopfern fähig sind, dann wäre eine geringere Hingabe unter Menschen zu tadeln.

Die Rolle des Modells und des Antimodells werden dann am deutlichsten, wenn dafür wirklich unangreifbare Verkörperungen, wie Gott oder Satan, gefunden sind. Daher definieren die aus der Religion kommenden Moralvorstellungen den Gerechten als den, der Gott nachstrebt und seine Vorschriften befolgt.

Der Vorzug eines vollkommenen Modells besteht darin, keine Unterscheidung vorauszusetzen: sich an ihm auszurichten, bedeutet schon auf dem rechten Wege zu sein. Doch ist es gegebenenfalls durchaus möglich, dieses göttliche Modell auf eine bestimmte Rolle auszurichten, die man es spielen lassen möchte. Bossuet stellt Jesus wiederholt als das Modell der Könige dar:

„. . . um allen Monarchen, deren Macht von ihm ausgeht, ein Vorbild der Mäßigung und Gerechtigkeit zu sein, hat er aus eigenem Willen sich selbst den Regeln, die er aufgestellt, und den Gesetzen, die er gegeben, unterworfen."[15]

In einer anderen Predigt sagt er:

„Dieser erhabene Gott weiß alles, sieht alles und will doch, daß jedermann zu ihm spreche; er hört alles; und dabei hat er immer ein offenes Ohr für alles, was ihm geklagt wird, und ist allezeit bereit, Gerechtigkeit geschehen zu lassen. Hierin liegt das Vorbild der Könige . . ."[16]

Für Locke ist Gott das Modell der Toleranz, da er in seiner Allmacht die Menschen hätte zum Heil zwingen können; doch wie wir wissen, zwingt er den Menschen dies Heil trotz ihrer selbst nicht auf.[17] Dem Chevalier de Méré zeigt Jesus uns durch sein Reden und Wirken, wieviel es bedeutet zu gefallen, da doch die Gnade nur Ausdruck der Liebe für die Gott Gefälligen ist. Dagegen unterstreicht Simone Weil die Bedeutung des Landlebens in den Gleichnissen des Evangeliums und folgert daraus, daß das Christentum eine Religion ist, die den Bauern und die Erzeugnisse des Bodens, Brot und Wein, erhöht.[18]

Die Vielfalt der Argumentation nach dem Modell rührt daher, daß auch bei einer Einmaligkeit des Modells doch der eine oder der andere seiner Aspekte hervorgehoben werden und daraus jeweils eine den Umständen entsprechende Lehre gezogen werden kann.

10. Analogie und Metapher

Auffassungen und Funktion der Analogie haben sich im Laufe der Geschichte der Philosophie verändert. Philosophen wie Plato oder Thomas von Aquin bedeutet die Analogie einen spezifischen und unverzichtbaren Typus des Folgerns, Vertretern des Empirismus erlaubt sie dagegen nur die Aussage einer wenig genauen Vergleichbarkeit und dient zur Findung von Hypothesen, findet selbst aber keinen Eingang in die Formulierung der Ergebnisse wissenschaftlicher Forschung.

Dem Argumentationstheoretiker bedeutet die Verwendung der Analogie eines der Kennzeichen nichtformaler Kommunikation und nichtformalen Folgerns, er geht davon aus, daß die Analogie in bestimmten Fällen zuletzt entbehrlich wird – wenn sich nämlich das schließliche Endergebnis in einer mathematischen Formel zusammenfassen läßt –, daß sie jedoch andererseits vor allem in der Philosophie und im theologischen Denken häufig im Mittelpunkt einer ursprünglichen Sicht des Universums oder der Gott-Mensch-Beziehung steht.

Zur Bewahrung ihrer Eigenart sollte die Analogie jedenfalls gemäß ihrer etymologischen Bedeutung der *Verhältnismäßigkeit* interpretiert werden. Von dem mathematischen Verhältnis weicht sie darin ab, daß sie nicht die *Gleichheit* zweier Relationen setzt, sondern vielmehr eine *Ähnlichkeit* der Beziehungen. Während in der Algebra $\frac{a}{b} = \frac{c}{d}$ gesetzt werden kann, und dies symmetriegemäß die Aussage $\frac{c}{d} = \frac{a}{b}$ erlaubt und damit mathematische Schritte, die zu Gleichungen wie $ad-cb = 0$ führen, besagt die Analogie, daß sich a zu b wie c zu d verhält. Es handelt sich hierbei nicht mehr um eine Teilung, sondern um den Vergleich einer beliebigen Relation mit einer anderen. Zwischen dem Paar a–b (dem

Thema der Analogie) und dem Paar c–d (dem Träger der Analogie) soll nicht eine definitionsgemäß symmetrische Gleichheit bestehen, sondern es wird eine Angleichung vorgenommen, die das Thema durch das über den Träger Bekannte erhellen, strukturieren und bewerten soll, und dies bedeutet eben, daß der Träger aus einem anderen Bereich kommt, der genauer bekannt ist als der, aus dem das Thema stammt.

Danach gehört die Analogie in die Theorie der Argumentation und nicht zur Ontologie. Konnte der Wissenschaftler mit Hilfe seiner Analogie seine Forschungen orientieren und durch diese zu experimentellen Ergebnissen gelangen, durch die er wiederum das Thema auf eine vom Träger unabhängige Weise zu strukturieren vermag, so kann er mitunter die Analogie ebenso aufgeben, wie der Bauunternehmer sein Gerüst abschlägt, wenn der Bau einmal fertiggestellt ist. Nachdem die zwischen elektrischem und hydraulischem Strom hergestellte Analogie die ersten Erkenntnisse in diesem Bereich orientiert hatte, wurde die weitere Entwicklung hier eigenständig. In anderen Fällen wird die Analogie überholt, werden Thema und Träger durch ein allgemeineres Gesetz abgelöst. Doch bleibt die Analogie unaufhebbar in Bereichen, die keine Verwendung empirischer Verfahren erlauben, und die verwendete Argumentation wird hier vor allem darauf abzielen, sie zu stützen und ihre Angemessenheit zu belegen.

Aus den Bereichen der Ethik, der Metaphysik und der Theologie hierzu drei Beispiele unaufhebbarer Analogie.

Eine Ermahnung Epiktets liefert das erste Beispiel:

„Wenn ein Kind mit seinem Arm in eine enghalsige Vase faßt, um Feigen und Nüsse heraus zu holen, und seine Hand damit anfüllt, was wird ihm dann widerfahren? Es wird seine Hand nicht durch die Öffnung herausziehen können und zu weinen beginnen. ‚Laß doch einige Früchte los (so sagt man ihm), und dann wirst du deine Hand zurückziehen können.‘ Mache du es ebenso mit deinen Wünschen. Begehre nur eine geringe Zahl von Dingen, und du wirst sie erhalten.“[1]

Zur Abhängigkeit der anderen Monaden von der göttlichen schreibt Leibniz in dem *Discours de Métaphysique:*

„Alle anderen Substanzen sind durch Gott bedingt, ganz wie unsere Gedanken aus unserer Substanz hervorgehen."[2]

Und Johannes Scotus Eriugena nutzt die Beziehung der Augen zum Licht, um die der göttlichen Gnade zur menschlichen Freiheit anschaulich zu machen:

„Wie der Mensch inmitten undurchdringlicher Dunkelheit nichts sieht, obgleich er doch die Fähigkeit zu sehen besitzt, da er solange nicht sehen kann, wie nicht von außen Licht durchdringt, das er bereits mit geschlossenen Augen empfindet und welches er wie auch alle Dinge um ihn herum wahrnimmt, sobald er sie öffnet, ebenso wird des Menschen Wille, solange er sich in der Dunkelheit der Erbsünde und seiner eigenen Sünden befindet, durch seine eigenen Dunkelheiten gefesselt. Erscheint aber das Licht göttlichen Erbarmens, dann obsiegt es nicht nur über die Sündennacht seiner Schuld, sondern heilt den Willen des Kranken und öffnet so seinen Blick und läßt ihn dieses Licht schauen, das es durch die guten Werke läutert."[3]

Diese drei Beispiele illustrieren die Rolle der Analogie, das Thema durch den Träger zu erhellen, einmal über die Erklärung eines unbekannten Zusammenhanges durch einen anderen, vertrauteren und zum anderen über die erzieherische Anleitung der Menschen durch einen Träger aus dem Kinderleben, der bei Erwachsenen allgemeine Zustimmung findet.

Die Analogie mit vier Ausdrücken läßt sich durch drei Ausdrücke darstellen, von denen einer in Thema und Träger wiederkehrt. Nach diesem Schema verhält sich B zu C wie A zu B: „Der Mann gilt vor Gott als kindisch, wie der Knabe vor dem Mann" sagt Heraklit.[4] Diese Struktur mit drei Ausdrücken findet sich in dem bereits zitierten Passus aus Leibniz wie auch im Höhlengleichnis des siebten Buches von Platons *Staat*.

Damit die Analogie ihre Rolle, das Thema durch den Träger zu erhellen, erfüllen kann, dürfen ihre Bereiche nicht wie in einer mathematischen Relation homogen sein. Denn dort besteht anders als bei der Analogie keine Wechselwirkung zwischen den Ausdrücken.

Von der Wahl des Herzogs Aymé von Savoyen zum Papst, einer

für nichtig erklärten Wahl, schreibt Calvin, „dieser Aymé wurde mit einem Kardinalshut besänftigt, wie ein kläffender Hund mit einem Kanten Brot".[5] Diese Nebeneinanderstellung des enttäuschten Herzogs mit einem kläffenden Hund wertet den abgesetzten Papst wie auch die ihm gewährte Genugtuung ab.

Ergibt sich eine solche Interaktion unabhängig von der Absicht und gegen den Willen dessen, der die Analogie verwendet, so wirkt sie komisch. Lawrence Sterne, der in *Tristram Schandys Leben und Meinungen* der unangemessenen Verwendung argumentativer Muster komische Wirkungen abgewinnt, bietet uns den folgenden Kurzdialog:

„Brav! brav, (der König William) wahrhaftig! rief mein Onkel Toby, er verdient eine Krone! – So gewiß als ein Dieb den Strick, juchzte Trim (der treue Korporal)."[6]

Daß jeder Leistung eine Belohnung und jedem Verbrechen eine Bestrafung gebührt, ist eine vernünftige Aussage, soll jedoch der König William die Krone so verdienen wie ein Dieb den Strick, so wirkt diese Aussage durch den unpassenden Vergleich lächerlich.

Dienen antithetische Begriffe wie „links – rechts", „flach – tief" immer wieder als Träger zur Kennzeichnung einer politischen Tendenz oder einer positiv oder negativ bewerteten Idee, so erhalten diese ursprünglich neutralen Ausdrücke durch die von ihnen regelmäßig übernommene Rolle eine positive oder negative Konnotation. Übernimmt der Ausdruck jedoch in verschiedenen Trägern unterschiedliche Rollen, dann wird er einmal positiv und ein andermal negativ beurteilt. Hierzu ein Satz aus Hesekiel (XI, 19): „Und ich werde ihnen ein andres Herz geben und einen neuen Geist in ihr Inneres legen; ich werde das steinerne Herz aus ihrem Leibe herausnehmen und ihnen ein fleischernes Herz geben". Das Herz aus Stein symbolisiert den Ungehorsam, das Herz aus Fleisch gläubige Unterwerfung. Stellt Paulus im Römerbrief (VIII) Fleisch und Geist einander entgegen, dann steht hier das Fleisch für Sünde und der Geist für Gnade. In der Analogie wird das Wort „Fleisch" einmal werthaft und das andere Mal abwertend verwendet.

Vielfach wird zur besseren Angleichung an das Thema und um derart die Analogie überzeugender auszubilden das eine oder andere Element des Trägers verändert. Wollte der mittelalterliche Künstler Moses als Christi Vorläufer darstellen, dann zeigte er den Propheten gegen den Wortlaut der Schrift auf einem Esel reitend, zu Fuß gefolgt von seiner Frau, um diese Szene dem *Einzug Christi in Jerusalem* eher gleichsetzen zu können.[7] Und Bossuet sagt über die geschlossen angeordneten Bataillone der spanischen Infanterie, daß sie unerschütterlich wie Türme waren, wie Türme allerdings, „die ihre Breschen aus sich selbst heraus zu schließen vermögen".[8]

Nähme man diese Abänderungen des Trägers wörtlich, dann müßte man entweder eine Gegen-Wahrheit feststellen oder eine phantastische Wirklichkeit beschreiben. Erscheint die auf den Träger bezogene Aussage als unzulässig, weil sie dem gesunden Menschenverstand widerspricht, dann erhält man Formulierungen, wie sie schon Quintilian ins Lächerliche gezogen hat, etwa:

„Die großen Ströme sind bis zu ihren Quellen schiffbar." „Ein wirklich fruchtbarer Baum trägt Früchte von Anfang an."[9]

Eine reiche Analogie läßt sich fruchtbar erweitern. La Bruyère hat dies sehr geschickt zu nutzen gewußt:

„Die Räder, Federn und Abläufe bleiben verborgen; von einer Uhr ist nur der Zeiger sichtbar, der unmerklich vorrückt und seinen Kreis vollzieht, ein Bild des Höflings, das der Wirklichkeit umso mehr entspricht, als auch dieser, hat er seinen Weg gemacht, sich häufig an dem Punkte wiederfindet, von dem er seinen Ausgang genommen hat."[10]

Häufig dient die Erweiterung einer Analogie der Argumentation. So lassen sich Probleme der Grundlegung unseres Wissens den Schwierigkeiten eines Schiffes in stürmischer See vergleichen und skeptische Folgerungen mit dem Entschluß, das Schiff am Strand in Sicherheit zu bringen, wo es liegt und fault. Kant sagt, seine Erkenntnislehre der Hume's entgegenstellend, „statt dessen es bei mir darauf ankommt, ihm einen Piloten zu geben, der nach sicheren Principien der Steuermannskunst, die aus der Kenntnis des Globus gezogen sind, mit einer vollständigen Seekarte und einem Compaß versehen, das Schiff sicher führen könne, wohin es ihm gut dünkt".[11]

Kant stellt die übliche Verwendung eines Schiffes der bei Hume eingeschränkten gegenüber und unterstreicht so mittels dieser Analogie die Überlegenheit seiner kritischen Philosophie über den Skeptizismus.

Jede Analogie hebt bestimmte Bezüge heraus und läßt andere Kennzeichen außer acht. Max Black führt mit gutem Grund an, daß die Beschreibung einer Schlacht mit Ausdrücken des Schachspiels all das ausläßt, was die Schrecken des Krieges betrifft.[12]

Eine Analogie zu übernehmen, bedeutet damit zugleich auch, sich für eine bestimmte Auswahl von Aspekten für die Beschreibung eines Phänomens zu entscheiden. Häufig verbindet sich die Kritik an einem Autor mit der an seinen Analogien. W. Moore, der den Gedanken Wittgensteins über die Beziehungen zwischen Sätzen und Tatsachen widerspricht, schreibt: „Würde ein Satz die Tatsache ebenso wiedergeben, wie eine Rille auf einer Scheibe den Ton wiedergibt, dann wäre der These Wittgensteins wohl zuzustimmen."[13]

Kritisiert man eine These, die durch eine Analogie illustriert wird, dann muß man diese entweder so umformen, daß sie den eigenen Vorstellungen eher entspricht oder sie durch eine andere, für angemessener gehaltene Analogie ersetzen. In Kontroversen finden sich beide Verfahren.

So folgt Leibniz in seinem Disput mit Locke nicht der Auffassung, wonach der Geist einem gänzlich gleichförmigen Marmorblock analog ist, dem die Erfahrung ihre Spuren einformt; ihm zufolge entspricht die Rolle des Geistes eher der eines geäderten Marmorblocks, der dadurch eine Form eher als eine andere aufnehmen kann.[14]

Steht dagegen die kritisierte Analogie der eigenen Auffassung des Themas wesentlich entgegen, so muß zur Darstellung der eigenen Sichtweise der widerständige Träger durch einen angemesseneren ersetzt werden. Da M. Polanyi die wissenschaftliche Tätigkeit als systematisch auffaßt, wendet er sich gegen Miltons Analogie, der in seinen *Areopagitica* das Tun der Gelehrten mit dem von Forschern vergleicht, die sich darum bemühen, die Fragmente einer zerbrochenen Statue wieder aufzufinden: ihm stellt sich dagegen die wissenschaftliche Tätigkeit eher analog zur Entwicklung eines lebendigen Organismus dar.[15]

Aristoteles definiert die Metapher als „die Übertragung eines Wortes (das somit in uneigentlicher Bedeutung verwendet wird), und zwar entweder von der Gattung auf die Art, oder von der Art auf die Gattung, oder von einer Art auf die andere, oder nach den Regeln der Analogie".[16] Während Aristoteles jede Trope als Metapher ansieht, beschränken wir uns auf den letzten von ihm in Betracht gezogenen Fall. Für uns stellt die Metapher lediglich eine durch Fusion von Thema und Träger verdichtete Analogie dar. Ausgehend von der Analogie A verhält sich zu B wie C zu D, nimmt die Metapher eine der Formen „A von D", „C von B", „A ist C". Aus der Analogie „das Alter ist für das Leben das, was der Abend für den Tag ist" gewinnt man die Metaphern „das Alter des Tages", der „Abend des Lebens" oder „das Alter ist ein Abend".

Metaphern der Art „A ist C" sind am ehesten zu verwechseln, da man sie als Identifikation auffassen könnte, sie lassen sich nur dann zureichend verstehen, wenn die Analogie durch ein Ergänzen der ausgelassenen Ausdrücke wieder hergestellt wird. Diese Art der Metapher kann aus der Konfrontation einer Benennung mit der von ihr gemeinten Wirklichkeit noch verdichteter gegeben werden. Wird von einem mutigen Krieger geschrieben „dieser Löwe warf sich voraus", dann ist darin mitverstanden, daß dieser Krieger ein Löwe ist, entsprechend der Analogie „dieser Krieger ist im Verhältnis zu anderen Menschen das, was ein Löwe im Verhältnis zu anderen Tieren ist". Oder noch allgemeiner, „wird von einem Menschen gesagt, er sei ein Bär, ein Löwe, ein Wolf, ein Schwein oder ein Lamm, dann wird sein Charakter, sein Verhalten oder seine Stellung unter den anderen Menschen metaphorisch gemäß der Vorstellung beschrieben, die sich zum Verhalten oder der Stellung dieser oder jener Art im Tierreich gebildet hat, um so für ihn die Reaktionen zu bewirken, die allgemein gegenüber diesen gleichen Arten empfunden werden".[17]

Die metaphorische Fusion nähert die Bereiche von Thema und Träger so weit als möglich und vornehmlich im Hinblick auf eine poetische Wirkung einander an, sie erlaubt eher als die Analogie dieses Hin und Her, in dem Thema und Träger eigentlich ununterscheidbar werden. In seiner berühmten *Ode an Cassandra* beginnt so Ronsard, bevor er noch das junge Mädchen unter dem Bilde einer Rose schildert, damit, die Rose in Ausdrücken zu schildern, die einem jungen Mädchen angemessen sind:

> „Laßt sehen, Mignonne, ob die Rose
> die am Morgen eben
> der Sonn' ihr Purpurkleid entbarg
> des Abends noch
> alle Feinheit ihres Kleides sich hat bewahrt
> und ihres Teints, dem Eueren so gleich.“[18]

Diese metaphorische Fusion kann durch ein Adjektiv gegeben werden (ein *erhellender* Vortrag), durch ein Verb (sie begann zu *kreischen*), ein Possessivpronomen (*unser* Waterloo), ein Bestimmungswort (der Abend *des Lebens*), durch eine Kopula (das Leben *ist* ein Traum) oder auch lediglich durch die Verwendung eines einzigen Wortes in einem den wörtlichen Sinn ausschließenden Kontext.[19]

Häufige Wiederholung verschleißt die Metaphern: metaphorisch ließen sie sich als tot oder eingeschlafen bezeichnen. Sind sie zur gängigen Formulierung geworden, so erscheint ihr metaphorischer Aspekt erst wieder bei der Übersetzung in eine andere Sprache, die nicht die gleichen Formulierungen kennt. Wenn der metaphorische Ausdruck in einer Sprache der einzige ist, um eine Sache zu bezeichnen, so heißt er *Katachrese:* „der Fuß des Berges“, „der Arm des Sessels“.

Die Verwendung von Katachresen ist in der Argumentation sehr wirksam, denn wird aus einer üblichen Ausdrucksweise eine Folgerung abgeleitet, so bemerkt der Leser nicht einmal den analogischen Charakter, und die Konsequenz scheint sich aus der Natur der Sache selbst zu ergeben. So nutzt Descartes in der 7. Regel zur Leitung des Geistes die Katachrese „Ideenverkettung“ und hebt darauf ab, daß in einer strengen Deduktion kein einziges Glied der Kette ausgelassen werden darf, denn „dort, wo auch nur der geringste Punkt ausgelassen wird, ist die Kette durchbrochen und die ganze Gewißheit des Schlusses hinfällig".[20] Wechselt man jedoch den Träger und vergleicht den Gedankengang nicht mit einer Kette, sondern mit einem Gewebe, das aus verschlungenen Argumenten gewirkt ist, dann wird unmittelbar deutlich, daß dessen Festigkeit die jedes einzelnen seiner Fäden weit übertrifft, und es läßt sich nicht länger die Analogie zu einer Kette behaupten, die nur so fest ist wie das schwächste ihrer Glieder.[21]

Eine Metapher kann unterschiedlich verwendet werden, indem jeder jeweils andere Aspekt herausstellt und dadurch zu anderen Folgerungen gelangt. So wird die Methodologie häufig als Weg beschrieben – was uns an die Etymologie von „Methode" erinnert –, doch wird jeder Denker diesen Weg auf seine Weise nutzen.

Hierzu das, was Descartes im 2. Teil seines *Discours de la Méthode* schreibt:

„Ich entschloß mich aber, wie ein Mensch, der sich allein und in der Dunkelheit bewegt, so langsam zu gehen und in allem so umsichtig zu sein, daß ich, sollte ich auch nicht weit kommen, mich doch wenigstens davor hütete, zu fallen."[22]

Leibniz betont dagegen den sozialen Aspekt des Wissens. Für ihn gleicht die Menschheit im Hinblick auf die Wissenschaften, die zu unserem Wohl beitragen, einer Anzahl von Leuten, denen er rät, „gemeinsam und in Ordnung voranzuschreiten, den gleichen Straßen zu folgen, die Wege zu kennzeichnen und auszubauen".[23]

Für diese beiden klassischen Denker ist die Wissenschaft im Gedanken Gottes vollendet: der Weg ist vollkommen ausgelegt, und es genügt, ihm zu folgen. Dagegen entsteht für Hegel der Weg mit dem Fortschritt des Wissens. Ich selbst habe, um Tradition, Initiative und Einübung in den Fortschritten des Wissens stärker zur Geltung kommen zu lassen, geschrieben: „Unsere geistige Entwicklung wird durch unsere Eltern und Lehrer befördert; bevor wir neue Straßen anlegen und die alten verbessern, haben wir viele Wege beschritten, die von Generationen vor uns angelegt worden sind; manche Wege mögen durch Vernachlässigung schlechter geworden und so überwachsen sein, daß wir ihre Spur verloren haben; mitunter ist man glücklich, sie nach mehreren Jahrhunderten der Vergessenheit wiederzuentdecken, manche Wege mögen so ausgesetzt sein, daß sich nur voll ausgerüstete und durchtrainierte Alpinisten dort hinauswagen können."[24]

Aus diesen Beispielen ergibt sich, daß die Beschreibung des Themas nicht nur von der Wahl des Trägers abhängt, sondern daß die Auffassung des Themas die Art bestimmen kann, in der ein gleicher Träger entwickelt wird.

Bestimmte Metaphern, wie „Strauß aus Gefieder" (um einen Vogel zu bezeichnen) oder „Schuppenschiff" (für einen Fisch) bringen in Gefahr, durch Bilder gefangen zu werden, die irgend ein phantastisches Wesen suggerieren wie das „denkende Schilfrohr". I. A. Richards hatte aus guten Gründen auf diesen Irrtum schon vor geraumer Zeit hingewiesen.[25]

Werden sie als Träger in den gleichen Metaphern verwendet, so kann der metaphorische Sinn mancher Ausdrücke zu ihrem gebräuchlichen Sinn werden: die Ausdrücke „klar" oder „zäh" scheinen einen Gedanken oder einen Charakter oder eine Flüssigkeit unmittelbar zu bezeichnen. Doch was als Klischee oder gewöhnlicher Gebrauch erscheint, kann durch unterschiedliche stilistische Techniken, die von A. Henry mit großer Genauigkeit analysiert worden sind,[26] den metaphorischen Sinn wiedergewinnen.

Zwei Klischees einander gegenüberzustellen, reicht aus, einen Überraschungseffekt oder sogar Lachen zu erzeugen: „Diese großen Tiere, Crème der Gesellschaft". Mitunter genügt eine Anspielung oder eine Entgegensetzung. Doch besteht die für die Argumentation interessanteste Technik in der Entwicklung einer eingeschlafenen Metapher, um durch ihre Erweiterung dem Stil außergewöhnliche Suggestivkraft zu verleihen. Diese Technik findet häufig Verwendung bei La Bruyère und auch bei Pascal, wie der folgende Gedanke belegen kann: „Die Hohen und die Niedrigen erleben die gleichen Zufälle, haben die gleichen Ärgernisse und die gleichen Leidenschaften: doch befindet sich der eine oben auf dem Rad und der andere nahe der Mitte und wird so von den gleichen Bewegungen weniger erschüttert."[27]

Die Redensart „sich in einer Sackgasse befinden" wird in diesem Satz Bachelards wieder metaphorisch: „Statt eine Sackgasse zu sein, wie es die frühere Psychologie wahrhaben will, ist die Abstraktion ein Schnittpunkt von Alleen."[28]

Mag es sich nun um lebendige oder tote, wiedererweckte oder eingeschlafene Metaphern handeln, jedenfalls überwiegt heute die Gewißheit, daß das philosophische Denken und darüberhinaus alles kreative Denken ohne sie nicht auskommen kann. Diese Idee, deren Ursprung vielleicht bei Nietzsche liegt, findet seit dreißig Jahren im anglo-amerikanischen Denken weite Verbreitung. So unterscheiden sich für C. S. Pepper[29] die unterschiedlichen Weisen, die Welt zu sehen, durch ihre Fundamentalmetaphern (*root-metaphors*). Diese Metaphern kennzeichnen nach D. Emmet das metaphysische Denken.[30] Ph. Wheelwright nimmt diesen Gedanken in zwei bekannten Werken auf: *The Burning Fountain* (Bloomington, 1954) und *Metaphor and Reality* (Bloomington, 1962). In einem wichtigen Syntheseartikel „The use and abuse of metaphor" (*Review of Metaphysics*, 1962–63, vol. 17, pp. 237–258, 450–472) nimmt Douglas Berggren diese Richtung auf und kommt zu dem Ergebnis: „Alles wirklich schöpferische und nicht-mythische Denken in den Künsten, den Wissenschaften, der Religion oder der Metaphysik ist auf eine unveränderliche und unauflösliche Weise notwendig metaphorisch."

Und in Deutschland entwickelt H. Blumenberg eine neue Richtung, „die Metaphorologie", der zur Erforschung von Kulturen und Denksystemen zentrale Bedeutung zukommen soll.[31]

Ist nicht alle Philosophie, wie Derrida nach Nietzsche behauptet, als Fortführung eines Mythos nur noch die trügerische Verwendung einer absoluten und abstrakten Wahrheit?[32] Oder ist sie im Gegenteil Wahl und Entwicklung einer lebendigen Metapher, wie es P. Ricoeur behauptet.[33] Darauf kommt es nicht an. Sicher ist, daß sich das empirisch nicht überprüfbare philosophische Denken in einer Argumentation entwickelt, die bestimmten Analogien und Metaphern als zentralem Element einer Weltsicht Geltung verschaffen will.

11. Die Dissoziation der Begriffe

Im 6. Kapitel, in dem von der Dissoziation der Begriffe erstmals die Rede war, wurde diese als eine in der überkommenen Rhetorik unberücksichtigte Argumentationsweise bezeichnet, da sie sich vor allem für die systematisch angelegte Analyse philosophischen Denkens ergibt. Begnügt man sich vor den Unvereinbarkeiten für das normale Denken nicht damit, die Schwierigkeit in der Praxis zu eskamotieren, indem man sie nicht zu bemerken vorgibt, sondern will man sie theoretisch zureichend durch die Wiederherstellung einer zusammenhängenden Sicht des Wirklichen lösen, dann wird man dies in den meisten Fällen nur über die Dissoziation der ursprünglich übernommenen Begriffe erreichen. So unternimmt es Kant, ausgehend von der Feststellung, daß die Praxis der Naturwissenschaften einerseits den universalen Determinismus postuliert und die der Moral andererseits die Freiheit des verantwortlich Handelnden, die aus dieser doppelten Perspektive entstehende Antinomie aufzulösen. Dazu teilt er den Begriff der Wirklichkeit in die durch universalen Determinismus bestimmte phänomenale Wirklichkeit und in die durch Kausalität aus der Freiheit bestimmte noumenale Wirklichkeit auf.[1]

Diese Dissoziation in phänomenale Wirklichkeit, also die Wirklichkeit wie sie uns erscheint, und in noumenale Wirklichkeit, jene des Ding an sich, bietet einen typischen Beleg für die Verwendung des Paares *Schein – Wirklichkeit,* das wir direkt oder indirekt in allen Dissoziationen vorfinden.

Auf den ersten Blick ist die Erscheinung nichts anderes als eine Darstellung der Wirklichkeit: es ist die Wirklichkeit, wie sie erscheint, wie sie sich der unmittelbaren Erfahrung bietet. Sind jedoch die Erscheinungen unvereinbar – erscheint zum Beispiel das ins Wasser getauchte Ruder dem Blick als gebrochen und dem Tastsinn als gerade –, dann können sie die Wirklichkeit nicht so wiedergeben, wie sie ist, denn die Wirklichkeit ist dem Prinzip der Widerspruchsfreiheit unterworfen; ein Objekt kann nicht zur gleichen Zeit und in der gleichen Beziehung eine Eigenschaft E haben und nicht haben. Also müssen unter den Erscheinungen jene, die der Wirklichkeit entsprechen, und die anderen, die ihr nicht entsprechen, die trügerisch sind, voneinander unterschieden werden. Damit hat die Erscheinung einen zweideutigen Status: einmal ist sie Ausdruck der Wirklichkeit, zum anderen ist sie bloßer Schein und Ursprung von Irrtum und Illusion. Während die Erscheinung gegeben, unmittelbar und erster Ausdruck des Wissens ist, wird die Wirklichkeit, deren Erkenntnis üblicherweise über die Erscheinungen vermittelt ist, zum Kriterium, um diese zu beurteilen: sie wird zum Ausdruck II, der für den Ausdruck I insoweit normativ ist, als sie ihn als authentischen Ausdruck des Wirklichen bestätigt oder aber als Irrtum und Anschein verwirft.

Nach dem Modell des Paares Erscheinung/Wirklichkeit lassen sich die philosophischen Paare unter der Paarform Ausdruck I/ Ausdruck II darstellen:

„Ausdruck I entspricht dem Anschein, dem Auffallenden, Aktuellen, Gegenwärtigen und unmittelbar Gegebenen. Soweit Ausdruck II sich davon unterscheidet, ist er nur im Bezug auf Ausdruck I zu verstehen: als Ergebnis einer innerhalb des Ausdrucks I vorgenommenen Dissoziation, darauf abgestellt, die unter dessen Aspekten möglichen Unvereinbarkeiten aufzuheben. Der Ausdruck II liefert ein Kriterium, eine Norm dafür, zwischen den Aspekten des Ausdruck I das Gültige vom Nichtgültigen zu unterscheiden; er ist nicht einfach gegeben, sondern eine *Konstruktion*, die bei der Dissoziation des Ausdruck I eine Regel bestimmt, die erlaubt, seine verschiedenen Aspekte zu hierarchisieren und dabei jene als illusorisch, irrtümlich und bloß scheinbar abzuqualifizieren, die nicht dieser durch das *Wirkliche* vermittelten Regel entsprechen. Ausdruck II verhält sich zu Ausdruck I zugleich normativ und explikativ. Bei der Dissoziation ermöglicht er jene Aspekte positiv oder negativ zu bewerten, unter denen sich der Ausdruck I darstellt: durch ihn lassen sich unter den mehrdeutigen Erscheinungen diejenigen, die bloßer Schein sind, von denen unterscheiden, die das Wirkliche wiedergeben.

Dieser Punkt erscheint wesentlich wegen seiner Bedeutung für die Argumentation: Während der ursprüngliche Status dessen, was als Ausgangsobjekt für die Dissoziation dient, unbestimmt und undeutlich ist, wertet die Dissoziation in die Ausdrücke I und II die dem Ausdruck II entsprechenden Aspekte positiv und zugleich die entgegenstehenden Aspekte negativ – Ausdruck I, der Anschein, ist nach seinem eigentlichen Wortsinn nur Illusion und Irrtum.

Tatsächlich enthält der Ausdruck II nicht immer ein hinreichend genaues Kriterium, die Aspekte des Ausdrucks I voneinander zu trennen: etwa kann die von ihm gegebene Norm nur potentiell sein und seine wesentliche Wirkung darin liegen, die aus der Dissoziation folgenden Ausdrücke zu hierarchisieren. Wenn Kant zur Lösung der kosmologischen Antinomien die Wirklichkeit in die Unterscheidung von Phänomenen und Ding an sich aufteilt, dann ist der von ihm auf diese Weise konstruierte Ausdruck II nicht bekannt, und doch ist die durch unsere Erkenntnisfähigkeit gegebene phänomenale Welt gegenüber der Wirklichkeit des Ding an sich abgewertet. Der Ausdruck II gewinnt durch seine Einmaligkeit und Kohärenz gegenüber der Vielfalt und Unvereinbarkeit der Aspekte im Ausdruck I, von denen einige abgewertet und schließlich verworfen werden.

So finden sich in Ausdruck II Wirklichkeit und Wert eng miteinander verbunden: dies wird besonders deutlich in allen Entwürfen der Metaphysiker.“[2]

Der Gegensatz zwischen Wirklichkeit und Erscheinung zeigt sich ebenfalls im Alltagsdenken in der Gegenüberstellung von Gegenstand und Schatten, der Welt des Wachens und der des Traums, der gelebten Wirklichkeit und ihrer bloß theatralischen Darstellung.

Metaphysiker wie Plato und Plotin gelangen über die Analogie mit den Paaren von Erscheinung/Wirklichkeit der Alltagserfahrung dazu, die Erfahrungswelt abzuwerten und ihr die wahrhafte Wirklichkeit der Welt der Ideen oder des Jenseits gegenüberzustellen.

Plato zeigt uns im Höhlengleichnis im 7. Buch des „Staates“, daß sich die wahrnehmbaren Wirklichkeiten zur Welt der Ideen so verhalten wie durch Dinge geworfene Schatten zu diesen selbst. Daher bildet die Welt der Ideen die wahrhafte Wirklichkeit, den Ausdruck II im Hinblick auf die Erscheinungen (Ausdruck I), die uns durch unsere Sinne vermittelt werden.

Um das Verhältnis von Leben und Tod zu klären, vergleicht Plotin sie mit Schlafen und Wachen:

„Das wirkliche Erwachen ist dann gegeben, wenn man sich frei vom Körper und nicht mit ihm erhebt: sich mit dem Körper zu erheben, heißt von einem Schlaf in einen anderen zu gehen und nur das Lager zu wechseln, sich wirklich zu erheben, heißt den Körper gänzlich zu verlassen.“ (*Enneaden* III, 6, § 6)

Er wertet das irdische Leben ab durch den Vergleich mit einem Spiel, einer Theateraufführung:

„Derart sind die Taten jenes Menschen, der nur ein niederes und äußerliches Leben führt; er sieht nicht, daß seine Tränen und vordringlichsten Beschäftigungen nur Spiele sind. Ernst kann nur der ernsthafte Mann die ernsthaften Dinge nehmen; alle anderen bleiben nur Spielzeug. Weil sie selbst Spielzeug sind und weil sie nicht wissen, was wichtig ist, nehmen sie ihre Spielzeuge ernst. Und seien wir auch eingedenk, daß Tränen und Seufzer nicht notwendig wirkliche Übel anzeigen. Wenn der Tod darin besteht, den Körper zu verlassen, wie der Schauspieler das Kostüm wechselt, oder aber auch den Körper ganz zu verlassen, wie der Schauspieler, der das Theater endgültig verläßt, um niemals wieder auf die Bühne zurückzukehren, was ist dann so fürchterlich an dem Übergang eines Lebens in ein anderes?“ (*Enneaden*, II, 2, § 15)

Aus der Gegenüberstellung Ausdruck I/Ausdruck II, wie sie sich bei Plato etwa im *Phaidros* findet, entwickelt sich sein philosophisches System mit der Setzung seiner Werturteile, vom Paar Materie/Idee zu den abgeleiteten Paaren wie Meinung/Wissenschaft, sinnliche Wahrnehmung/Vernunftwissen, Leib/Seele, Werden/Sein, Vielheit/Einheit, menschlich/göttlich.[3]

Alles philosophische Denken läßt sich als eine Abfolge von Paaren darstellen, die ein System bilden: wir haben dies für die Systeme von Spinoza und Marx nachgewiesen.[4] Der Einfluß der großen metaphysischen Systeme auf das westliche Denken ist dadurch gekennzeichnet, daß man jedes philosophische Paar ohne weiteres nach Ausdruck I oder II zu unterscheiden vermag. Allgemein verbreitet sind die herkömmlichen Paare: Mittel/Zweck, Folge/Ursache oder Prinzip, Handlung/Person, Zufall/Notwendigkeit, Anlaß/Ursache, relativ/absolut, subjektiv/objektiv, Vielheit/Einheit, normal/Norm, individuell/universell, besonders/allgemein, Theorie/Praxis, Sprache/Denken, Wort/Geist.[5]

Ein eigenständiges Denken kann durchaus eine Umstellung der Ausdrücke des Paares vornehmen, doch wird diese Umkehrung kaum ohne eine Veränderung des einen oder anderen seiner Ausdrücke möglich sein, da die Gründe der Umstellung anzugeben sind. So ergibt das für die traditionelle Metaphysik charakteristische Paar individuell/universell das Paar abstrakt/konkret. Das allein konkrete Individuelle wird dann positiv bewertet, wenn das Universelle nicht als eine höhere Wirklichkeit, eine platonische Idee, sondern als eine aus dem Konkreten abgeleitete Abstraktion angesehen wird. In diesem Fall wird das unmittelbar Gegebene zum Wirklichen und das Abstrakte eingeschränkt zu einer theoretischen und abgeleiteten Ausarbeitung, die dem Paar Theorie/Wirklichkeit entspricht.

Ein anderes Beispiel einer Umkehrung des Paares findet sich bei Bergson, der das Paar Handlung/Wesen umformt zu Wesen oder Form/Werden.

Um zu dieser Umstellung zu kommen, geht Bergson so vor:

„... das Leben ist Evolution. Wir konzentrieren eine Periode dieser Evolution in eine feste Anschauung, die wir als Form bezeichnen ... es gibt keine Form, da die Form unbeweglich, Wirklichkeit aber Bewegung ist. Wirklich ist der dauernde Wandel der Form ... Unterscheiden sich die abfolgenden Bilder nicht zu sehr voneinander, dann betrachten wir sie insgesamt als die Zu- und Abnahme eines einzigen *mittleren* oder als die Abwandlung dieses Bildes in unterschiedliche Richtungen. Und wir haben dieses mittlere Bild vor Augen, wenn wir von dem *Wesen* einer Sache oder der Sache selbst sprechen.“[5]

Danach ist nur die Bewegung wirklich und konkret, die Form dagegen eine Abstraktion, eine bloß geistige Hervorbringung.

Diese Tendenz, das Konkrete, unmittelbar Gegebene als vorrangig anzusehen, führt notwendig zur Abwertung des Wirklichen, der Konstruktion des Geistes, als Illusion und Mythos. Sie findet sich bei jenen Denkern, die der Metaphysik mit Mißtrauen gegenüberstehen, die zu vielfältigen und widersprüchlichen Sichtweisen des Wirklichen führt. Sie besteht bereits bei Schopenhauer und stärker noch bei Nietzsche; sie ist für die heutigen positivistischen und existenzialistischen Strömungen charakteristisch.

Hierzu eine Stelle bei Jean Paul Sartre, die dieses Mißtrauen deutlich zum Ausdruck bringt:

„Dem Denken der Gegenwart ist ein beträchtlicher Schritt nach vorwärts gelungen, indem es das Seiende auf die Reihe derjenigen Erscheinungen zurückführt, die von ihm Kunde geben ... Die Erscheinungen, die von einem Seienden Kunde geben, sind weder Innenseite noch Außenseite: sie sind alle gleich viel wert, sie alle weisen auf andere Erscheinungen hin, und keine hat vor der anderen etwas voraus ... Der Dualismus von Sein und Scheinen (hat) in der Philosophie kein Bürgerrecht mehr. Die Erscheinung weist hin auf die vollständige Reihe der Erscheinungen und nicht auf ein verborgenes Reales, das das ganze *Sein* des Seienden an sich gezogen hätte.

... Solange man an geistige Wirklichkeiten glauben konnte, hat man die Erscheinung als etwas rein Negatives dargestellt ... Aber wenn wir uns einmal von dem getrennt haben, was Nietzsche „die Illusion der Hinterwelten" nennt, und wenn wir nicht mehr an ein Sein-hinter-der-Erscheinung glauben, so wird diese, im Gegensatz zu jenem, etwas ganz Positives. Ihr Wesen ist ein „Scheinen", das sich dem Sein nicht mehr entgegenstellt, sondern das im Gegenteil sein Maßstab ist. Denn das Sein eines Seienden, das ist genau das, was es zu sein *scheint* ... Das Wesen eines Seienden ... ist vielmehr das offenbare Gesetz, das die Aufeinanderfolge der Erscheinungen des Seienden leitet, es ist der Grund der Reihe ... das Wesen als Grund der Reihe ist nichts anderes als das Verbindende der Erscheinungen, das heißt, es ist selbst eine Erscheinung ... So also gibt sich das phänomenale Sein kund, es gibt sein Wesen ebenso kund wie sein Dasein, und es ist nichts anderes, als die wohlverknüpfte Reihe dieser Kundgebungen."[7]

Um die Trennung zwischen Erscheinung und Wirklichkeit, den Dualismus zwischen Sein und Anschein zu überwinden, bedient sich Sartre einer Begründungstechnik analog der, die Bergson verwendet hat, um im Wesen nur ein mittleres Bild zu sehen, das dem „Grund der Reihe" sehr zu entsprechen scheint. Da er aber in Bergsons Werden nicht die wirkliche Wirklichkeit sieht, gibt er dem *Wesen* nicht den Status des Ausdrucks I in einem Paar.

Doch wie kann zwischen trügerischen Erscheinungen und solchen, die es nicht sind, unterschieden werden? Er kann ja nicht die These aufstellen, daß die Erscheinungen uns niemals irren lassen. Er zieht sich mit Hilfe des Paares der hegelschen und marxistischen Dialektik aus der Schwierigkeit, das dem Paar abstrakt/konkret entspricht, danach ist es die unendliche Reihe von Erscheinungen, die jede einzelne von ihnen zu beurteilen erlaubt. So gelangt man zum Paar Teil/Ganzes, wobei das Teil der vollständigen Folge der Erscheinungen gegenüber nur eine Abstraktion ist. Der dem als Gesamtheit begriffenen Konkreten eingeräumte Vorrang, der jede Dualität und jedes philosophische Paar aufzuheben vorgibt, bringt durch die Unterscheidung zwischen der Gesamtheit der Reihe und der einzelnen Elemente eben eine solche Dualität auf eine neue Weise wieder ein. Dies erinnert an die Vorstellung von Bergson, wonach die wirkliche Länge eines Gegenstandes nicht die Länge hinter den Messungen ist, sondern als Ergebnis einer Reihe von Messungen ein mittlerer Wert als die statistisch wahrscheinlichste Größe. Wenn auch jede Dualität zwischen Sein und Anschein aufgehoben sein soll, so wird doch nur eine Weise des Dualismus aufgehoben und zugleich unter einer anderen, wissenschaftlichen Verfahrensweisen angenäherten Form wieder eingeführt.

Dem Paar Erscheinung/Wirklichkeit kann man leicht das Paar Mittel/Zweck entsprechen lassen. Wenn also eine Handlungslinie zu wählen ist, dann läßt sich ein angestrebtes Ziel leicht durch den Nachweis disqualifizieren, daß es sich hierbei nur um ein scheinbares Ziel handelt, ein Mittel nur zur Erreichung eines weiteren Zieles. Das Ziel wird zum Kriterium, die Angemessenheit eines Verhaltens zu beurteilen: seine Umformung zu einem Mittel relativiert es im Hinblick auf das angestrebte Ziel. Doch kann dieses Ziel seinerseits als Mittel für ein noch weiter gestecktes Ziel disqualifiziert werden. Und wenn sich kein letztes Ziel finden läßt, um in dieser Dialektik von Zwecken und Mitteln einzuhalten, dann ist man in diesem Räderwerk völlig gefangen, das der Existenz schließlich jeden Sinn nimmt. Hierher rührt Martin Bubers nachdrücklicher Zweifel an dem Paar Mittel/Zweck, das sich auf das Nützliche, auf unsere Einstellung gegenüber den Dingen des *Es* bezieht:

„Denn die Ausbildung der erfahrenden und gebrauchenden Fähigkeit erfolgt zumeist durch Minderung der Beziehungskraft des Menschen ... Aber das ungläubige Mark des willkürlichen Menschen kann nichts anderes wahrnehmen als Unglauben und Willkür, Zwecksetzen und Mittelersinnen ... eine verzweckte und vermittelte Welt ist seine Welt.“[8]

Diese Ausführung soll den instrumentellen Verbindungen mit den Sachen die persönliche Beziehung, die Begegnung mit dem Anderen, die menschliche und die göttliche Liebe gegenüberstellen. Die Verwerfung beider Ausdrücke des Paares Mittel/Zweck führt zur Aufstellung des Paares Es/Du und dazu, den zwischenmenschlichen Beziehungen einen hohen Rang zu geben, die nach der eigentlichsten persönlichen Beziehung, die man zwischen sich und Gott herstellt, gebildet ist. Auch führt in diesem Beispiel die Zurückweisung des Zweck-Mittel-Dualismus zu einem anderen philosophischen Paar Beziehung zu Sache/Beziehung zu Menschen, in dem der Ausdruck I negativ bewertet ist, da er ein Leben ohne Liebe und Würde bezeichnet.

Durch Dissoziation zu folgern ist von Anfang an durch den Gegensatz von Anschein und Wirklichkeit bestimmt. Deren Entgegensetzung läßt sich auf jeden beliebigen Begriff übertragen, wenn Adjektive wie „scheinbar“, „illusorisch“ für den einen und „wirklich“ oder „wahrhaftig“ für den anderen gebraucht werden. Eine Formulierung wie „scheinbarer Friede“ oder „eine echte Demokratie“ deutet auf das Fehlen von „wirklichem“ Frieden und auf das Vorhandensein einer „scheinbaren“ Demokratie: das eine der Adjektive verweist auf das andere.

Andere Adjektive jedoch, die auf Paare verweisen, die von Erscheinung/Wirklichkeit abgeleitet sind, wie Meinung/Wahrheit, Name/Sache, Kunst/Natur, Konvention/Wirklichkeit, Subjekt/Objekt, Wort/Geist zeigen ebenfalls eine Trennung an.

Ein Präfix wie *pseudo* (pseudo-atheistisch),[9] *quasi* (Quasi-Vielheit),[10] *un* (Un-Philosophie),[11] das Adjektiv *vorgeblich*, die Verwendung von Anführungszeichen zeigen einen Ausdruck I an, die Majuskel (Sein), der bestimmte Artikel (*die* Lösung) oder das Adjektiv *einzigartig* oder *wirklich* einen Ausdruck II.[12]

Hierzu ein Auszug aus einer Studie über François Mauriac, die, ohne sich explizit auf philosophische Paare zu beziehen, ganz spontan aus einer Entgegensetzung von Ausdrücken I und II eines von uns zu rekonstruierenden Paares sich entwickelt (die darauf verweisenden Worte sind unterstrichen):

„Es gibt bei Mauriac etwas Mutiges und *Aufrichtiges* – das Wort *Unbeflecktheit* drängt sich uns auf –, eine persönliche *Integrität*, einen *Kern von Reinheit*, der sich durch die Welt und das gesellschaftliche Leben weder einschüchtern noch *verfälschen* läßt ... Doch würde es in Bezug auf allen nur sozialen Überbau nicht genügen zu sagen, daß er ihn gleichgültig läßt: wir haben gesehen, mit welcher Heftigkeit er die *‚Konvenienzen‘* geißelt, die kompromittierenden Kompromisse, die *Vorurteile* ... Er verabscheut die Kasten, ... die *künstlichen* Abgrenzungen ... Die Gesellschaft *befleckt* die vom Schöpfer gebildete *reine* Natur ... Sein *wirklicher* Raum ist die freie Natur ... Bedarf es der Erinnerung an all jene Menschen, die sich in einem Salon oder einer Bar ... in der *falschen* und *künstlichen* Atmosphäre der ‚Gesellschaft‘ von einer immensen Woge der Verzweiflung überrollt fühlen? ... Aber Mauriac ist immer für die *Wahrheit* gegen die *Lüge*, für den *Geist* gegen das *Herkommen*, für die *Aufrichtigkeit* der unmittelbaren Beziehungen von Mensch zu Mensch ... Und es ist diese *angeborene* Vornehmheit, diese treue *Reinheit*, diese unzerstörbare *Unschuld*, diese unterschütterliche Entschlossenheit, jegliche *Fälschung* anzuklagen, die aus dem ganzen Werk Mauriacs einen drängenden Anruf an das ergehen läßt, was in uns das Empfänglichste und *Lauterste* ist . . . Und es ist auch all dies – diese *Aufrichtigkeit* ohne *Schminke*, dieses offene und kühne Freisein von *Maske* und *Rüstung* –, was Mauriac durch Natürlichkeit und Freimut und trotz seines absoluten Katholizismus den Nichtgläubigen nahebringt."[13]

Obgleich es in diesem Textausschnitt nirgendwo um das philosophische Paar geht, rekonstruiert man doch zwangsläufig das romantische Paar gesellschaftlich/persönlich, in dem Ausdruck II das enthält, was angeboren und natürlich, lauter und aufrichtig ist, während alles Soziale nur oberflächlich und künstlich, Maske und Rüstung ist, hinter der es die wirkliche Person aufzufinden gilt.

Ein philosophisches Paar oder einer der Ausdrücke bedarf keiner besonderen Kennzeichnung; bei einem Text, der sonst inkohärent oder tautologisch und somit bedeutungslos bliebe, nimmt der Leser spontan eine Dissoziation vor. Aus seiner Einschätzung eines Autors kann der Leser darauf bauen, daß sich dieser nicht daran belustigt, wissentlich und willentlich Inkohärenzen und Sätze zu formulieren, die nicht die Mitteilung lohnen.

Zur Illustration ein Zitat aus Schiller:

„Welche Religion ich bekenne? Keine von allen
Die du mir nennst. –
Und warum keine? Aus Religion."[14]

Die wirkliche Religion hält davon ab, irgendeiner der positiven Religionen zu folgen. Als weiteres Beispiel diese Zeilen Cocteaus:

„Meine Tinte ist das blaue Blut des Schwans,
Der stirbt, lebendiger zu leben".[15]

Die als *Paradoxon* bezeichnete Figur, in der eine Antithese „durch eine Verbindung von Worten, die sich gegenseitig auszuschließen scheinen", formuliert wird, ist nur über die Dissoziation eines Begriffs zu verstehen.[16] Dies gilt auch für Ausdrücke, die als *scheinbare Tautologien* bezeichnet werden, und die ihren Sinn erst aus einer Neuinterpretation eines der Ausdrücke durch eine Dissoziation erhalten: „Kinder sind eben Kinder", „Geschäft ist Geschäft", das Vorkommnis wird hier durch den Normalfall erklärt, der Einzelfall als Ausdruck eines allgemeinen Wesens gesehen.[17]

Ist die Achtung für den Autor so groß, daß ausgeschlossen wird, er könne sich getäuscht haben, dann zwingt das, was ein Irrtum scheint, dazu, nach einem wirklichen und nicht mehr wörtlichen Sinn zu suchen. So schreibt Pascal: „Wenn das Wort Gottes, das wahr ist, falsch ist im wörtlichen Sinne, dann ist es wahr im geistigen Sinne".[18] Das Paar Wort/Geist liefert die Lösung der Unvereinbarkeit.

All die Definitionen, die Ch. Stevenson in einem anregenden Artikel[19] als „persuasiv" bezeichnet hat und die einem herkömmlichen, aber nur scheinbaren Sinn einen neuen, wirklichen gegenüberstellen, enthalten eine Dissoziation des definierten Begriffs. Derartige Definitionen finden sich immer wieder in den Schriften der Philosophen, die die Begriffe der allgemeinen Sprache umdefinieren müssen, um sie ihrem eigenen System anpassen zu können.[20] Hierauf weist uns Spinoza explizit für seine eigenen Definitionen hin, die nicht dem allgemeinen Gebrauch, sondern der Natur der Sache entsprechen.[21] Und so schreibt auch Berkeley, um seinen paradoxen Begriff der Materie einzuführen:

„... es gibt keine Materie, wenn unter diesem Ausdruck eine ungeistige Substanz, welche unabhängig vom Geist besteht, verstanden wird; aber wenn unter Materie ein sinnliches Ding, dessen Dasein im Wahrgenommenwerden besteht, verstanden wird, dann gibt es *Materie.*"[22]

Eigentümlich, daß die Existenzialisten, wie sich am Beispiel Sartres gezeigt hat, gegen jegliche Dualismen sind und doch auf die Etymologie zurückgreifen, um einen eigentlichen Sinn herauszustellen, der als ursprünglicher Sinn dem allgemein gebräuchlichen Sinn vorzuziehen sein soll.

Schließen wir dieses Kapitel mit der Anmerkung, daß die Rhetorik, als *Verfahren* wie als *Kunst* der Aufrichtigkeit und dem Natürlichen, den Leitbegriffen der Romantiker, entgegengesetzt, das Ziel von Angriffen gewesen ist, die Jean Paulhan als die von Terroristen kennzeichnen konnte.[23] Ließe sich zur Entgegnung auf diese Kritiken nicht der Nachweis erbringen, daß sie für eine formalistische, statische und schulmäßige Rhetorik zutreffend sind, einer persuasiven Rhetorik, der dynamischen Anpassung an alle denkbaren Öffentlichkeiten gegenüber jedoch kein Gewicht haben?

12. Umfang der Argumentation und Stärke der Argumente

Das Problem des Umfangs gehört zur Argumentation: bei einem formalen Beweis stellt es sich nicht. Ist der Beweis richtig durchgeführt, hat er generelle Gültigkeit. Je gedrängter er ist, um so eleganter wirkt er durch die Sparsamkeit der Mittel, doch ist seine Gültigkeit von seiner Länge völlig unabhängig. Dies gilt nicht für die argumentierende Rede.

Da diese nicht im Rahmen eines geschlossenen Systems erfolgt, gilt es zuerst, Gewißheit darüber zu gewinnen, ob die Prämissen die Zustimmung des Publikums haben. Ihre Präsenz ist bei den Zuhörern zu verstärken, ihre Bedeutung und ihr Gewicht zu präzisieren und die für die vertretene These vorteilhaften Argumente sind daraus abzuleiten. Da kein einzelnes Argument zwingend ist, jedes Argument aber die Argumentation in ihrem Zusammenhang zu fördern scheint, könnte angenommen werden, daß die Wirksamkeit der Rede von der Zahl der aufgenommenen Argumente abhängt.

Gegen diese optimistische Sichtweise stehen mehrere Gründe. Zwar interagieren die Elemente und erhöhen so mitunter wesentlich den Wert einzelner Argumente, doch tritt diese Wirkung durchaus nicht immer ein. Entstehen in den Gedanken der Zuhörer Einwände, dann wird das Argument als schwach erscheinen, und diese Schwäche kann auf die gesamte Rede zurückwirken, da das Bild des Redners, das, was Aristoteles als das rednerische *ethos* gekennzeichnet hat, davon berührt wird: er kann unaufrichtig und unglaubwürdig scheinen und ohne die besseren Argumente zur Stützung der von ihm vertretenen These.

Allein die Tatsache, für eine These Gründe anzuführen, bedeutet ja schon, daß sie nicht evident und für alle verbindlich ist. Muß die Existenz Gottes bewiesen werden, so heißt das, daß sie nicht unbestreitbar ist. Müssen für die Ehrlichkeit oder Uneigennützigkeit einer Person Beweise geliefert werden, so eben darum, weil sie umstritten ist. Nimmt der Redner Bezug auf ein Ereignis, dann geht er davon aus, daß es sich ereignet hat; wird aber die Quelle der Information angegeben, so kann das häufig – außer in der Arbeit des Historikers – bedeuten, daß man sich nicht dahinter stellt.

Eine Anhäufung von Argumenten mag noch so interessant sein, es gibt doch psychologische, soziale oder ökonomische Grenzen für den übertriebenen Umfang des Diskurses. Bei einem Manuskript können die Druckkosten den Verleger abschrecken, und ein zu umfangreiches Buch könnte auch die Leser entmutigen. Eine Rede muß angehört werden, und hier haben Geduld und Aufmerksamkeit der Zuhörer Grenzen, die zu überschreiten unklug ist. Bei der Teilnahme an einer Diskussion darf nicht außer Acht gelassen werden, daß die von einem Redner beanspruchte Zeit von der der anderen abgeht. Deshalb hat jede menschliche Gruppierung, jede Institution ihre Regelungen und einzuhaltenden Grenzen, eine mitunter strikt reglementierte Redezeit.

Da die Zahl der Argumente *a priori* unendlich ist, wird eine Wahl notwendig, ausgerichtet an der Vorstellung von der *Stärke* der Argumente. Diese *Stärke* scheint intuitiv erfaßt werden zu können, doch will man die Vorstellung davon genauer fassen, so scheint sie um so weniger deutlich, als sich hier in einer schwer zu unterscheidenden Weise zwei Qualitäten vermischen: *Wirksamkeit* und *Gültigkeit.* Ist das starke Argument jenes, das wirksam überredet oder ist es das andere, das jedes vernünftige Denken überzeugen müßte? Da sich die Wirklichkeit eines Argumentes auf das Publikum bezieht, kann sie außerhalb des Bezuges auf jenes Publikum, dem es vorgetragen wird, nicht bewertet werden. Dagegen bezieht sich die Gültigkeit auf ein kompetentes Publikum, zumeist auf die universelle Öffentlichkeit.

Die Stärke eines Arguments hängt ab von der Übereinstimmung der Zuhörer mit den Prämissen der Argumentation, von ihrer Angemessenheit, von ihrem engen oder losen Zusammenhang mit der vertretenen These, von den möglichen Einwänden und von der Art ihrer möglichen Zurückweisung.

Wenn also die Stärke der Argumente nicht nach ihrer Wahrscheinlichkeit zu berechnen ist, dann ist sie durch die Zuhörerschaft, ihre Überzeugungen, ihre Traditionen und ihre besonderen Denkweisen bedingt. Zur Beurteilung läßt sich durchaus auf die formale Gerechtigkeitsregel zurückgreifen, wonach es richtig und vernünftig ist, wesentlich gleiche Situationen auf die gleiche Weise zu behandeln. Hat sich ein Argument in einem bestimmten Zusammenhang durchgesetzt, dann wird durch das Argument *a simili* oder *a fortiori* seine Anwendung in einer neuen Situation mit gleichem Erfolg möglich. Die Methodologie informiert uns über die im Rahmen einer Disziplin zulässigen Beweismittel. Die Geschichte einer Wissenschaft vermittelt uns Kenntnis nicht nur über die geltenden Thesen und Theorien und über die zur Bestimmung der Tatsachen zu verwendenden Mittel, sondern auch über die anerkannten Erkenntnistechniken und über die Art der Berücksichtigung findenden Argumente. Jeder Philosoph bevorzugt ebenso bestimmte Argumentarten und meidet andere. Der Utilitarismus sieht etwa das Argument nach den Folgen als das einzig gültige an, während die Philosophien neuplatonischer Ausrichtung Argumente bevorzugen, die auf eine Ontologie bezogen sind, die die unterschiedlichen Wirklichkeitsaspekte in eine Hierarchie bringt.[1]

Der Redner hat eine natürliche Tendenz, die Stärke der von ihm vorgetragenen Argumente zu überschätzen *(wishful thinking)* und die des Gegners zu unterschätzen. Hier besteht eine sehr wirksame Technik, da sie Vertrauen erweckt, darin, die Reichweite einer Argumentation aus freien Stücken einzuschränken und unterhalb der Schlußfolgerungen zu bleiben, die sie eigentlich zu rechtfertigen scheint.

Die Stärke bestimmter Argumente oder Urteile wird vermindert oder erhöht, indem man sie in den durch die Person des Redners gegebenen Kontext stellt. Das Lob des Gegners, seines rednerischen Talents, seines Ansehens und seiner Geschicklichkeit kann zugleich die eigentliche Stärke seiner Argumente herabmindern: man gibt zu verstehen, daß seine dem Anschein nach wirksame Rede für ein kritischeres und weniger beeindruckbares Publikum keine gültige Argumentation darstellt. So werden auch Lob oder Tadel durch den Hinweis auf die übliche Strenge oder Nachsicht dessen, der sie ausgesprochen hat, herabgemindert oder verstärkt.

Das bekannte, vorhersehbare, banale Argument, der Gemeinplatz, hat weniger Stärke als ein originales, neues und sachbezogenes Argument. Das Publikum nimmt an, daß auch der Gegner das banale Argument kennen muß und dennoch die entgegengesetzte These vertritt. Wird ein Argument derart dargestellt, daß es den Sophismen zuzurechnen ist, so verliert es dadurch. Übernimmt man andererseits ein Argument des Gegners, um es gegen ihn zu wenden, so kann man davon profitieren, daß dieser durch dessen Verwendung seine Stärke anerkannt hat. Die rasche Erwiderung zieht Vorteil aus diesem Element, und auch aus dem Element der Überraschung. Interessant hierzu ist ein Argument von Bossuet im Hinblick auf jene, die mit der Begründung, sie hätten mehrere Kinder zu versorgen, sich weigern, den Armen Almosen zu geben. Darauf erwidert Bossuet:

„Eben dies gibt euch die Pflicht einer noch größeren Mildtätigkeit; müßt ihr doch für mehr Menschen Gott versöhnen. Liebt ihr also eure Kinder, öffnet ihr ihren Bedürfnissen die Quelle einer wirklich väterlichen Milde und Sanftmut, so empfehlt sie Gott durch eure guten Werke."[2]

Wer durch eine Fortführung der Analogie seines Gegners diese zu seinem eigenen Vorteil wendet, verfügt über ein stärkeres Argument als derjenige, der einer Analogie eine andere entgegensetzt.

Wer auf einer bestimmten Art von Beweis besteht, verleiht ihm Gewicht durch die ausdrückliche Aussage, daß er seine Zustimmung von der Verwirklichung der einen oder der anderen Bedingung abhängig macht. Ein cleverer amerikanischer Industrieller hatte bei einem Streik die Beschwerdegründe der Streikenden an eine Tafel schreiben lassen. Dies blockierte für die Verhandlungen in ihrem Verlauf die Einführung neuer Elemente.[3]

Nach der Gleichheitsregel wird jemand für unaufrichtig gehalten, der den Wert eines Arguments dann anerkennt, wenn es ihm zum Vorteil gereicht, und ihn dann nicht gelten läßt, wenn es sich gegen ihn wendet.

Führen verschiedene Argumente zur gleichen Folgerung, so wird der jedem einzelnen Argument zugesprochene Wert unzweifelhaft erhöht, unabhängig davon, ob es sich um eine allgemeine oder besondere, eine endgültige oder vorläufige Folgerung handelt.[4] Die unwidersprochene *Konvergenz* der Argumente wirkt stark persuasiv. Dies ist unbestreitbar dann der Fall, wenn sich diese Konvergenz auf die Ergebnisse von Experimenten bezieht; führen unterschiedliche Methoden zum gleichen Resultat, dann bildet diese *Konsilienz* die festeste Gründung induktiver Erkenntnis; mittels unterschiedlicher Methoden wurde so die Avogadrosche Zahl gefunden.

Stimmen mehrere Zeugnisse voneinander unabhängig im Wesentlichen überein, so erhöht sich der Wert jedes einzelnen. Eine allzu weitgehende Übereinstimmung kann Zweifel an ihrer Unabhängigkeit erwecken. Ein wenig wahrscheinliches Ereignis kann in der Tat von einem Zufall herrühren; wiederholen sich aber diese Ereignisse häufig, dann wird man nach einer Erklärung suchen, die diese Folge unwahrscheinlicher Ergebnisse leichter erklärbar macht. Ist die erste Karte eines Spiels Herz-As und die zweite Herz-König, so wird man sich nicht weiter darüber aufhalten, doch ist die dritte Karte Herz-Dame und die vierte Herz-Bube, dann wird man annehmen, daß das Spiel nicht gemischt oder vorgeordnet war. Eine zu große Konvergenz weckt Verdacht: Plebisziten mit nahezu 100% Ja-Stimmen bringt man wenig Vertrauen entgegen.

Dies ist auch der Grund, warum gewisse Divergenzen Aufrichtigkeit und Echtheit anzeigen und beweisen, daß die Ergebnisse nicht im Vorhinein arrangiert worden sind. Die Schwäche Jesu bei seiner Kreuzigung dient als Argument für die Authentizität des Berichtes der Evangelisten.

Da man immer nach allem Ausschau hält, was die eigene These stützen kann, erscheint der als Defätist, der für die gemeinsame Sache nachteilige Dinge vorbringt, da man sich fragt, ob er nicht den Sieg des Gegners wünscht.

Der Umfang der Argumentation läßt sich mitunter durch die unzureichende Kenntnis der im Auditorium akzeptierten Thesen erklären. Wenn man nicht weiß, welches Argument das wirksamste sein wird, kann man mehrere mitunter komplementäre oder auch unvereinbare Argumentationen vorbringen. So spielt die doppelte Verteidigung nach den Tatsachen und nach dem Recht auf zwei Registern: auf dem ersten werden die Tatsachen bestritten, deren man bezichtigt wird; auf dem zweiten versucht man nachzuweisen, daß die behaupteten Fakten weder dem Recht noch der Moral widersprechen würden. Diese doppelte Verteidigung würde sich erübrigen, wäre die eine oder andere Argumentation unwiderlegbar. Der Tatsachenzweifel kann aber gegebenenfalls dem Rechtsargument eher zur Annahme verhelfen.

In anderen Situationen stützt eine zweite Argumentation die erste. Nachdem man also den Irrtum des Gegners aufgezeigt hat, die Tatsache, daß er Wirklichkeit und Anschein verwechselt hat, sucht man die Entstehung des Irrtums oder der Illusion zu klären, indem man sich auf Leidenschaften und Interessen, Vorstellungen oder Vorurteile bezieht, die in der Urteilsbildung mitgewirkt haben. Es kommt hier darauf an, plausibel zu machen, daß eine überzeugende Argumentation, die von jedem vernünftigen Denken hätte akzeptiert werden müssen, auf den Gegner ohne Wirkung geblieben ist. Es ist üblich, daß eine auf die Ursache zielende Argumentation durch eine den widerstrebenden Gegner disqualifizierende Argumentation vervollständigt wird.

Es kommt auch vor, daß der Umfang nicht aus der Darstellung unterschiedlicher Argumente, sondern aus der Wiederholung, der Erweiterung eines einzigen Argumentes herrührt. Eine solche Insistenz verschafft einigen Argumenten Präsenz. Sie kann durchaus nützlich sein, doch ermüdet sie auch leicht.

Der Umfang der Argumentation enthält dann Gefahren, wenn er zur Verwendung schwacher, unbedeutender, unpassender oder unvereinbarer Argumente führt.

Bringt man ein schwaches Argument ein, dann wird man anmerken, daß man es nur zusätzlich anführt. Wenn andererseits das Argument nur schwach scheint, es in Wirklichkeit aber nicht ist, dann kann man die Diskussion sich darum drehen lassen. Den Vorwurf der Irrelevanz weist man zurück, indem man die unvermutete Pertinenz des Vorgetragenen demonstriert.

Bei unpassenden Argumenten wie dem Eigenlob wird man unterstreichen, daß man sich durch die Haltung des Gegners dazu gezwungen sah.[5] Mitunter wird man sich auch dahin beschränken, nur eben darauf anzuspielen. Mehrere rhetorische Figuren wie die *Präterition* oder die *Retizenz* beziehen sich auf diese Technik, die sich damit begnügt, ein Argument nur anzudeuten und seine Entwicklung der Vorstellung der Zuhörer zu überlassen.

Mitunter ist es auch günstig, auf ein Argument zu verzichten: diese Konzession, die man dem Gegner macht, ist ein Beweis des guten Willens, des Überflusses an Argumenten, über den man verfügt, dessen man aber nicht bedarf, da die eigene Sache so sicher gegründet scheint. Eine andere Konzession liegt darin, dem Gegner auf sein Gebiet zu folgen und Punkt für Punkt alle Elemente seiner Rede aufzunehmen. So kann man ihm zustimmen, um dann gleich noch weiter zu gehen, was eine komische Wirkung nicht verfehlt:

„Domitia klagte, Junius Bassus habe, um sie als geizig hinzustellen, gesagt, sie habe die Angewohnheit, ihre alten Schuhe zu verkaufen: ‚Keineswegs', so antwortete er, ‚nie habe ich das gesagt; ich sagte, du hast die Gewohnheit, alte Schuhe zu kaufen'."[6]

Wer fürchtet, unvereinbare Argumente zu verwenden, kann tatsächlich auf einige von ihnen verzichten. Er kann sie aber auch unterschiedlichen Personen zuschreiben. Kierkegaard ließ unter verschiedenen Pseudonymen Werke erscheinen, in denen entgegengesetzte Thesen vertreten wurden.

Die Probleme des Umfangs und der damit gegebenen Risiken sind im Hinblick auf jede argumentative Situation darzustellen. Sie werden sich anders stellen je nachdem, ob man allein eine These zu vertreten hat oder ob man sich zu mehreren in diese Aufgabe teilt, ob man sich damit begnügt, eine These des Gegners zurückzuweisen oder ob man bestrebt ist, seine eigene Sache durchzusetzen.

13. Die Anordnung der Argumente im Diskurs

Rhetorik und Dialektik haben in der Antike unter der Bezeichnung *dispositio* und in der Renaissance unter der der *Methode* von der Anordnung der vorgetragenen Gegenstände im Diskurs gehandelt. Dazu wurden Teile des Diskurses unterschieden, das Exordium (der Redeanfang), der Bericht, die Beweisführung, die Widerlegung, die Wiederholung und die Peroratio (der Redeschluß), so als ob alle Diskurse unabhängig von ihrem Gegenstand, ihrem Auditorium und der zur Verfügung stehenden Zeit die gleiche Struktur hätten. Aristoteles hatte bereits darauf hingewiesen, daß die herkömmlichen Unterteilungen nur für jeweils bestimmte Redearten Gültigkeit haben. Für ihn sind nur zwei Teile der Rede unerläßlich: die Angabe der These, die vertreten werden soll, und der Mittel, sie zu beweisen.[1] Doch beschränkt sich in diesem Falle die Anordnung eigentlich auf die Abfolge der Argumente.

Halten wir zunächst fest: für eine rein formale Beweisführung ist die Anordnung ohne Bedeutung; da geht es nur darum, den von der Hypothese den Axiomen zugeordneten Wahrheitswert mittels einer korrekten Schlußfolgerung auf die Theoreme zu übertragen. Handelt es sich aber darum, im Hinblick auf die Zustimmung des Auditoriums zu argumentieren, dann kommt es auf die Anordnung an. Tatsächlich verändert die Abfolge von Argumenten die Bedingungen ihrer Annahme.

Obwohl grundsätzlich der Gegenstand des Exordium außerhalb der diskutierten These bleibt, so wird dieser Redeteil doch von fast allen Meistern der Rhetorik behandelt. Für Aristoteles entsprechen manche Anfänge musikalischen Präludien, in der Mehrzahl der Fälle ist ihre eigentliche Rolle jedoch funktional: ihr Ziel ist es, das Wohlwollen und die Aufmerksamkeit des Auditoriums zu erwekken und es dem Redner günstig zu stimmen. Ist der Redner seinem Publikum bekannt oder drängt die Zeit, so läßt sich darauf verzichten: die Auslassung des Exordium bezieht sich vor allem auf den Umfang und nicht auf die Anordnung der Rede. Heute wird die Funktion des Exordium häufig durch die vom Sitzungspräsidenten wahrgenommene Vorstellung übernommen. Der Redeanfang bezieht sich auf den Redner, das Auditorium, den Gegenstand (sein Interesse, seine Bedeutung) oder den Gegner. Nach Aristoteles zielt ein auf den Redner oder dessen Gegner bezogener Redeanfang darauf ab, entweder ein dem Redner nachteiliges Vorurteil aufzuheben oder aber ein für seinen Gegner nachteiliges Vorurteil herbeizuführen.[2] Gilt es, ein für den Redner nachteiliges Vorurteil zu zerstören, so gibt Aristoteles den nützlichen Hinweis, unbedingt mit diesem Punkt die Rede zu beginnen, da man nur widerstrebend dem Gehör gibt, den man für feindselig oder verächtlich hält; soll der Gegner belastet werden, dann sind diese Argumente an das Ende der Rede zu stellen, damit die Richter sich so an den Schluß deutlich erinnern. Hieraus ergibt sich, wie funktional Aristoteles den Wert einer Entwicklung und eines Argumentes auffaßt: er hängt von dem angestrebten Ziel und der wirksamsten Möglichkeit ab, es zu erreichen.

So ist in einem Prozeß der Bericht, die Darstellung der Fakten unumgänglich, in einer beratenden Rede dagegen läßt sich darauf verzichten, wenn die gegebenen Tatsachen allgemein bekannt sind und die Zukunft nicht dargestellt werden kann. In der epideiktischen Rede ist die Erwähnung der Tatschen je nachdem, ob sie beim Publikum bekannt oder unbekannt sind, entweder zwingend erforderlich oder aber überflüssig. In einem Prozeß wird der Ankläger bestrebt sein, die Tatsachen derartig zu vergegenwärtigen, daß sie von den Urteilenden nicht übersehen werden können. Der Verteidiger wird nur dann auf die Tatsachen eingehen, wenn er die Darstellung seines Gegners widerlegen will, sonst wird er das herausstellen, was die Tatsachen rechtfertigt und entschuldigt.

Soll die Argumentation der von ihr zu stützenden These folgen oder ihr vorangehen? Cicero hat je nachdem zu einem unterschiedlichen Verfahren geraten, ob die Argumentation darauf ausgeht zu überzeugen oder zu bewegen. Im ersteren Fall spricht nichts dagegen, die zu beweisende These voranzustellen; im letzteren ist es besser, das Publikum durch eine vorangehende Argumentation vorzubereiten und die These erst am Schluß vorzutragen.[3]

In welcher Folge sind die Argumente vorzubringen? Drei Anordnungen nach der Stärke der Argumente werden empfohlen: die Abfolge nach zunehmendem Gewicht, die nach abnehmendem Gewicht und die nestorianische Abfolge, bei der die stärksten Argumente an Anfang und Ende stehen und die anderen einschließen.

Da die Anordnung nach zunehmendem Gewicht mit den schwächsten Argumenten beginnt, ergibt sich als Nachteil, daß sie das Auditorium ermüdet, dem Ansehen und Prestige des Redners und der ihm entgegengebrachten Aufmerksamkeit abträglich ist. Bei der Anordnung nach abnehmendem Gewicht schließt die Rede mit den schwächsten Argumenten und hinterläßt so bei den Hörern einen schlechten Eindruck, häufig den einzigen, der ihnen im Gedächtnis haften bleibt. Aus diesem Grunde bevorzugte die Mehrzahl der Rhetoren der Antike die nestorianische Abfolge.

Ein Mangel dieser Sichtweise liegt darin, daß sie die Stärke der Argumente als eine unveränderliche Größe annimmt; dies aber trifft nicht zu: die Stärke der Argumente ist bedingt durch die Art ihrer Aufnahme. Hat also die Argumentation des Gegners das Auditorium beeindruckt, so liegt viel daran sie gleich zu Anfang zu widerlegen und damit das Terrain zu bereinigen, bevor man die eigenen Argumente vorbringt. Spricht man andererseits als erster, dann wird die Widerlegung der möglichen Argumente nie dem Beweis der eigenen These vorangehen. Es ist im weiteren oft auch angezeigt, die Gegenargumente unerwähnt zu lassen, da man ihnen sonst ein Gewicht und eine Präsenz gibt, die durch die vorwegnehmende Bezugnahme noch verstärkt erscheinen kann.

Es darf also keinesfalls übersehen werden, daß sich das Auditorium je nach der Wirksamkeit der Rede mit ihrem Ablauf verändert. Argumente gewinnen unterschiedliches Gewicht je nachdem, ob bestimmte Gegebenheiten oder deren Interpretation bekannt sind oder nicht. Je nach dem Maße, in dem es darum geht, eine Zuhörerschaft mit der Rede zu überreden, muß die Abfolge der Argumente diesem Ziel untergeordnet sein: jedes Argument hat in dem Augenblick zu kommen, in dem es die stärkste Wirkung ausübt. Doch was das eine Auditorium gewinnt, überzeugt noch nicht ein anderes, daher bedarf es immer neuer Anpassungen.

Gibt es eine vom Publikum unabhängige und unveränderliche Anordnung? Dieser Frage haben sich einerseits jene zugewandt, die eine Natur-oder Vernunftordnung zugrundelegen, und von der anderen Seite jene, die in der Rede nur ein Kunstwerk sehen. Von beiden wird nach einer objektiven, durch wissenschaftliche oder ästhetische Überlegungen bestimmten Gliederung gesucht.

Die Bedeutung des Auditoriums ist dann unzureichend berücksichtigt, wenn nur von einem einzigen Typus des Auditoriums die Rede ist, dessen Zustimmung die Wahrheit gewährleistet. So vermag für Plato die philosophische Rhetorik als eine auf die Wahrheit gegründete Rhetorik die Götter selbst zu überzeugen (Phaidros 273e). Dies trifft auch auf den *Discours de la Méthode* von Descartes zu.

Dieser führt, indem er sie radikalisiert, die Arbeit von Agricola und Ramus fort, die nach dem Bestand einer einheitlichen einzigen Ordnung forschen, die sich gemäß der Natur der Sache durchsetzt und der auch der rationale Diskurs zu entsprechen hat. Der auf die Meinung bezogenen prudentiellen Methode wird die Methode der Doktrin gegenübergestellt oder der Natur, „wo alles, was von Natur her evidenter ist, den Vorrang haben soll".[4]

Anstatt das Evidentere dem weniger Evidenten gegenüberzustellen, nimmt Descartes die „geometrische Methode" zum Modell und wendet sich gegen die traditionelle Rhetorik und Dialektik, die sich mit dem Wahrscheinlichen begnügen. Auf der Suche nach der Gewißheit jenseits aller Meinungen schreibt er im ersten Teil des *Discours de la Méthode:* „Wenn ich überlegte, wie viele verschiedene Meinungen es über einen und denselben Gegenstand geben kann, die alle von Gelehrten verteidigt werden, und daß doch immer nur eine einzige wahr sein kann, so galt mir alles bloß Wahrscheinliche für nahezu falsch."[5] Hiervon leitet sich die erste Regel seiner Methode ab, „niemals eine Sache als wahr anzuerkennen, von der er nicht evidentermaßen erkenne, daß sie wahr ist". Davon geht auch die zweite Regel aus, „jedes Problem, das ich untersuchen würde, in so viele Teile zu teilen, wie es angeht und wie es nötig ist, um es leichter zu lösen". Die dritte Regel bezieht sich unmittelbar auf unser Thema, nämlich „in der gehörigen Ordnung zu denken, d. h. mit den einfachsten und am leichtesten zu durchschauenden Dingen zu beginnen, um so nach und nach, gleichsam über Stufen, bis zur Erkenntnis der zusammengesetzten aufzusteigen, ja selbst in Dinge Ordnung zu bringen, die natürlicherweise nicht aufeinander folgen". Und er fügt als letzte Regel hinzu, „überall so vollständige Aufzählungen und so allgemeine Übersichten aufzustellen, daß ich versichert wäre, nichts zu vergessen".[6]

Diesen Regeln wäre nichts entgegenzuhalten, wenn er ihre Anwendung auf den mathematischen Diskurs hätte begrenzen wollen. Doch wenn er durch die Umformung der geometrisch inspirierten in universell gültige Regeln eine eigentlich philosophische Imagination mit seinen mathematischen Analysen vermischen will, so unternimmt er einen gewagten Schritt, der ihn zu einer fragwürdigen Philosophie führt. Hierzu ein Passus, in dem er von seiner Hoffnung spricht eine wirklich rationale Philosophie zu begründen: „Jene langen Ketten ganz einfacher und leichter Begründungen, die die Geometer zu gebrauchen pflegen, um ihre schwierigsten Beweise durchzuführen, erweckten in mir die Vorstellung, daß alle Dinge, die menschlicher Erkenntnis zugänglich sind, einander auf dieselbe Weise folgen und daß, vorausgesetzt man verzichtet nur darauf, irgend etwas für wahr zu halten, was es nicht ist, und man beobachtet immer die Ordnung, die zur Ableitung der einen aus den anderen notwendig ist, nichts so fern liege, daß man es nicht schließlich erreichte, und nichts so verborgen sein kann, daß man es nicht entdeckte."[7]

Das Ziel der Philosophie ist für Descartes die Entdeckung der Wahrheit in allen Dingen, und ihre Begründung liegt in der Evidenz, daß „die Dinge, die wir ganz klar und deutlich begreifen, alle wahr sind".[8] Seine Methode führt zu einer ganz neuen Philosophie, einer von Evidenz zu Evidenz fortschreitenden wirklichen Wissenschaft.

Doch solange man es noch nicht erreicht hat, mittels dieser Methode die Wahrheit in allen Dingen zu kennen, und um, wie er schreibt, „in meinem Tun nicht unentschlossen zu bleiben, solange mich die Vernunft nötigte, es in meinen Urteilen zu sein“,[9] und da „die Handlungen im Leben häufig keinen Aufschub dulden“,[10] gibt er uns eine Moral auf Zeit, die „nur aus drei oder vier Grundsätzen“[11] besteht. Diese Maximen beziehen sich eigentlich stärker auf das Vernünftige als auf das durch Beweis charakterisierte Rationale und sie sind so wenig gegenseitig unterschieden, daß er zwischen der Zahl von drei oder vier für diese Maximen schwankt, denn wenn die ersten drei, die sich auf die Mäßigung, die Ausdauer und die Herrschaft über sich selbst vor der über die Welt beziehen, universell gültig sind, dann kann die vierte, nach der während des ganzen Lebens der Verstand zu üben und die Kenntnis der Wahrheit zu befördern, hier nicht ganz den gleichen Rang einnehmen, da er nicht jedem Menschen das Leben eines Gelehrten und Philosophen zu führen empfehlen kann.

Sprachen die Rhetoren von der natürlichen Ordnung außerhalb der Rede, dann dachten sie an die chronologische Folge für die Erzählung, an die auf Sitte und Traditionen beruhende Ordnung, deren Nichtbefolgung auffiele. Dagegen macht die Annahme einer einzigen, von den Geometern inspirierten, immer vom Einfachen zum Zusammengesetzten fortschreitenden Ordnung aus dem Problem der Methode nicht mehr ein rhetorisches Problem der Anpassung an ein Publikum, sondern ein der Natur der Sache folgendes wissenschaftliches Problem.

Ziel der Rhetorik ist hier, gemäß der Auffassung von Ramus, nicht mehr zu überzeugen, sondern zu gefallen; bestenfalls durch die Wirkung der Worte und der Darstellung von der Kunst der Überredung unabhängiger Wahrheiten eher durchzusetzen. Daher stammt die Entwicklung einer Tendenz, die bereits in der platonischen Auffassung der Rhetorik angelegt ist, und wonach die Rede wesentlich als Kunstwerk begriffen wird, als ein „lebendiges Wesen, mit Körper, Haupt und Gliedern“.[12] Auch hier, also auch dann, wenn die Ordnung der Rede nicht mehr auf eine Ontologie, sondern auf eine Ästhetik gegründet wird – denn es muß den Herstellungsbedingungen eines solchen Kunstwerkes genügt werden –, entfernt man sich von der eigentlich rhetorischen Ordnung: die einem jeweiligen Publikum am besten angepaßte.

Werden die Ordnungsprobleme der Rhetorik auf eine wissenschaftliche oder ästhetische Methodologie reduziert, dann werden damit die Fragen des Grundes von den Fragen der Form getrennt und die der Rhetorik eigentümliche Problematik der Anpassung der Rede an das Auditorium aufgegeben. Die Trennung der Fragen der Wahrheit von denen der Zustimmung läßt die Rhetorik nur als eine einfache Kommunikationstechnik erscheinen. Dies führt zu ihrem allmählichen Niedergang und zur nachfolgenden Veränderung der alten Rhetorik als einer Technik der Überredung zu einer rein ornamentalen und bestenfalls rein literarischen Rhetorik der Figuren.

14. Das Reich der Rhetorik

Das Verhältnis von Philosophie und Rhetorik war von entscheidender Bedeutung für das Schicksal der Rhetorik. Während diese bestimmte Meinungen gegenüber konkurrierenden anderen Meinungen durchsetzen will, sucht die – ursprünglich auch die Einzelwissenschaften umschließende – Philosophie nach objektiven Wahrheiten. Parmenides eröffnet in seinem berühmten Lehrgedicht, in dem er den durch das unvergängliche Eine gewährten Weg der Wahrheit dem von den Menschen her kommenden Weg der Meinung gegenüberstellt, den Wettstreit zwischen Philosophen und Rhetoren. Die Antwort des Gorgias ließ nicht auf sich warten. In einer dreifachen Argumentation zeigt er auf, daß es das Sein nicht gibt, wäre es aber gegeben, so wäre seine Erkenntnis nicht erreichbar, und selbst wenn man es erkennen könnte, so wäre diese Erkenntnis nicht mitteilbar: hieraus ergibt sich die Bedeutung der Rhetorik, der psychologischen Technik, die auf den Willen des Hörers einwirkt, um seine Zustimmung zu erhalten. Zugleich bestreitet Protagoras die Existenz einer einzigen Wahrheit, indem er aufzeigt, daß es zu jedem Gegenstand zwei entgegengesetzte Diskurse, die *dissoi logoi,* gibt. Da jedes Thema kontrovers ist, da sich immer das Für oder Wider vertreten läßt, gebührt dem Rhetor als Meister der Meinung der Vorrang.

Plato dagegen, soweit er an eine in allem gegebene Wahrheit glaubt, nach der der Philosoph vor allem zu forschen hat, räumt der Dialektik als einer von Sokrates zur Widerlegung der gegnerischen Meinungen verwendeten Technik eine purgatorische Rolle nach ihrer Möglichkeit ein, den Widerspruch klar zu formulieren. Denn die einander widersprechenden Meinungen können nicht zugleich übernommen werden, namens der Wahrheit muß zumindest eine von ihnen fallengelassen werden. So bereitet Sokrates den Weg zur Intuition der Wahrheit. Wenn er diese erkannt hat, darf der Philosoph die rhetorische Technik einsetzen, um die Wahrheit mitzuteilen und in seinem Publikum durchzusetzen. Die dem Philosophen angemessene Rhetorik müßte selbst die Götter überreden können, da sie die Übereinstimmung mit wahren Thesen zu gewinnen sucht und nicht bloß mit Meinungen.[1] Eine Rhetorik, die sich unter Vernachlässigung der Wahrheit mit der Zustimmung eines Auditoriums begnügt, das es durch Sprachkünste und Schmeichelei unter dem Bann des Wortes hält, ist nur eine Technik des Scheins. Sie gleicht jenen Männern, die ihren Körper nicht durch die Gymnastik straff und durch die Medizin gesund erhalten, sondern ihn durch eine reichhaltige Küche verwöhnen, ohne sich um die bedenklichen Folgen dieser Völlerei zu kümmern.[2] Die auf Gefälligkeit angelegte Rhetorik, der es nur um die Erscheinungen geht und die die Wirklichkeit mit „Farben" schminkt, ist die demagogische Technik an sich, die von allen, denen es um die Durchsetzung der Wahrheit geht, bekämpft werden muß. Wie der Sophist ist der Rhetor ein Meister der Meinung, also des Scheins, während es dem Philosophen und Weisen auf die Erkenntnis des Wahren und das Tun des Guten, das mit dieser Wahrheit übereinstimmt, ankommt. Wenn die Dialektik auch dem Philosophen dadurch, daß sie falsche Meinungen zu erschüttern vermag, von Nutzen ist, so wird Wahrheit doch durch Intuition wahrgenommen; die Rhetorik kann sie lediglich verbreiten und durchsetzen. Nach dieser Auffassung ist sie der Philosophie eindeutig untergeordnet.

Abgestufter stellt sich dieses Verhältnis bei Aristoteles dar. Durch die klare Trennung von praktischen Disziplinen und theoretischen Wissenschaften unterstreicht er die Tatsache, daß nicht für alle Wissensgebiete gleiche Methoden und gleiche Beweismittel zu verwenden sind. Jener Passus der Nikomachischen Ethik wurde bereits erwähnt, wonach die Strenge des mathematischen Beweises in einer Rede lächerlich unangemessen wäre und umgekehrt.

Wird die Wahrheit der Prinzipien in den Wissenschaften durch Intuition gewährleistet, so verleiht der Rekurs auf Erörterung und Diskussion den praktischen Tätigkeiten Rationalität, in denen abwägend zwischen dem Möglichen und dem Kontingenten zu entscheiden und zu wählen ist. Durch Dialektik und Rhetorik läßt sich das Urteil beeinflüssen und in Richtung auf vernünftige Positionen hin orientieren. Für Aristoteles ist jedes Auditorium ein Richter, der schließlich die eine oder die andere der strittigen Thesen[4] als überlegen erklären muß, wenn sich keine der Meinungen evident durchsetzt. Da der Bereich des Handelns zugleich der des Kontingenten und nicht durch wissenschaftliche Wahrheiten bestimmbar ist, wird die Rolle der dialektischen Schritte und der rhetorischen Diskurse wesentlich, um eine gewisse Rationalität in die Ausübung des individuellen und kollektiven Willens einzubringen.

Das erste Kapitel hat gezeigt, wie Ramus durch die Zuordnung sowohl des analytischen wie des dialektischen Folgerns zur Dialektik die Rhetorik auf die Beredsamkeit, die Suche nach außergewöhnlichen Ausdrucksformen, auf Redeschmuck und Stilfiguren eingegrenzt hat.

Descartes ist in seinem Vorsatz, alle Rhetorik aus seiner Philosophie zu entfernen, noch weiter gegangen.[5]

Das cartesianische Projekt einer schließlich von Spinoza ins Werk gesetzten Philosophie *more geometrico* bestand in dem Entwurf eines Systems, das von Evidenz zu Evidenz fortschreitend keiner strittigen Meinung noch Raum lassen würde. Wie Descartes zu Beginn seiner ‚Première Méditation' schreibt: „... da es jedoch nur vernünftig ist, bei dem nicht ganz Gewissen und Unzweifelhaften ebenso sorgsam seine Zustimmung zurückzuhalten wie bei offenbar Falschem, so wird es, sie alle zurückzuweisen, genügen, wenn ich in einer jeden irgendeinen Grund zu zweifeln antreffe."[6]

Der Plan einer Philosophie, deren sämtliche Thesen entweder evident oder auf zwingende Weise bewiesen wären, hat zur Folge, daß alle Argumentation daraus entfernt und die Rhetorik als Mittel der Philosophie verworfen wird.

Welches sind die Voraussetzungen einer solchen Philosophie?

Zuallererst die Vorstellung, wonach Gott nicht nur der Ursprung, sondern auch der Garant allen Wissens ist, denn „solange ich das nicht weiß (ob es einen Gott gibt, und wenn, ob er ein Betrüger sein kann), glaube ich nicht, daß ich über irgend etwas anderes jemals völlig gewiß sein kann."[7] Und seine Methode besteht so in der Suche nach dem „einen Weg, auf dem man von dieser Betrachtung des wahren Gottes – in dem nämlich alle Schätze des Wissens und der Weisheit verborgen sind – zur Erkenntnis aller übrigen Dinge gelangt."[8]

Die Wissenschaft ist zur Gänze vollendet: es gilt nur, sie wieder aufzufinden.

Jeder menschlichen Initiative ist zu mißtrauen, sie kann nur zum Irrtum führen, da sie aus Einbildung und Vorurteilen herrührt. Die schöpferische Rolle des Menschen im wissenschaftlichen Werk wird völlig außer Acht gelassen.

Da die göttlichen Ideen gänzlich rational sind, können sie nur mathematischer Natur sein. Sie allein haben die für jedes Vernunftwesen zwingende Evidenz. Indem Descartes in seiner philosophischen Vorstellung die Ergebnisse der Analyse des mathematischen Denkens verallgemeinert und entgegen der aristotelischen Auffassung fordert, daß die in der Mathematik so wirksamen Genauigkeitsvoraussetzungen gleichermaßen auf alle anderen Wissensbereiche angewendet werden, gelangt er in Bezug auf seine Meinungen zum methodischen Zweifel: „(daß ich) bezüglich all der Meinungen, die ich bisher unter meine Überzeugungen aufgenommen hatte, nichts Besseres unternehmen könne, als sie einmal ernstlich wieder abzulegen, um sie nachher durch andere, bessere zu ersetzen, oder auch durch dieselben, wenn ich sie an der Vernunft gemessen haben würde."[9]

Mehrere Jahre zuvor hatte Lord Bacon, der Theoretiker der empirischen Wissenschaften, den Wissenschaftlern gleichermaßen die christliche Demut gepredigt; sie sollten aufmerksam das große Buch der Natur lesen, in dem Gott sich den Menschen offenbare. Die induktive Methode sollte dafür sorgen, daß der Mensch keine These formuliert, die er nicht zuvor im großen Buch der Natur gefunden hat, so als seien die Erfahrungen deutlich in einer göttlichen Sprache ausgeschrieben.

Damit steht zum einen der theologische Hintergrund des Wissenschaftsbegriffes bei Bacon wie bei Descartes fest, zum anderen der paradoxe und nicht leicht zu befolgende Aspekt jener cartesianischen Vorstellung,[9b] wonach alle unsere Meinungen den gleichen Evidenzkriterien wie mathematische Sätze unterworfen sein sollen, und so ergibt sich weiter, daß selbst Descartes der Meinungen, und seien es auch nur die seiner provisorischen Moral, bedarf.

Offenbar kommt Descartes vor der Neubegründung einer rationalen Wissenschaft nicht ohne eine vorläufige Moral aus, die er auf einige wenige Grundsätze beschränkt und deren erster fordert, „den Gesetzen und Sitten meines Vaterlandes zu gehorchen, an der Religion beharrlich festzuhalten, in der ich durch Gottes Gnade seit meiner Kindheit unterrichtet worden bin, und mich in allem anderen nach den maßvollsten, jeder Übertreibung fernsten Überzeugungen zu richten, die von den Besonnensten unter denen, mit denen ich leben würde, gemeinhin in die Tat umgesetzt werden."[10]

Mit dieser vorläufigen Moral mußte sich Descartes während seines ganzen Lebens begnügen. Sein Streben nach verallgemeinerter Evidenz führte nicht zu einer Ablösung der überkommenen Moral als dem Ausdruck der allgemeinen Meinung seiner Umwelt durch eine rationale Moral von universaler Geltung, sondern brachte ihn vielmehr zu einer skrupulösen Befolgung der Regeln und herrschenden Meinungen und zu einer Ablehnung jeder Veränderung ohne zwingenden Grund. Paradoxerweise führt so der mathematische Rationalismus mit seiner Ablehnung aller Meinung und damit auch allen Meinungsaustausches und aller Verwendung von Dialektik und Rhetorik in Wirklichkeit zu Immobilismus und Konformismus in Recht, Moral und Religion.

Die Lehre der Wissenschaften ist bis heute vom cartesianischen Ansatz beeinflußt. In den der Kontroverse entzogenen Bereichen ist es nicht üblich, sich auf die Meinungen dieses oder jenes Gelehrten zu beziehen. Die Thesen der wissenschaftlichen Lehre werden als wahr oder als gültige Hypothesen betrachtet, die keiner weiteren Rechtfertigung bedürfen.

So wurden die in den mathematischen Disziplinen ursprünglich als Beweise angesehenen Axiome in der Folge als Sprachkonventionen betrachtet, dabei blieb dieser fundamentale Wechsel der Perspektive ohne Auswirkung auf die Darstellung eines formalen

Systems. Wenn es sich in Wirklichkeit nicht um Beweise, sondern um Hypothesen oder Konventionen handelt, warum wird dann eher zu der einen Hypothese oder Konvention gegriffen und nicht zu einer anderen? Diese Probleme werden von der Mehrzahl der Mathematiker nicht als Gegenstand ihrer Disziplin angesehen.

Als unter dem Einfluß der Mathematiker die Logik in mehreren formalisierten Systemen dargestellt wurde, entstand für die philosophisch orientierten Logiker die Frage, ob nun die Existenz mehrer unterschiedener Logiken anzunehmen war, oder ob es nicht vielmehr eine all diesen formalisierten Systemen vorgelagerte natürliche Logik gab. Und wenn eine natürliche Logik besteht, wie ließe sie sich zur Darstellung bringen? Läge ihr die gleiche Struktur wie der natürlichen Sprache zugrunde?[11] Fände sie in den Forderungen einer methodischen Diskussion ihre Rechtfertigung?[12] Sobald sich das Problem der Wahl einer Logik und ihrer Rechtfertigung stellt, verweist uns die unpersönliche Wissenschaft auf ihre philosophischen und eigentlich menschlichen Grundlagen zurück.

Die Naturwissenschaften sind über Jahrhunderte ohne jeden Bezug auf eine menschliche, im historischen und kulturellen Kontext situierte Sprache ausgekommen, dadurch, daß sie sich auf Gott, seine Gedanken und die Weise, in der er sich den Menschen offenbart, berufen haben. Der Glaube an das Vorhandensein unveränderlicher, im göttlichen Geist enthaltener und durch ihn garantierter Wahrheiten rechtfertigte den Ausschluß aller subjektiven Elemente aus dem wissenschaftlichen Denken. Nur der Irrtum war menschlicher Einwirkung zuzurechnen.

Entfällt die durch Gott dem Beweis verliehene Garantie, dann wird auf einmal alles Denken menschlich und fehlbar und Kontroversen nicht länger enthoben. Daß jede wissenschaftliche Theorie lediglich eine menschliche Hypothese ist, die, soll sie fruchtbar sein, notwendig über die Erfahrungsgegebenheiten hinausgehen muß, und die weder zwingend noch unfehlbar ist, dies ist eine moderne Auffassung, die Karl Popper sehr gut vertreten hat.[13] Denn da es eine für alle zwingende Hypothese nicht gibt, bedarf die Hypothese zu ihrer Annahme guter und von anderen in der wissenschaftlichen Öffentlichkeit als zureichend anerkannter Argumente. Wissen beansprucht keinen unpersönlichen Status mehr, wenn jede wissenschaftliche Idee als menschlicher Gedanke erscheint, fehlbar, situationsbezogen und kontrovers. Jede neue Idee bedarf der Argumente, die durch die spezifische Methodologie der jeweiligen Disziplin gewonnen und nach ihren Kriterien bewertet werden.

Einerseits läßt also das cartesianische Ideal eines auf Evidenz gegründeten und universal gültigen Wissens Rhetorik und Dialektik keinen Raum, deren Bedeutung andererseits immer dann wächst, wenn sich ein Bereich der Evidenz entzieht. Eine Kritik der Idee der Evidenz,[14] die nachweist, wie diese sich dann auflöst, sobald die subjektive Intuition für überwunden erklärt wird und sobald sie mittels einer niemals eindeutigen Sprache mitgeteilt werden soll, eine solche Kritik könnte zeigen, daß die Wahl einer Ausdrucksweise – sofern diese nicht willkürlich ist, und das ist sie kaum je – von Argumenten der Rhetorik und Dialektik mitbestimmt wird. Jede zwischen das Notwendige und Zufällig eingebundene geistige Tätigkeit ist so weit vernunftgemäß, als sie von Argumenten unterstützt und gegebenenfalls durch Kontroversen aufgeklärt wird, die normalerweise nicht zur einmütigen Übereinstimmung führen.

Ist eine einheitliche Auffassung über eine Methodologie hergestellt, dann besteht für bestimmte Epochen und Disziplinen die Möglichkeit, zu einer sonst nicht gegebenen Einmütigkeit zu gelangen, doch ist ihre Dauer durch nichts garantiert. Selbst das für unerschütterlich erachtete Newtonsche Gravitationsgesetz wurde angegriffen, sobald es zureichende Gründe zu seiner Korrektur gab.

Descartes wollte alles Wissen auf unerschütterliche Evidenzen gründen. Dagegen ist aufzuzeigen, wie sehr die Übereinstimmung der Wissenschaftler auf besondere Gründe zurückgeht, und wie außergewöhnlich sie ist.

In allen anderen Bereichen, wie Religion oder Philosophie, Moral oder Recht ist Pluralismus die Norm. Diese Bereiche gewinnen ihre Rationalität nur aus dem argumentativen Apparat, aus den guten Gründen, die sich für oder wider jede gegebene These vorbringen lassen.

Nach Hegel läßt sich kaum bestreiten, daß alle Philosophie zugleich situiert und kontrovers ist. Und diese Einsicht ist auch auf das Hegelsche System anzuwenden, sobald man von seinem theologischen Hintergrund absieht. Dies schließt eine neuerliche Infragestellung der klassischen Epistemologie und Metaphysik ein.

Statt eine notwendige und evidente erste Wahrheit zu suchen, von der all unser Wissen abhängt, verändern wir unsere Philosophie gemäß einer Sichtweise, nach der es die interagierenden Menschen und Gesellschaften sind, die allein für ihre Kultur, ihre Institutionen und ihre Zukunft verantwortlich sind, und die sich bemühen, vernünftige, unvollständige aber vervollkommenbare Systeme zu entwickeln.

Der eigentliche Bereich von Argumentation, Dialektik und Rhetorik liegt dort, wo es um Werte geht. Plato hat aufgewiesen, daß der eigentliche Bereich der Dialektik jener ist, der sich Berechnung, Gewicht und Maß entzieht und wo man über das Gerechte und Ungerechte, das Schöne und Häßliche, das Gute und Böse[15] und allgemein vom Vorzuziehenden handelt.

Die moderne Auffassung der Philosophie, die sie von den Wissenschaften abhebt, macht aus dem Bezug auf die Argumentation in allen ihren Formen die eigentliche Methode der Philosophie.

In der Tat darf die Philosophie sich nicht auf das Wahrnehmbare beschränken, da ihre Aufgabe darin liegt, das Bedeutende vom Zweitrangigen, das Wesentliche vom Zufälligen, das Hergestellte vom Gegebenen nach einer Perspektive zu trennen, deren Angemessenheit und Überlegenheit sich nicht für alle gleichermaßen von selbst versteht. Hieraus ergibt sich als Notwendigkeit, die gewählte Perspektive durch eine Argumentation zu untermauern, durch Analogien und Metaphern, die deren Angemessenheit und Überlegenheit über konkurrierende Perspektiven aufweisen sollen.

Damit dürfen sich die Denkformen des Philosophen nicht nur auf Deduktion und Induktion beschränken. Soweit Philosophen an die Vernunft appellieren und, um zu überzeugen, ein ganzes Arsenal von Argumenten verwenden, die auf alle wirken sollen, müssen sie ihren Vernunftbegriff erweitern, um mittels einer Theorie der persuasiven Rede die Rationalität der argumentativen Techniken und der Rhetorik aufzuzeigen.

Unterstützung für diese Erneuerung, die für unsere Gegenwart unerläßlich ist, bietet die säkulare Erfahrung der Juristen. Nachdem sie anfangs die Institutionen von einem Naturrecht göttlichen Ursprungs abgeleitet hatten – von der Vorsehung der Stoiker, dem lebendigen Gott der Offenbarungsreligionen oder dem Vernunftgott der Philosophen –, gelangten sie dahin, die Theorie eines Vernunftrechts als Gegenstand des *consensus* einer organisierten Gemeinschaft auszuarbeiten.[16]

Nicht von ungefähr waren die Rhetorikabhandlungen der Antike wesentlich für Juristen bestimmt. Hierbei darf nicht übersehen werden, daß im Gegensatz zur Philosophie das Recht Kontroversen zu entscheiden hat, diese sich also nicht unendlich fortsetzen dürfen. Im Recht muß am Ende eine mit der Autorität des Urteils ausgestattete Entscheidung stehen.[17]

Die philosophische wie die juristische Argumentation sind auf bestimmte Gebiete bezogene Anwendungen einer allgemeinen Theorie der Argumentation, die wir als neue Rhetorik bezeichnen.

Diese sehen wir als die allgemeine Theorie des persuasiven Diskurses, der auf die intellektuelle wie emotionale Zustimmung einer Öffentlichkeit abzielt. Dies heißt, daß jeder Diskurs ohne den Anspruch unpersönlicher Gültigkeit zur Rhetorik gehört. Soll eine Kommunikation eine oder mehrere Personen beeinflussen, ihr Denken orientieren, ihre Gefühle erregen oder besänftigen, eine Handlung anleiten, dann fällt sie in den Bereich der Rhetorik. Dieser Bereich enthält als besonderen Fall die Dialektik, die Technik der Kontroverse.

So begriffen erstreckt sich die Rhetorik über das unermeßlich weite Feld des nichtformalisierten Denkens: hier läßt sich vom Reich der Rhetorik sprechen;[18] in diesem Sinne hat Walter Jens sie als „alte und neue Königin der Wissenschaften" bezeichnet.[19]

Als Theorie der persuasiven Kommunikation hat die Rhetorik unter Wissenschaftlern und Philosophen zunehmendes Interesse gewonnen. Während sie noch vor nicht allzu langer Zeit in Europa wenig angesehen und selbst in den Vereinigten Staaten mit ihren zahlreichen „speech departments“ nicht sonderlich geschätzt war, hat hier in den letzten Jahren eine Wandlung stattgefunden. Es vollzieht sich eine Rehabilitierung der Rhetorik,[20] die Jakob Burckhardt noch als „monströse Verirrung“ der griechisch-römischen Antike gekennzeichnet hatte. Eine Auswahlbibliographie der seit 1950 erschienenen Arbeiten und Untersuchungen kann den Umfang der Bewegung und den Stellenwert der Rhetorik und Argumentation in unserer Gegenwart belegen.

Anmerkungen

Die in den Anmerkungen verwendete Abkürzung *T. A.* bezieht sich auf das Werk Perelman/Olbrechts-Tyteca, *La nouvelle rhétorique, Traité de l'argumentation* (siehe Anm. 12 zur Vorrede).

Vorrede

1. Vgl. *Über die Gerechtigkeit,* München, Beck, 1967, S. 28
2. *Ebda.,* S. 79
3. Vgl. L. Olbrechts-Tyteca, „Rencontre avec la rhétorique", in *La théorie de l'argumentation,* Louvain, Nauwelaerts, 1963, S. 3–18
4. Vgl. „Rhétorique et philosophie" in Ch. Perelman, *Le champ de l'argumentation,* Éd. de l'Université de Bruxelles, 1970, S. 219–227
5. Epiktet, *Entretiens,* L. II, XXIII, 14, in *Les Stoïciens,* Übers. E. Bréhier, Pléiade, S. 950
6. Vgl. P. Ricoeur, *La métaphore vive,* Paris, Seuil, 1975, S. 173
7. R. Barthes, „L'ancienne rhétorique", in *Communications,* 16, Paris, 1970, S. 223
8. *Ebda.,* S. 158, Anm. 4
9. *Ebda.,* S. 158–159
10. P. Ricoeur, *La métaphore vive,* S. 13–14
11. *Ebda.,* S. 18
12. Ch. Perelman und L. Olbrechts-Tyteca, *La nouvelle rhétorique, Traité de l'argumentation,* P. U. F., Paris 1958, 3. Aufl. Éditions de l'Université de Bruxelles, 1976, S. 229
13. *Communications,* 16, 1970, S. 235 (in einer Notiz zu einer Rhetorik-Bibliographie)
14. Vgl. V. Florescu, „Rhetoric and its Rehabilitation in Contemporary Philosophy", *Philosophy and Rhetoric,* 1970, S. 193–224, Übersetzung der Ergebnisse einer rumänischen Arbeit, die 1969 durch die Akademie der Volksrepublik Rumänien veröffentlicht wurde (Erweiterte Fassung 1973). Eine italienische Übersetzung dieses Werkes erschien unter dem

Titel *La retorica nel suo sviluppo storico,* Bologna, Il Mulino, 1971, 157 Seiten. Vgl. auch J. Kopperschmidt, *Allgemeine Rhetorik,* Einführung in die Theorie der Persuasiven Kommunikation, Stuttgart, Kohlhammer, 1973, 216 Seiten

1. Logik, Dialektik, Philosophie und Rhetorik

1. *Communications,* 16, 1970, S. 194
2. Aristoteles, *Topik* 100a 30–31
3. *Ebda.,* 100b 22–24
4. Aristoteles, *Rhetorik,* 1356b 28
5. Aristoteles, *Nikomachische Ethik,* I, 1094b, 25–28
6. Vgl. Pierre de la Ramée, *Dialectique* (1555), éd. critique de M. Dassonville, Genève, Droz, 1964, S. 61
7. *Ebda.,* S. 50 (S. II des Vorwortes)
8. *Ebda.,* S. 25, Zitat aus dem Vorwort von *Scholae in liberales artes*
9. *Ebda.,* S. 62 (*Dialectique,* I, S. 3–4)
10. Vgl. hierzu *T. A.,* S. 227
11. Aristoteles, *Rhetorik,* 1354a 1
12. *Ebda.,* 1357a 1–3
13. Vgl. meine *Juristische Logik als Argumentationslehre,* Freiburg/München, Alber, 1979
14. Vgl. „Évidence et preuve" in Ch. Perelman, *Justice et raison,* Presses Universitaires de Bruxelles, 1972, S. 140–154, und „De l'évidence en métaphysique" in Ch. Perelman, *Le champ de l'argumentation,* Presses Universitaires de Bruxelles, 1970, S. 235–248
15. Aristoteles, *Topik,* 101a und b
16. Vgl. Ch. Perelman, „Philosophie, rhétorique, lieux communs", *Bulletin de l'Académie Royale de Belgique,* Classe des Lettres et des Sciences morales et politiques, 1972, S. 144–156
17. Vgl. Ch. Perelman, „Analogie et métaphore en science, poésie et philosophie" in *Le champ de l'argumentation,* S. 271–286
18. Vgl. P. Ricoeur, *La métaphore vive,* S. 310–321
19. Vgl. Ch. Perelman und L. Olbrechts-Tyteca, „Logique et rhétorique" in *Rhétorique et philosophie,* Presses Universitaires de France, 1952, S. 30. Hierzu auch R. Barthes, „L'ancienne rhétorique", in *Communications,* 16, 1970, S. 192

20. Vgl. hierzu R. Blanché, *Le raisonnement,* Paris, P. U. F., 1973, S. 230–231, ebenso wie M. Villey, „Nouvelle rhétorique et droit naturel“, *Logique et Analyse,* Nr. 73, 1976, S. 4–10

2. Argumentation, Redner und Auditorium

1. *Topik,* 101, a–b
2. Aristoteles, *Topik,* 105a (Organon V, Hamburg, Felix Meiner 1968, S. 15)
3. Vgl. Demosthenes, Première olynthienne, § 19, in *Harangues et Plaidoyers politiques,* Paris, Belles Lettres, 1924, Bd. 1
4. Pascal, *Pensées,* 315 in *Oeuvre,* Pléiade, S. 912–918
5. Augustinus, *Über die christliche Lehre,* IV. Buch, 13. Kapitel S. 187, München, Kösel & Pustet, 1925
6. *Ebda.,* IV. Buch, 12. Kapitel, S. 185
7. Pascal, *Pensées,* 249, *Oeuvre,* Pléiade, S. 891. Siehe hierzu *T. A.,* § 9, Die Argumentation mit sich selbst
8. Descartes, *Meditationen über die Grundlagen der Philosophie,* Hamburg, Felix Meiner, 1959, S. 19–20
9. Vgl. *T. A.,* S. 53
10. Paris, 1888, S. 93
11. Vgl. A. Schopenhauer, *Parerga und Paralipomena,* Werke Bd. IV, Darmstadt, Wissenschaftliche Buchgesellschaft, 1972, S. 32
12. Vgl. Quintilian, *Institutio oratoria,* Bd. 1, Buch II, Kap. XX, § 7. Vgl. *T. A.,* § 8, Die Argumentation vor einem einzigen Zuhörer
13. Vgl. M. Polanyi, *Personal Knowledge,* London, Routledge and Kegan, 1958, S. 292–294
14. Vgl. Th. Kuhn, *Die Struktur wissenschaftlicher Revolutionen,* Frankfurt, 1973 (orig. 1962)
15. Vgl. Pascal, *Pensées,* 470, Pléiade, S. 61
16. Kant, *Kritik der reinen Vernunft,* Werke, Berlin 1911, Bd. 4, S. 247
17. Vgl. *T. A.,* §§ 6–9
18. *Rhetorik II,* 1389 bis 1391
19. *Ebda.,* I, 1358b 2–7
20. *Ebda.,* 1358 b–28
21. *T. A.,* S. 63–64

3. Die Prämissen der Argumentation

1. Vgl. O. Navarre, *Essai sur la rhétorique grecque avant Aristote,* Paris, 1900, S. 141, n. 1; in *T. A.* zitiert auf S. 152
2. Vgl. *T. A.,* S. 153
3. H. Poincaré, *La valeur de la science,* Genève, 1946, S. 65
4. *T. A.,* S. 90
5. Vgl. L. Wittgenstein, *Über Gewißheit. On Certainty,* Oxford, Blackwell, 1969
6. Vgl. M. Polanyi, *Personal Knowledge,* 3. Teil: Die Rechtfertigung persönlichen Wissens
7. Vgl. *T. A.,* S. 94
8. Vgl. *Les présomptions et les fictions en droit,* von Ch. Perelman veröffentlichte Studien, Bruxelles, Bruylant, 1974, S. 340–341
9. L. Lavelle, *Traité des valeurs,* Paris, P. U. F., 1951, Bd. 1, S. 13
10. E. Dupréel, *Sociologie générale,* Paris, P. U. F., 1948, S. 181–182
11. *T. A.,* S. 103
12. *Von der Methode,* Hamburg, Meiner, 1960, S. 57
13. Vgl. Max Scheler, *Der Formalismus in der Ethik und die materiale Wertethik,* Halle, Niemeyer, 1921
14. Aristoteles, *Rhetorik,* 1358a, 12–24
15. *Rhetorik,* 1362a–1365b, *Topik,* 116a–119a
16. Vgl. unseren Essay „Classicisme et romantisme dans l'argumentation" in *Le Champ de l'argumentation,* S. 397–406
17. Proust, *A la recherche du temps perdu,* Bd. 8, *Le côté de Guermantes,* Paris, Gallimard, 1946–1947, S. 74
18. Pascal, *Pensées,* 216, in *Oeuvre,* Pléiade, S. 884
19. Plato, Gorgias, 487 D–E, Zürich, Artemis, 1974, S. 336
20. *Ebda.*

4. Wahl, Präsenz und Präsentation

1. Vgl. Ch. Perelman, „A propos de l'objectivité de l'information", in *Publics et techniques de la diffusion collective,* Éd. de l'Université de Bruxelles, 1970, S. 81–88
2. Kant, *Kritik der reinen Vernunft,* Werke Bd. 3, Berlin, Georg Reimer 1911, Methodenlehre. 2. Hauptstück. 3. Abschnitt „Vom Meinen, Wissen und Glauben", S. 532

3. S. o. S. 40
4. Nach Pauthier, *Confucius et Mencius,* Paris, 1852, Buch I, § 7, vgl. *T. A.*, S. 156
5. Lord F. Bacon, *Of the advancement of learning,* Oxford U. P., 1944, 1. Buch, S. 156–157
6. Vgl. *The God that failed,* hrsg. v. Crossmann, London, 1950 S. 253–254, in *T. A.* auf S. 159 zitiert
7. C. R. Weaver, „Language is sermonic" in R. Johannesen, *Contemporary theories of Rhetoric,* New York, Harper and Row, 1970, S. 173
8. Aristoteles, *Rhetorik,* L. I, 1357a
9. *T. A.*, S. 194
10. Vgl. Vico, *Delle instituzioni oratorie,* S. 87
11. Fléchier, *Oraison funèbre de Henri de La Tour d'Auvergne, Vicomte de Turenne,* Paris 1676, S. 100f.
12. *Delle instituzioni oratorie,* S. 81; zitiert in *T. A.*, S. 237
13. Corneille, *Le Cid,* I, 6
14. *Rhetorik ad Herennius,* 4. Buch, § 68
15. Vgl. Sartre, *Das Sein und das Nichts,* Hamburg, Rowohlt 1962, S. 197
16. Longinus, *Libellus de sublimitate,* D. A. Russell (Hrsg.), Oxford University Press, 1974. – *Traité du sublime,* Kap. 15, S. 97, übers. von Nicolas Boileau-Despréaux, Amsterdam, 1789; zitiert in *T. A.*, S. 231
17. Vgl. *T. A.*, S. 205

5. Bedeutung und Interpretation der Gegebenheiten

1. Vgl. E. Gellner, „Maxims" in *Mind,* Juli 1951, S. 393; zitiert in *T. A.*, S. 162
2. Vgl. J. Locke, *An Essay concerning human understanding,* L. III, Kap. IV, § 9; zitiert in *T. A.*, S. 168
3. Vgl. *T. A.*, S. 164
4. Vgl. I. A. Richards, *The philosophy of rhetoric,* Oxford U. P., 1936, S. 3
5. Vgl. P. Ricoeur, *La métaphore vive,* S. 177–184
6. Vgl. Ch. Perelman, „Perspectives rhétoriques sur les problèmes sémantiques", *Logique et Analyse,* 1974, S. 241–252
7. Pascal, *Pensées,* 555, *Oeuvre,* Pléiade, S. 1003; vgl. *T. A.*, S. 166–168
8. Vgl. Jean Cohen, *Structure du langage poétique,* Paris, Flammarion, 1966, die Seiten 44, 51, 114, 117, 182
9. Aristoteles, *Rhetorik,* III, 1405b

10. A. Gide, *Prétextes,* Paris, Mercure de France, 1947, S. 135
11. *Ebda.,* S. 175, vgl. *T. A.,* S. 172–173
12. Bidez, *La vie de l'empereur Julien,* Paris, Les Belles Lettres, 1930, S. 305
13. *T. A.,* § 39, Die Modalitäten im Ausdruck des Gedankens, S. 207–220

6. Die argumentativen Techniken

1. Bossuet, *Sermons,* Bd. II, Paris, Garnier, S. 222, vgl. *T. A.,* S. 256–257
2. Vgl. *T. A.,* S. 257–258
3. Quintilian, *Institutio oratoria,* Bd. II, I, V, Kap. X, § 67; vgl. *T. A.,* S. 316
4. Bossuet, *Sermons,* Bd. II, S. 143–145; zitiert in *T. A.,* S. 351–352
5. Vgl. Ch. Perelman, „Le réel commun et le réel philosophique" in *Le champ de l'argumentation,* S. 253–264

7. Die quasi-logischen Argumente

1. Vgl. zur Rolle des Lächerlichen *T. A.,* § 9
2. L. Olbrechts-Tyteca, *Le comique du discours,* Éd. de l'Université de Bruxelles, 1974, S. 160
3. Vgl. Isokrates, *Reden,* Bd. 1, Busiris, § 26, *T. A.,* 281
4. La Bruyère, *Oeuvres,* Pléiade, *Caractères,* Des femmes, S. 142
5. *T. A.,* S. 271
6. Vgl. G. Isaye, „La justification critique par rétorsion", *Revue philosophique de Louvain,* 1954, S. 205–233
7. *T. A.,* S. 274–275
8. Vgl. L. Olbrechts-Tyteca, *Le comique du discours,* S. 169–173
9. Vgl. *ebda.* S. 172
10. Epiktet, *Entretiens* I, XXIII, § 10, in *Les Stoïciens,* Pléiade, S. 860
11. M. Proust, *A la recherche du temps perdu,* Pléiade, Bd. 2, Le côté de Guermantes II, S. 436
12. V. Jankélévitch, *Traité des vertus,* Paris, Bordas, 1949, S. 435
13. Vgl. A. Naess, *Interpretation and preciseness,* Oslo, 1935, Kap. IV, *T. A.,* S. 283
14. Vgl. Ch. Perelman, „De la justice" in *Justice et Raison,* Éd. de l'Université de Bruxelles, S. 10–11
15. J. Wisdom, „Logical constructions" in *Mind,* 1931–1933

16. Vgl. L. S. Stebbing, „The method of analysis in metaphysics", *Proceedings of the Aristotelian Society,* Bd. XXXIII, 1922–1923
17. Vgl. P. F. Strawson, *Introduction to logical theory,* London, Methuen, 1952, Kap. 6, III, § 7
18. Vgl. *T. A.,* S. 293
19. M. Jouhandeau, *Les Ana de Madame Apremont,* Gallimard, 1954, S. 61. Vgl. auch Ch. Perelman, „Perspectives rhétoriques sur les problèmes sémantiques", *Logique et Analyse,* 1974, S. 244
20. Vgl. *T. A.,* S. 292–294 und 590
21. Vgl. G. Frege, „Über Sinn und Bedeutung", *Zeitschrift für Philosophische Kritik,* 1892, Bd. 100, S. 25–50. S. auch Ch. Perelman, *Droit, morale et philosophie,* S. 13–14
22. Vgl. Ch. Perelman, „De la justice", in *Justice et Raison,* Éditions de l'Université de Bruxelles, 1970^2, S. 20, vgl. auch „La règle de justice", *ebda.,* S. 224–233
23. Demosthenes, *Harangues,* Bd. II. Sur le traité avec Alexandre, § 18, Paris, 1925
24. C. V. Gheorghiu, *25 Uhr,* Stuttgart, 1950, S. 348
25. Locke, *The second treatise of civil government and A letter concerning toleration,* Oxford, 1948, S. 136
26. Quintilian, *Institutio oratoria,* Bd. V, Kap. X, § 78
27. Aristoteles, *Rhetorik,* II, 1397 a
28. La Bruyère, *Oeuvres complètes, Caractères.* De quelques usages, Pléiade, 21, S. 482
29. Vgl. L. Olbrechts-Tyteca, *Le comique du discours,* S. 199
30. Isokrates, *Reden,* Bd. II, Athenische Lobreden, § 81
31. Vgl. L. Olbrechts-Tyteca, *Le comique du discours,* S. 200
32. L. Sterne, *Tristram Shandys Leben und Meinungen,* übertr. von Johann-Joachim Bode, Wedel, Alster Verlag, 1948, S. 508
33. M. Jouhandeau, *Un monde,* Paris, 1950, S. 25
34. Montaigne, *Essais,* Buch I, Kap. XX, Pléiade, S. 105
35. Vgl. *T. A.,* S. 310–311
36. Locke, *Ein Brief über Toleranz,* übers. von Julius Ebbinghaus, Hamburg, Meiner, 1957, S. 39
37. V. Jankélévitch, *Traité des vertus,* Paris, 1949, S. 19
38. *T. A.,* S. 315
39. L. Olbrechts-Tyteca, *Le comique du discours,* S. 208
40. J. Locke, *The second treatise of civil government and A letter concerning toleration,* S. 136

41. Demosthenes, *Harangues,* Bd. I, Première olynthienne, § 25, 27
42. Vayson de Pradennes, *Les fraudes en archéologie préhistorique,* Paris, 1932, S. 533
43. L. Sterne, *Tristram Shandys Leben und Meinungen,* S. 413
44. Cicero, *De oratore,* II, § 172
45. Bossuet, *Sermons,* Bd. II, Paris, Garnier, S. 395
46. Plotin, *Schriften,* Bd. IVa (Enneaden, VI, 8, § 8) Hamburg, Meiner, 1967, S. 39
47. La Bruyère, *Oeuvres,* Pléiade, S. 118
48. *T. A.,* S. 329–330
49. Pascal, *Oeuvre,* Pléiade, *Pensées,* 397, S. 932
50. Calvin, *Institution de la religion chrétienne,* Genève, 1888, S. 8
51. Plotin, *Schriften,* Bd. IIIa (Enneaden, VI, 7, § 34)
52. S. Weil, *L'enracinement,* Paris, Gallimard, 1949, S. 114
53. J. Paulhan, *Le guerrier appliqué,* Paris, Gallimard, 1930, S. 133
54. L. Olbrechts-Tyteca, *Le comique du discours,* 1974, S. 219
55. Isokrates, *Reden,* Bd. II, Archidamos, § 4
56. Locke, *Ein Brief über Toleranz,* Hamburg, Meiner 1957, S. 19
57. Pascal, *Oeuvre,* Pléiade, *Pensées,* 451, S. 955–956

8. Argumente aus der Struktur des Wirklichen

1. *T. A.,* S. 354 bis 394
2. *T. A.,* S. 394–445
3. Vgl. Ch. Perelman, „L'argument pragmatique", in *Le champ de l'argumentation,* S. 100 bis 119, auch in *T. A.,* S. 357–364
4. Bentham, *The Theory of Legislation,* S. 66–67
5. Ch. Odier, *L'angoisse et la pensée magique,* Neuchâtel, Delachaux, 1948, S. 121
6. M. Scheler, *Der Formalismus in der Ethik und die materiale Wertethik,* Halle, Niemeyer, 1921
7. Vgl. „L'argument pragmatique", in Ch. Perelman, *Le champ de l'argumentation,* S. 109
8. Cicero, *Paradoxa stoicorum,* IV, § 29
9. Vgl. Ch. Lalo, *L'esthétique du rire,* Paris, Flammarion, 1949, S. 159
10. Vgl. L. Olbrechts-Tyteca, *Le comique du discours,* S. 240
11. M. Proust, *A la recherche du temps perdu,* Bd. 12, La prisonnière, II, S. 210

12. E. Goblot, *La logique des jugements de valeur,* Paris, 1927, S. 55–56
13. Isokrates, *Reden,* Bd. II. Athenische Lobreden, § 84
14. L. Olbrechts-Tyteca, *Le comique du discours,* S. 240
15. *Ebda.*, S. 242
16. Vgl. Bossuet, *Sermons,* Bd. II, S. 645, S. 72
17. Leibniz, *Oeuvres,* éd. Gerhardt, Bd. 4, „Discours de métaphysique", S. 445–446
18. *Ebda.*
19. Bentham, *Oeuvres,* Bd. I, Traité des sophismes politiques, Bruxelles, 1840, S. 463
20. *T. A.,* S. 390–394
21. Vgl. N. Leites in H. Lasswell, *Language of politics,* New York, Stewart, 1949
22. Kenneth Burke, *A Grammar of motives,* New York, 1945, S. 42; zitiert in *T. A.,* S. 396
23. Vgl. Ch. Perelman und L. Olbrechts-Tyteca, „Acte et personne dans l'argumentation", *Rhétorique et philosophie,* Paris, 1952, S. 49–84
24. S. E. Asch, „The doctrine of suggestion, prestige, and imitation in social psychology", *Psychological Review,* V, 55, 1948, S. 250–276
25. Vgl. Calvin, *Institution de la religion chrétienne,* Genève 1888, Buch I, Kap. XVIII, § 1
26. A. Lalande, *La raison et les normes,* Paris, 1948, S. 196
27. Vgl. E. Dupréel, *Sociologie générale,* Paris, 1948, S. 66
28. *Homme de cour oder cluger Hof- und Weltmann,* Augsburg, 1710, S. 217
29. *T. A.,* S. 413
30. Bossuet, *Sermons,* Bd. II, S. 117–121
31. Leibniz, *Die Theodizee,* Leipzig, Meiner, 1925, S. 63
32. Bossuet, *Sermons,* Bd. II, S. 489
33. Aristoteles, *Rhetorik,* I, 141 a
34. Aristoteles, *Rhetorik,* I, 1356 a, 5–13
35. Vgl. *Les catégories en histoire,* hrsg. von Ch. Perelman, Bruxelles, 1969
36. Vgl. Aristoteles, *Topik,* Buch III, 116 b 25–30
37. Leibniz, *Oeuvres,* éd. Gerhardt, Bd. IV: „Discours de métaphysique", S. 463
38. Aristoteles, *Topik,* Buch III, 116 b 10–15
39. Sophokles, *Antigone,* Antistrophe II
40. Plato, *Phaidros,* 247 d–248 b
41. Plotin, *Enneaden,* VI, 9, § 3
42. *T. A.,* S. 464

43. Montaigne, *Essais,* I, Kap. XX, Pléiade, S. 504
44. Bossuet, *Sermons,* Bd. II, S. 173
45. Cicero, *Paradoxa stoicorum,* London, 1948, III., § 20

9. Argumentation durch Beispiel, Illustration und Modell

1. L. Olbrechts-Tyteca, *Le comique du discours,* S. 280
2. Vgl. R. Caillois, *Poétique de Saint-John Perse,* Paris, 1954, S. 152
3. Aristoteles, *Rhetorik,* II, 1393b
4. *Ebda.,* 1398b
5. K. R. Popper, *Logik der Forschung,* Tübingen, 1976[6]
6. Descartes, *Von der Methode,* Hamburg, 1960, S. 19
7. *Ebda.,* S. 19–21
8. Epiktet, *Entretiens,* 1, § XXIV in *Les Stoïciens,* Pléiade, S. 860
9. Plato, *Der Staat,* Zürich, Artemis, 1973, S. 314/VI, 488b–489d
10. Shakespeare, *Julius Caesar,* III, 2
11. Isokrates, *Reden,* Bd. II, An Nikokles, § 31
12. Pascal, *Oeuvre,* Pléiade, *Pensées* 182, S. 870
13. Montaigne, *Essais,* Buch III, Kap. VIII, Pléiade, S. 893
14. Chevalier de Méré, *Oeuvres complètes,* Bd. II. Des agrémens, Paris, 1930, S. 30–31
15. Bossuet, *Sermons,* Bd. II, S. 50
16. *Ebda.,* S. 411
17. Locke, *The second treatise of civil government and A letter concerning toleration,* London, 1948, S. 137
18. S. Weil, *L'enracinement,* Paris, 1949, S. 82

10. Analogie und Metapher

1. Epiktet, *Entretiens,* III, Kap. IX, 22; zit. in *T. A.* S. 512
2. *Discours de Métaphysique,* XXXII; zit. in *T. A.* S. 505
3. Johannes Scotus Erigena, *Liber de praedestinatione,* IV, 8, zit, in *T. A.* S. 513.
4. Diels, *Fragmente der Vorsokratiker,* S. 79; zit. in *T. A.* S. 505
5. Calvin, *Institution de la religion chrétienne,* 1888, S. 13; zit. in *T. A.* S. 508
6. L. Sterne, *Tristram Shandys Leben und Meinungen,* S. 886; zit in *T. A.* S. 509

7. Vgl. L. Réau, „L'influence de la forme sur l'iconographie médiévale" in *Formes de l'art, formes de l'esprit,* 1951; zit. in *T. A.* S. 509
8. Bossuet, Leichenrede für Louis de Bourbon, prince de Condé, in *Oraisons funèbres,* S. 218, zit. in *T. A.,* S. 510
9. Quintilian, *Institutio oratoria,* L. VII, Kap. III, § 76; zit. in *T. A.* S. 511
10. La Bruyère, *Caractères,* Vom Hofe, § 65, zit, in L. Olbrechts-Tyteca, *Le comique du discours,* S. 293
11. Kant, *Prolegomena für eine jede künftige Metaphysik,* Einleitung, Kant's Werke, Bd. IV, S. 262, Berlin, 1911; zit. in *T. A.* S. 518
12. M. Black, *Models and metaphors,* Cornell University Press, 1962, S. 42–45
13. W. Moore, „Structure in Sentence and in Fact", *Philosophy of Science,* 1938, S. 87; zit. in *T. A.* S. 523
14. Leibniz, „Nouveaux Essais sur l'Entendement" in *Oeuvres,* éd. Gerhardt, Bd. V, S. 45; zit. in T. A. S. 522–523
15. M. Polanyi, *The Logic of Liberty,* London, 1951, S. 87–89
16. Aristoteles, *Poetik,* 1457 b
17. Ch. Perelman, „Analogie et métaphore en science, poésie et philosophie", in *Le champ de l'argumentation,* Bruxelles, 1970, S. 274
18. Ronsard, A sa maitresse, Ode XVII, in *Oeuvres complètes,* Pléiade, Bd. I, S. 419–420
19. L. Olbrechts-Tyteca, *Le comique du discours,* S. 307
20. Descartes, *Regeln zur Leitung des Geistes,* Hamburg, Meiner, 1955, S. 33
21. Vgl. Ch. Perelman, *Le champ de l'argumentation,* S. 277
22. Descartes, *Von der Methode,* Hamburg, Meiner, 1960, S. 27
23. Leibniz, *Die philosophischen Schriften,* éd. Gerhardt, Bd. VII, S. 157
24. Ch. Perelman, *Le champ de l'argumentation,* S. 278
25. I. A. Richards, *The Philosophy of Rhetoric,* S. 16, vgl. *T. A.,* S. 540
26. A. Henry, „La reviviscence des métaphores", in *Métonymie et métaphore,* Paris, 1971, S. 143–153
27. Pascal, *Oeuvre,* Pléiade, S. 884, *T. A.,* S. 544
28. G. Bachelard, *Le rationalisme appliqué,* Paris, 1949, S. 22, *T. A.,* S. 545
29. C. S. Pepper, *World Hypotheses,* Berkeley, 1942
30. D. Emmet, *The Nature of metaphysical Thinking,* London, 1945
31. H. Blumenberg, *Paradigmen zu einer Metaphorologie,* Bonn, Bouvier, 1962
32. J. Derrida, „La mythologie blanche", in *Poétique II,* 1971, S. 1–52
33. P. Ricoeur, *La métaphore vive,* Paris, 1975, S. 325–340

11. Die Dissoziation der Begriffe

1. Vgl. Kant, *Kritik der reinen Vernunft,* Werke Bd. 3, Berlin, 1911
2. Vgl. *T. A.,* S. 557–558
3. Plato, *Phaidros,* 247d–248b; *T. A.,* S. 562–563
4. Vgl. *T. A.,* S. 563
5. Vgl. *T. A.,* S. 562
6. Vgl. H. Bergson, *L'évolution créatrice,* Paris, 1932, S. 327; *T. A.,* S. 573
7. Sartre, *Das Sein und das Nichts,* Hamburg, Rowohlt, 1962, S. 9–11; in *T. A.* S. 560
8. M. Buber, „Ich und Du", *Werke,* Bd. 1, S. 103, S. 119; München, Kösel, 1962
9. J. Maritain, *Raison et raisons,* Paris, 1947, S. 161
10. Vgl. Sartre, *Das Sein und das Nichts,* Hamburg, Rowohlt 1962, S. 197
11. E. Husserl, *Die Krisis der europäischen Wissenschaften und die transzendentale Phänomenologie,* Den Haag, Martinus Nijhoff 1976
12. Vgl. *T. A.,* S. 582–587
13. N. Cormeau, *L'art de François Mauriac,* Paris, 1951, S. 183–184; zit. in *T. A.,* S. 586–587
14. Vgl. *T. A.,* S. 588. Hierzu auch Ch. Perelman „Perspectives rhétoriques sur les problèmes sémantiques", *Logique et Analyse,* 1974, S. 244; Schiller ‚Mein Glaube'
15. „Plain-Chant" in *Empreintes,* 1950, S. 9
16. Vgl. *T. A.,* S. 589–590
17. *T. A.,* S. 292–293
18. Pascal, *Pensées,* 555, *Oeuvre,* Pléiade, S. 1003; vgl. *T. A.,* S. 166–167
19. Ch. Stevenson, „Persuasive definitions", in *Mind,* July 1938
20. Vgl. Ch. Perelman „Une conception de la philosophie" *Revue de l'Institut de Sociologie,* Bruxelles, 1940, S. 11–12; *T. A.,* S. 590–597
21. Spinoza, Ethik, 3. Buch, Anhang
22. Berkeley, *Drei Dialoge zwischen Hylas und Philonous,* übers. v. Raoul Richter, Leipzig, Meiner, 1926, S. 129f.
23. J. Paulhan, *Les fleurs de Tarbes ou la terreur dans les lettres,* Paris 1941

12. Umfang der Argumentation und Stärke der Argumente

1. Vgl. „L'argument pragmatique" in Ch. Perelman, *Le champ de l'argumentation,* S. 100–110
2. Bossuet, *Sermons,* Bd. II, S. 690–691

3. Vgl. „Logique et Rhétorique", in Ch. Perelman, L. Olbrechts-Tyteca, *Rhétorique et philosophie,* Paris, 1952, S. 20
4. *T. A.,* S. 624
5. Demosthenes, *Harangues et plaidoyers politiques,* Bd. IV, § 3
6. Vgl. Quintilian, *Institutio oratoria,* Bd. II, L. VI, Kap. XII, § 74; zit. in T. A., S. 648

13. Die Anordnung der Argumente im Diskurs

1. S. dazu Aristoteles, *Rhetorik,* III, 1414a 30–1414b 19
2. Aristoteles, *Rhetorik,* III, 1415a 25–34
3. Cicero, *Partitiones oratoriae,* § 24
4. P. Ramus, *Dialecticae libri duo,* Paris, 1560, II, S. 208; zit. in *T. A.,* S. 669
5. Descartes, *Von der Methode,* Hamburg, 1960, S. 15
6. *Ebda.,* S. 31, 33
7. *Ebda.,* S. 33
8. *Ebda.,* S. 55
9. *Ebda.,* S. 39
10. *Ebda.,* S. 41
11. *Ebda.,* S. 39
12. Plato, *Phaidros,* 264c

14. Das Reich der Rhetorik

1. Plato, *Phaidros,* 273
2. Plato, *Gorgias,* 518
3. Aristoteles, *Nikomachische Ethik,* I, 1094b, 23–25
4. Aristoteles, *Rhetorik,* II, 1391b, 7–21
5. H. Gouhier, „La résistance au vrai et le problème cartésien d'une philosophie sans rhétorique", in *Retorica e Barocco,* a cura di Castelli, Roma, 1955, S. 85–97
6. Descartes, *Meditationen,* I, 2, Hamburg, Meiner, 1959, S. 31
7. Descartes, *Meditationen,* III, S. 69
8. Descartes, *Meditationen,* IV, S. 99
9. Descartes, *Von der Methode,* Hamburg, 1960, S. 23

9b. Vgl. oben, S. 152

10. Descartes, *Von der Methode,* S. 39
11. Vgl. G. Frey, „Die Logik als empirische Wissenschaft", in *La théorie de l'argumentation,* Louvain, Nauwelaerts, 1963, S. 240–262
12. Vgl. P. Lorenzen, „Methodisches Denken", *ebda.,* S. 219–232. von diesem Autor auch *Einführung in die operative Logik,* 1955, *Formale Logik,* 1967
13. Karl R. Popper, *Logik der Forschung,* Tübingen, 1976[6]
14. Vgl. Ch. Perelman, „Évidence et preuve", in *Justice et Raison,* S. 140–154 und „De l'évidence en métaphysique", in *Le champ de l'argumentation,* S. 236–248
15. Plato, *Euthypron,* 7
16. Vgl. Ch. Perelman, *Logique juridique,* Paris, Dalloz, 1976 §§ 37, 40, 48, 97
17. Vgl. auch die „Cinq leçons sur la justice", in *Droit, morale et philosophie,* S. 56 und „Ce que la philosophie peut apprendre par l'étude du droit", *ebda.,* S. 147
18. Vgl. G. Genette, „La rhétorique restreinte", in *Communications,* 16, 1970, S. 158
19. W. Jens, *Von deutscher Rede,* München, Piper, 1969, S. 45
20. Vgl. V. Florescu, *Retorica si reabilitarea ei in filozofia contemporana,* Bucuresti, Ed. Academiei R. S. România, 1969, italienische Übers.: *La retorica nel suo sviluppo storico,* Il Mulino, Bologna, 1971, und Ch. Perelman, The New Rhetoric, a Theory of Practical Reasoning, Repr. in *The New Rhetoric and the Humanities,* Dordrecht, Reidel, 1979, S. 1–42

Auswahlbibliographie

(seit 1950)

Adams, J. Q. – *Lectures on Rhetoric and Oratory* (1810), with an Introduction by J. J. Auer and J. L. Banninga, New York, Russell and Russell, 1962.

Agricola, R. – *De Inventione Dialectica Libri Tres,* Reprint der Ausg. v. 1532 (1. Ausg.: 1483), Frankfurt, Minerva, 1967.

Alexy, R. – *Theorie der juristischen Argumentation,* Frankfurt, Suhrkamp, 1978.

Apel, K. O. – Die Idee der Sprache in der Tradition des Humanismus von Dante bis Vico, *Archiv für Begriffsgeschichte, Bd. 8, Bonn, Bouvier, 1963.*

– *Transformation der Philosophie.* I. Sprachanalytik, Semiotik, Hermeneutik. II. Das Apriori der Kommunikationsgesellschaft, Frankfurt, Suhrkamp, 1973.

Apostel, L. – Rhétorique, psycho-sociologie et logique, in *La théorie de l'argumentation,* Louvain, Nauwelaerts, 1963, S. 263–315.

Argumentation, *Revue Internationale de Philosophie,* 58, 1961.

L'argumentation juridique (Die juristische Argumentation), Rapport des séances plénières du Congrès mondial de Bruxelles sur le raisonnement juridique (1971), Wiesbaden, Steiner, 1972.

Aristoteles. – *Rhetorik. Die Lehrschriften,* hrsg., übertragen u. erläutert v. Paul Gohlke, Paderborn, 1959.

Arnold, C. C. – *Criticism of Oral Rhetoric,* Columbus, Bell & Howell, 1974.

– u. Wilson, J. F. – *Public Speaking as a Liberal Art,* Boston, Alleyn & Bacon, 1968[2].

Auer, J. J. – *An Introduction to Research in Speech,* New York, Harper & Brothers, 1959.

Austin, J. L. – *How to Do Things with Words,* Oxford University Press, 1962.

Baird, A. Cr. – *Rhetoric,* A philosophical Inquiry, New York, Ronald, 1965.

Baldwin, Ch. – *Ancient Rhetoric and Poetic* (1925), Interpreted from representative Works, Gloucester (Mass.), Smith, 1959[2].

– *Medieval Rhetoric and Poetic* (to 1400) (1928), Gloucester, Smith, 1959[2].

Barilli, R. – *Poetica e retorica,* Milano, Mursia, 1969.

Barner, W. – *Barockrhetorik,* Tübingen, Niemeyer, 1970.
Barthes, R. – Rhétorique de l'image, *Communications 4,* 1964, S. 40–51.
– L'ancienne rhétorique, Aide-mémoire, *Communications 16,* 1970, S. 172–229.
Barwick, K. – *Probleme der stoischen Sprachlehre und Rhetorik,* Berlin, Akademie Verlag 1957.
Bäumer, M. L. (Hrsg.). – *Toposforschung,* Darmstadt, Wissenschaftliche Buchgesellschaft, 1973.
Beardsley, M. C. – *Writing with Reason,* Logic for composition, Englewood Cliffs, Prentice Hall, 1976.
Behler, E. – *Klassische Ironie, romantische Ironie, tragische Ironie,* zum Ursprung dieser Begriffe, Darmstadt, Wissenschaftliche Buchgesellschaft, 1972.
Bell, D. V. – *Power, Influence and Authority,* An Essay in Political Linguistics, New York, Oxford University Press, 1975.
Berlo, D. K. – *The Process of Communication,* New York, Holt, Rinehart & Winston, 1960.
Betti, E. – *Die Hermeneutik als Allgemeine Methodik der Geisteswissenschaften,* Tübingen, Mohr, 1972^2 (ital. 1956).
Bibliographical Annual, Speech Association of America, 1970ff.
Biehle, H. – *Redetechnik,* Einführung in die Rhetorik, Berlin/New York, de Gruyter, 1974^4.
Bitzer, L. F. – The Rhetorical Situation, *Philosophy and Rhetoric,* 1968, S. 1–14.
– u. Black, E. (Hrsg.), *The Prospect of Rhetoric,* Englewood Cliffs, Prentice Hall, New York, 1971.
Black, M. – *Models and metaphors,* Studies in Language and Philosophy, Ithaca, Cornell University Press, 1962.
– (Hrsg.), *Rhetorical criticism,* A Study in Method, New York, Macmillan, 1966.
Blair, H. – *Lectures on Rhetoric and Belles Lettres,* neu hrsg. v. H. F. Harding, Carbondale (Ill.), Southern Illinois University Press, 1965.
Blanché, R. – *Le raisonnement,* Paris, Presses Universitaires de France, 1973.
Blass, F. – *Die attische Beredsamkeit* (1887–98), repr. Hildesheim, Olms, 1962.
Bloch, M. (Hrsg.). – *Political Language and Oratory in Traditional Society,* London, Academic Press, 1975.
Blumenberg, H. – *Paradigmen zu einer Metaphorologie,* Bonn, Bouvier, 1960.

Bodenheimer, E. – A Neglected Theory of Legal Reasoning, *Journal of Legal Education*, 1969, S. 373–402.
Booth, W. – *The Rhetoric of Fiction*, University of Chicago Press, 1961.
– *The Rhetoric of Irony*, University of Chicago Press, 1974.
– *Modern Dogmas and the Rhetoric of Assent*, University of Notre Dame Press, 1974.
Bornscheuer, F. – *Topik. Zur Struktur der gesellschaftlichen Einbildungskraft*, Frankfurt, Suhrkamp, 1976.
Bosmajian, H. A. – *The Language of oppression*, Washington, Public Affairs Press, 1974.
Bowers, J. W. u. Ochs, D. J. – *The Rhetoric of Agitation and Control*, Reading (Mass.), Addison-Wesley, 1971.
Brandt, W. J. – *The Rhetoric of Argumentation*, Indianapolis, The Bobbs-Merrill Co., 1970.
Brembeck, W. L. u. Howell, W. S. – *Persuasion*, A Means of Social Influence, Englewood Cliffs, Prentice Hall, 1976.
Breen, A. – Giovanni Pico della Mirandola on the Conflict of Philosophy and Rhetoric, *Journal of the History of Ideas*, V. XIII, 1952, S. 384–426.
Brower, R., Vendler, H., Hollander, J. – *I. A. Richards, Essays in his honor*, New York, 1973.
Brown, I. A. C. – *Techniques of persuasion*. From propaganda to brainwashing, Baltimore, Penguin Books, 1963.
Bryant, D. – *Rhetorical Dimensions in Criticism*. Baton Rouge, Louisiana State University Press, 1973.
– (Hrsg.), *The Rhetorical Idiom*. Essays in Rhetoric, Oratory, Language and Drama, presented to H. A. Wichelns, Ithaca, Cornell University Press, 1958.
– u. Wallace, K. R., *Fundamentals of Public Speaking*, Englewood Cliffs, Prentice Hall, 1976.
Bubner, R., Cramer, K., Wiehl, R. – *Hermeneutik und Dialektik*, Tübingen, Mohr, 1970.
Buchheit, V. – *Untersuchungen zur Theorie des Genos Epideiktikon von Gorgias bis Aristoteles*, München, Hueber, 1960.
Burke, K. – *A Rhetoric of Motives*, New York, 1950.
– *Language as Symbolic Action*, Essays on Life, Literature and Method, University of California Press, 1966.
– *The Philosophy of Literary Form*, Baton Rouge, Louisiana State University Press, 1941, Neudruck 1969.
– *The Rhetoric of Religion*, University of California Press. 1970.

Burwick, F. (Hrsg.). – *Landmarks in Rhetoric and Public Address,* Carbondale, Southern Illinois University Press, 1967.
Campbell, G. – *The Philosophy of Rhetoric* (1776). Neu hrsg. v. L. F. Bitzer, Carbondale, Southern Illinois University Press, 1963.
Campbell, K. R. – *Critiques of Contemporary Rhetoric,* Belmont (Calif.), Wadsworth, 1972.
Campbell, P. N. – *Rhetoric-Ritual,* Belmont (Calif.), Dickenson Pub., 1972.
Canavan, J. – *Rhetoric and Literature,* New York, McGraw, 1974.
Caplan, H. – Classical Rhetoric and the Medieval Theory of Reading, *Historical studies of Rhetoric and Rhetoricians,* hrsg. v. R. F. Howes, Ithaca, Cornell University Press, 1963, S. 71–89.
– *Of Eloquence,* Ithaca, Cornell University Press, 1970.
Castelli, E. (Hrsg.). – *Retorica e Barocco,* Roma, Fratelli Bocca, 1955.
Cavell, St. – *Must We Mean What We Say,* New York, Scribner, 1969.
Charlesworth, M. J. (Hrsg.). – *The Problem of Religious Language,* Englewood Cliffs, Prentice Hall, 1974.
Chevrier, G. – Sur l'art de l'argumentation chez quelques romanistes médiévaux au XIIe et au XIIIe siècle, *Archives de Philosophie du droit,* 1966, S. 115–148.
Cicero. – *Rhetorica ad Herennium,* transl. by H. Caplan, Cambridge, Harvard University Press, 1954.
– *De oratore. Über den Redner.* Lateinisch und deutsch. Hrsg. v. H. Merklin, Stuttgart, Reclam, 1976.
Clarke, D. L. – *Rhetoric at Rome.* A Historical Survey, London, Cohen & West, 1953.
– *Rhetoric in Greco-Roman Education,* New York, 1957.
Cohen, J. – *Structure du langage poétique,* Paris, Flammarion, 1966.
Cohen, A., Nooteboom, S. G. (Hrsg.). – *Structure and Process in Speech Perception,* Symposium on Dynamic Aspects of Speech Perception, Berlin, Springer, 1975.
Corbett, E. P. – *Classical Rhetoric for the Modern Student,* New York, Oxford University Press, 1971.
– (Hrsg.) *Rhetorical Analysis of Literary Works,* Oxford, Oxford University Press, 1969.
Cox, L. – The Art or Crafte of Rhetoryke (1529?), neu hrsg. v. Carpenter, Norwood (Pad), Norwood Ed., 1975.
Croissant-Goedert, J. – La classification des sciences et la place de la rhétorique dans l'oeuvre d'Aristote, *Actes du XIe Congrès International de Philosophie,* Amsterdam, North-Holland, 1953, V. XIV, S. 269–275.

Cronkhite, H. – *Persuasion,* Speech and Behavioral Change, Indianapolis, 1969.

Curtius, E. R. – *Europäische Literatur und lateinisches Mittelalter,* Bern/München, 1967[6].

D'Angelo, F. – *A conceptual Theory of Rhetoric,* Cambridge, Mass., Winthrop, 1975.

Darnell, D. K., Brockriede, W. – *Persons communicating,* Englewood Cliffs, Prentice Hall, 1976.

Davidson, H. M. – *Audience, Words and Art,* Studies in Seventieth Century French Rhetoric, Columbus, Ohio State University, 1965.

Delaunay, M. – *Le plan rhétorique dans l'éloquence grecque d'Homère à Démosthène,* Mémoire de l'Académie Royale de Belgique, Bruxelles, 1959.

Del Monte, A. – *Retorica, stilistica, versificazione,* Torino, Loescher, 1957.

Démonstration, Vérification et Justification, Entretiens de Liège de l'Institut International de Philosophie, Louvain, Nauwelaerts, 1968.

Derrida, J. – La mythologie blanche, in *Marges de la Philosophie,* Paris, Éditions de Minuit, 1972, S.. 247–324.

De Strijcker, F. – Platons Ansichten zu einer philosophischen Rhetorik, *Studia Platonica,* Amsterdam, Grûner, 1974, pp. 93.–105.

Dialectiques, Entretiens de Varna de l'Institut International de Philosophie, La Haye, Nijhoff, 1974.

La Dialectique, Actes du XIVe Congrès des Sociétés de Philosophie de Langue Française, Paris, Presses Universitaires de France, 1969.

Dieckmann, W. – *Sprache in der Politik. Einführung in die Pragmatik und Semantik der politischen Sprache.* Heidelberg, Winter, 1975.

Dockhorn, Kl. – *Die Rhetorik als Quelle des vorromantischen Irrationalismus,* Göttingen, Vandenhoeck & Ruprecht, 1965.

– *Macht und Wirkung der Rhetorik,* Bad Homburg. Gehlen, 1968.

– Rhetorik und Germanistische Literaturwissenschaft in Deutschland. *Jahrbuch für Internationale Germanistik,* 1972.

Dodds, E. R. – *Platos Gorgias.* A Revised text with Introduction and Commentary, Oxford, Clarendon Press, 1959.

Douglas, G. (Hrsg.). – *Philosophers on Rhetoric,* Traditional and Emerging Views, Skokie (Ill.), Textbook Co., 1973.

Dubois, J. u. a. (groupe μ). – *Rhétorique générale,* Paris, Larousse, 1970.

Dumarsais. – *Des tropes ou des différents sens dans lesquels on peut prendre un même mot dans une même langue* (1730); neu hrsg., Genève, Slatkine Reprints, 1967.

Dyck. J. – *Athen und Jerusalem. Zur Tradition der argumentativen Verknüpfung von Bibel und Poesie im 17. und 18. Jahrhundert,* München, Beck, 1977.
– *Ticht-Kunst. Deutsche Barockpoetik und rhetorische Tradition,* München, Beck 1969[2].
Eco, V. – *La structure absente,* Paris, Mercure de France 1972 (ital. 1968[3]).
Ehninger, D. (Hrsg.) – *Contemporary Rhetoric,* Glenview (Ill.), Scott, Foresman and Co., 1972.
Eisenberg, A. M. & Smith, R. J. – *Nonverbal Communication,* Indianapolis, The Bobbs-Merrill Co., 1971.
Eisenhut, M. – *Einführung in die antike Rhetorik und ihre Geschichte,* Darmstadt, Wissenschaftliche Buchgesellschaft, 1974.
Eisenson, J., Auer, J. J. & Irwin, J. V. – *The Psychology of Communication,* New York, Appleton-century Crofts, 1963.
Ekelof, O. – Topik und Jura, in *Le raisonnement juridique,* Actes du Congrès de Bruxelles, Bruxelles, Bruylant, 1971, S. 43–62.
Enel, F. – *L'Affiche, fonctions, langage, rhétorique,* Paris, Hachette, 1971.
Erickson, K. – *Aristotle, The Classical Heritage of Rhetoric,* Metuchen (N. Y.), Scarecrow Press, 1974.
– *Aristotle's Rhetoric, five centuries of philological research,* Metuchen (N. Y.), Scarecrow Press, 1975.
Fabricius, J. A. – *Philosophische Oratorie,* das ist Vernünftige Anleitung zur gelehrten und galanten Beredsamkeit (1724), Kronberg, Scriptor Reprints, 1974.
Facchi, P. (Hrsg.) – *La propaganda politica in Italia,* Bologna, Il Mulino, 1960.
Fénelon, F. – *Dialogues on Eloquence,* transl. with an introduction by W. S. Howell, Princeton, Princeton University Press, 1951.
Fischer, L. – *Gebundene Rede.* Dichtung und Rhetorik in der literarischen Theorie des Barock in Deutschland, Tübingen, Niemeyer, 1968.
Fisher, W. R. (Hrsg.). – *Rhetoric, A Tradition in Transition,* Lansing, Mich. Michigan State University Press, 1974.
Florescu, V. – *Retorica si neoretorica,* Bucarest, hrsg. durch die Akademie der Volksrepublik Rumänien, 1973.
Fogarty, D. – *Roots for a New Rhetoric,* Teachers College, New York, Columbia University, 1959.
Fontanier. – *Les figures du discours* (1821–1827), Introduction de G. Genette, Paris, Flammarion, 1968.
Foucault, M. – *L'ordre du discours,* Leçon inaugurale au Collège de France, Paris, Gallimard, 1971.

France, P. – *Rhetoric and Truth in France, Descartes to Diderot,* Oxford, Clarendon Press, 1972.

Frank-Böhringer. – *Rhetorische Kommunikation,* Hamburg, Quickborn, 1963.

Friedrich, C. J. – *Tradition and Authority,* New York, Praeger, 1972.

Gadamer, H. G. – *Wahrheit und Methode,* Tübingen, Mohr, 1960.

– Rhetorik, Hermeneutik und Ideologiekritik, in *Kleine Schriften,* Tübingen, Mohr, 1967.

Garin, E. – *Medioevo e Rinascimento,* Bari, Laterza, 1954.

– u. Rossi, P., Vasoli, C. (Hrsg.), *Testi umanistici su la retorica,* Bari, Laterza, 1961.

Gauthier, D. P. – *Practical Reasoning,* The Structure of foundations of prudential and moral arguments and their exemplifications in discourse, Oxford, Clarendon Press, 1963.

Gay, K. – *Body Talk,* New York, Scribner, 1974.

Geissner, H. – *Rede in der Öffentlichkeit: Eine Einführung in die Rhetorik,* Stuttgart, Kohlhammer, 1969.

– *Rhetorik,* München, 1973.

Genette, G. – *Figures,* Paris, Seuil, 1966.

– *Figures II,* Paris, Seuil, 1969.

– *Figures III,* Paris, Seuil, 1972.

Gerl, H. B. – *Rhetorik als Philosophie, Lorenzo Valla,* München, W. Fink, 1974.

Gianformaggio Bastida, L. – *Gli argomenti di Perelman : Dalla neutralità dello scienziato all' impartialità del giudice,* Milano, Ed. Di Comunità, 1973.

Gillemain, P. – Raison et rhétorique, les techniques de l'argumentation et la pédagogie, *Revue de l'Enseignement pédagogique,* 1960, 5, 1961, 2.

Giuliani, Al. – *Il concetto di prova :* Contributo alla logica giuridica, Milano, Giuffrè, 1961, 1971².

– Influence of Rhetoric on the Law of Evidence and Pleading, *The Juridical Review,* 1962, S. 216–251.

– *La controversia,* Contributo alla logica giuridica, Pavia, Pubblicazioni della Università di Pavia, 1966.

Glenn, R. – *Black Rhetoric,* A Guide to Afro-American Communication, Metuchen (N. Y.), Scarecrow Press, 1975.

Golden, J. L., Berqvist, G. F., Coleman, W. E. (Hrsg.). – *The Rhetoric of Western Thought,* Dubuque, Iowa, 1978².

Golden, J. L. & Corbett, E. (Hrsg.). – *The Rhetoric of Blair, Campbell and Whately,* New York, Holt, Rinehart and Winston, 1968.

Gommel, J. – *Rhetorisches Argumentieren bei Thukydides,* Hildesheim, 1966.
Gomperz, H. – *Sophistik und Rhetorik.* Das Bildungsideal des εὖ λέγειν in seinem Verhältnis zur Philosophie des V. Jahrhunderts (1912), Darmstadt, Neudruck Wiss. Buchgesellschaft, 1965.
Goth, J. (Hrsg.). – *Rhetorik, Ästhetik, Ideologie, Aspekte einer kritischen Kulturwissenschaft,* Stuttgart, Metzler, 1973.
– *Nietzsche und die Rhetorik,* Tübingen, Niemeyer, 1970.
Gottlieb, G. – *The Logic of Choice,* London, Allen & Unwin, 1968.
Gouhier, H. – La résistance au vrai et le problème cartésien d'une philosophie sans rhétorique, in *Retorica e Barocco,* hrsg. v. E. Castelli, 1955, S. 85–97.
Grassi, E. – *Macht des Bildes, Ohnmacht der rationalen Sprache.* Zur Rettung des Rhetorischen, Köln, DuMont Schauberg, 1970.
Grimaldi, W. M. A. – *Studies in the Philosophy of Aristotle's Rhetoric,* Wiesbaden, Franz Steiner, 1973.
Grize, J. B. (Hrsg.). – *Recherches sur le discours et l'argumentation,* Travaux du Centre de Recherches sémiologiques de l'Université de Neuchâtel, *Revue Européenne des sciences sociales, Cahiers Wilfredo Pareto,* 1974, n° 32, Genève, Droz.
Grünberg, W. – *Homiletik und Rhetorik.* Zur Frage einer sachgemäßen Verhältnisbestimmung, Gütersloh, Mohr, 1973.
Gumbrecht, H. U. – *Funktionen politischer Rhetorik in der Französischen Revolution,* München, Fink, 1976.
Günther, R. – *Antike Rhetorik und deutsche literarische Theorie im 17. Jahrhundert,* Marburg, Elwert, 1966.
Haberman, F. W., Cleary, J. W. (Hrsg.). – *Rhetoric and Public Address : A Bibliography, 1947–1961,* Madison, University of Wisconsin Press, 1964.
Habermas, J. – *Erkenntnis und Interesse.* Mit einem neuen Nachwort. Frankfurt, 1973.
Hamblin, C. C. – *Fallacies,* London, Methuen, 1970.
Hardison, O. B. Jr. – *The Enduring Monument: A Study of the Idea of Praise in Renaissance Literary Theory and Practice,* Chapel Hill, University of North-Carolina, 1962.
Harris, R. B. (Hrsg.). – *Authority, a Philosophical Analysis,* Alabama, University of Alabama Press, 1970.
Hawkes, F. – *Metaphor,* London, Methuen, 1972.
Hellwig, A. – *Untersuchungen zur Theorie der Rhetorik bei Platon und Aristoteles,* Göttingen, Vandenhoeck, 1973.
Henry, A. – *Métonymie et Métaphore,* Paris, Klincksieck, 1971.

Hesse, Mary B. – *Models and analogies in Science,* Notre Dame, Notre Dame University Press, 1966.

Hochmuth-Nicols, M. – *Rhetoric and Criticism,* Baton Rouge, Louisiana State University Press, 1963.

– (Hrsg.) *History and Criticism of American Public Address,* New York, Longmans & Green, 1955.

Hoffmann, M. – *Der Dialog bei den christlichen Schriftstellern der ersten Jahrhunderte,* Berlin, Akademie Verlag, 1966.

Holland, L. – *Counterpoint: Kenneth Burke and Aristotle's Theories of Rhetoric,* New York, Philosophical Library, 1959.

Hovland, C. I. – *The Order of Presentation in Persuasion,* New Haven, Yale University Press, 1966.

–, Janis, I. I., Kelley, H. – *Communication and Persuasion,* New Haven, Yale University Press, 1953.

Howell, W. S. – *Logic and Rhetoric in England* (1500–1700), Princeton, Princeton University Press, 1956.

– *Eigtheenth Century British Logic and Rhetoric,* Princeton, Princeton University Press, 1971.

– *Poetics, Rhetoric and Logic,* Studies in the Basic Disciplines of Criticism, Ithaca, Cornell University Press, 1975.

Howes, R. F. (Hrsg.). – *Historical Studies of Rhetoric and Rhetoricians,* Ithaca, Cornell University Press, 1961.

Hülsmann, H. – *Argumentation. Faktoren der Denksozialität,* Düsseldorf, Bertelsmann Universitätsverlag, 1971.

Ijsseling, S. – *Retoriek en Filosofie,* Bilthoven, Ambo, 1975.

Isaye, B. – La justification critique par rétorsion, *Revue Philosophique de Louvain,* 1954, S. 205–233.

Isnardi-Parente, M. – *Techne,* Firenze, Nuova Italia, 1966.

Istituzioni (Le) e la retorica, *Il Verri, 35/36,* 1971.

Jardine. – *Francis Bacon : Discovery and the Art of Discourse,* London, Cambridge University Press, 1974.

Jebb, R. A. – *Attic orators from Antiphon to Isalos,* New York, Russell and Russell, 1962.

Jehn, P. (Hrsg.). – *Toposforschung,* Frankfurt, Athenäum, 1972.

Jens, W. – *Von deutscher Rede,* München, Piper, 1969.

– „Rhetorik" in: *Reallexikon der deutschen Literaturgeschichte,* hrsg. v. P. Merker u. W. Stammler, Bd. 3, S. 432–456, 1972.

Johannesen, R. L. – *Ethics in Human Communication,* Columbus (Ohio), Charles E. Merrill, 1975.

– (Hrsg.). – *Contemporary Theories of Rhetoric,* Selected Readings, New York, Harper & Row, 1971.
– Stickland, R., Eubanks, R. T. – *Language is Sermonic, Richard O. Weaver on the Nature of Rhetoric,* Baton Rouge, Louisiana Unversity Press, 1970.
Johnstone, H. Jr. – *Philosophy and Argument,* University Park, Pennsylvania State University Press, 1959.
– The Relevance of Rhetoric to Philosophy and of Philosophy to Rhetoric, *The Quarterly Journal of Speech,* 1966, S. 41–46.
– *The Problem of the Self,* University Park, Pennsylvania State University Press, 1970.
– Natanson, M. – *Philosophy, Rhetoric and Argumentation,* Pennsylvania State University Press, 1965.
Jørgensen, S. – Argumentation and Decision, in *Festschrift Alf Ross,* Copenhagen, Juristforbundets Förlaget, 1969, S. 261–284.
Kahane, H. – *Logic and Contemporary Rhetoric,* Belmont (Calif.), Wadsworth, 1971.
Keesey, R. E. – *Modern Parliamentary Procedure,* Boston, Houghton, Mifflin, 1974.
Kelling, G. W. – *Language: Mirror, Tool and Weapon,* Chicago, Nelson-Hall, 1974.
Kennedy, G. – *The Art of persuasion in Greece,* Princeton, Princeton University Press, 1960.
– *Quintilian,* New York, Twayne, 1969.
– *The Art of Rhetoric in the Roman World* (300 BC-AD 300), Princeton, Princeton University Press, 1972.
Kibler, J., Barker, L. L. (Hrsg.). – *Conceptual Frontiers of Speech-Communication,* New York, Speech Association of America, 1969.
Kinneavy, J.-A. – *Theory of Discourse,* Englewood Cliffs, Prentice Hall, 1971.
Kirschner, B. – *Dialektische Rhetorik,* München, Heyne, 1974².
Kofman, S. – *Nietzsche et la métaphore,* Paris, Payot, 1972.
Kopperschmidt, – *Allgemeine Rhetorik,* Einführung in die Theorie der persuasiven Kommunikation, Stuttgart, Kohlhammer, 1973.
Körner, St. – *Practical Reason,* New Haven, Yale University Press, 1974.
Kurka, E. – *Wirksam reden – besser überzeugen.* Einführung in die sozialistische Rhetorik, Berlin, Dietz, 1970.
Lacan, J. – *Écrits,* Paris, Seuil, 1966.
Landerman, Ch. – *Discourse and its Presuppositions,* New Haven, Yale University Press, 1972.

Lausberg, H. – *Handbuch der Literarischen Rhetorik,* Eine Grundlegung der Literaturwissenschaft, München, Hueber, 1960.

Leeman, A. D. – *Orationis ratio.* The stylistic Theories and Practice of the Roman Orators, Historians and Philosophers, Amsterdam, Hakkert, 1963.

Le Guern. – *Sémantique de la métaphore et de la métonymie,* Paris, Larousse, 1973.

Lehmann, J., Glaser, H. – *Die Rede des Politikers,* Bamberg, Buchner, 1975.

Lipps, H. – *Untersuchungen zu einer hermeneutischen Logik,* Frankfurt, 1968[3].

– *Die Verbindlichkeit der Sprache,* Frankfurt, 1958[2].

Loreau, M. – Pour situer la Nouvelle Rhétorique, in *Théorie de l'argumentation,* Louvain, Nauwelaerts, 1963, pp. 103–129.

– La rhétorique comme logique des sciences humaines, in *Critique, 221,* 1965, S. 875–885.

Long, Ch. Cl. – *The Liberal Art of Interpretation,* New York, Harper & Row, 1974.

Luthe, H. A. – *Interpersonale Kommunikation und Beeinflussung,* Stuttgart, Enke, 1968.

McKeon, R. – Rhetoric in the Middle Ages, in *Critics and Criticism,* Ancient and Modern, hrsg. v. R. S. Crane, Chicago, Chicago University Press, 1952, S. 260–296.

– The Classical Tradition, in *Literary and Historical Studies in Honor of Henry Caplan,* Ithaca, Cornell University Press, 1963.

Marrou, H. J. – *Saint Augustin et la fin de la culture classique,* Paris, Boccard, 1958[2].

Martin, J. – *Antike Rhetorik,* Technik und Methode, München, Beck, 1974.

Malton, R. J. u. I. R. – *Index to Journals in communication Studies Through 1974,* Falls Church (Va.), Speech communication Association.

Mehrabian, A. – *Nonverbal Communication,* Chicago, Alding, Atherton, 1972.

Melandri, E. – *La linea e il circolo,* Studio logico-filosofico sull' analogia, Bologna, Il Mulino, 1963.

Meredith, P. – *Instruments of Communication,* Oxford, Pergamon Press, 1966.

Michel, A. – *Rhétorique et philosophie chez Cicéron,* Essai sur les fondements philosophiques de l'art de persuader, Paris, Presses Universitaires de France, 1960.

Morier, H. – *Dictionnaire de poétique et de rhétorique,* Paris, Presses Universitaires de France, 1961.

Müller, A. – *Zwölf Reden über die Beredsamkeit und deren Verfall in Deutschland,* Frankfurt, Insel, 1967.
Murphy, J. J. – *Rhetoric in the Middle Ages,* A History of Rhetorical Theory from St. Augustine to Renaissance, Berkeley, University of California Press, 1974.
Nass, O. – *Staatsberedsamkeit,* Köln, Heymanns, 1972.
Nebergall, R. E. (Hrsg.). – *Dimensions of Rhetorical Scholarship,* Norman, University of Oklahoma, 1963.
Neumeister, Chr. – *Grundsätze der forensischen Rhetorik,* München, 1964.
Olbricht, H. – *Informative Speaking,* Glenview (Ill.), Scott, Foresman and Co., 1968.
Olbrechts-Tyteca, L. – Rencontre avec la rhétorique, in *La théorie de l'argumentation,* Louvain, Nauwelaerts, 1963, pp. 3–18.
– *Le comique du discours,* Éditions de l'Université de Bruxelles, 1974.
Oliver, R. – *Culture and Communication,* The Problem of Penetrating National and Cultural Boundaries, Springfield (Ill.), Ch. C. Thomas, 1962.
– *History of Public Speaking in America,* Boston, Allyn and Bacon, 1965.
–, Bauer, M. G. (Hrsg.). – *Reestablishing the Speech Profession: The first Fifty Years,* New York, Speech Association of Eastern States, 1959.
Olson, R. – *Scottish Philosophy and British Physics, 1770–1880,* A Study in the Foundations of the Victorian Scientific Style, Princeton University Press, 1975.
Ong, W. J. – *Ramus. Method and the Decay of Dialogue,* Cambridge (Mass.) Harvard University Press, 1958.
– *Rhetoric, Romance and Technology,* Ithaca, Cornell University Press, 1971.
Otto, G. – *Predigt als Rede. Vorbereitung und Ausführung,* Stuttgart, Kohlhammer, 1976.
Owen, G. E. L. (Hrsg.). – *Aristotle on Dialectics,* Oxford, Clarendon Press, 1968.
Pater, W. A. – *Les topiques d'Aristote et la dialectique platonicienne,* Fribourg, St. Paul, 1965.
Perelman, Ch. – *Justice et raison,* Bruxelles, Presses Universitaires de Bruxelles, 1963, 1970[2].
– *Le champ de l'argumentation,* Bruxelles, Éditions de l'Université de Bruxelles, 1970.
– The New Rhetoric, A Theory of Practical Reasoning, in *The Great Ideas Today,* Chicago, Encyclopedia Britannica Press, 1970, S. 272–312.
– Dialektik und Dialog, *Hegeljahrbuch 1970,* Meisenheim/Glan, Hain, 1971, S. 1–10.

– Philosophie, Rhétorique, Lieux Communs, in *Bulletin de la Classe des Lettres de l'Académie Royale de Belgique,* Bruxelles, 1972, S. 144–156.
– *Droit, morale et philosophie,* Paris, Librairie générale de Droit et de Jurisprudence, 1968, 1976².
– *Logique juridique, Nouvelle Rhétorique,* Paris, Dalloz, 1976, 1979².
– *Juristische Logik als Argumentationslehre,* hrsg., übers. u. bearb. v. Jan M. Broekman, Freiburg/München, Alber, 1979.
– *Logik und Argumentation,* hrsg. u. übers. v. F. R. Varwig, Königstein, Athenäum, 1979.
– (Hrsg.). – *Les catégories en histoire,* Bruxelles, Éditions de l'Université de Bruxelles, 1969.
– u. Olbrechts-Tyteca, L. – *Rhétorique et Philosophie,* Paris, Presses Universitaires de France, 1952.
– *Traité de l'argumentation, la nouvelle rhétorique,* Paris, Presses Universitaires de France, 1958. Éditions de l'Université de Bruxelles, 1976³.
– Philosophie, Rhetorik und Gemeinplätze in: Gadamer, H. G. u. Boehm, G. (Hrsg.), *Die Hermeneutik und die Wissenschaften,* Frankfurt, Suhrkamp, 1978.
– *The New Rhetoric and the Humanities,* Dordrecht, Reidel, 1979.
Peters, J. M. – *Rhetoriek van de communicatie,* Groningen, Tjeenk Willing, 1973.
Philosophical Argument, *Monist,* oct. 1964.
Philosophy and Rhetoric, Revue trimestrielle publiée depuis 1968 – par la Pennsylvania State University Press.
Pieretti, A. – *L'argomentazione nel discorso filosofico,* L'Aquila, Japadre, 1969.
Plebe, A. – *Breve storia della retorica antica,* Milano, Nuova Accademia, 1971.
Plett, H. F. – *Rhetorische Textanalyse,* Hamburg, Buske, 1971.
– *Rhetorik. Kritische Positionen zum Stand der Forschung,* München, Fink, 1977.
– *Rhetorik der Affekte. Englische Wirkungsästhetik im Zeitalter der Renaissance,* Tübingen, Niemeyer, 1976.
Pöggeler, O. – Dichtungstheorie und Toposforschung, *Jahrbuch für Ästhetik und Allgemeine Kunstwissenschaft,* 1960, V., S. 89–201.
– Dialektik und Topik, *Hermeneutik und Dialektik,* hrsg. v. R. Bubner, K. Cremer u. R. Wiehl, Tübingen, Mohr, V. II, S. 273–310, 1970.
Points de vue sur la rhétorique, *Le XVIe siècle,* n° 80–81, 1968.
Pompa, L. – *Vico, a study of the „New Science",* Cambridge, Cambridge University Press, 1970.
Preti, G. – *Retorica e Logica,* Torino, Einaudi, 1968.

Priestley, J. – *A course of Lectures on Oratory and Criticism* (1777), ed. with an introduction by V. Bevilacqua & R. Murphy, Carbondale, Southern Illinois University Press, 1964.
Probert, W. – *Law, Language and Communication,* Springfield (Ill.), Ch. S. Thomas, 1972.
Prott, L. V. – *Der internationale Richter im Spannungsfeld der Rechtskulturen,* Berlin, Duncker und Humblot, 1975.
Quintilian. – *Ausbildung des Redners,* Lat.-deutsche Ausgabe, hrsg. u. übers. v. H. Rahn, Wissenschaftliche Buchgesellschaft, Darmstadt, 1972.
Ramus, P. – *Dialectique* (1555), Hrsg.: Dassonville, Genève, Droz, 1964.
Recherches rhétoriques, *Communications,* 16, 1970.
Rhétorique et philosophie, *Poétique 5,* Revue de théorie et d'analyse littéraire, Paris, Seuil, 1971.
Richards, I. A. – *The Philosophy of Rhetoric* (1936), New York, Oxford University Press, 1965.
Ricœur, P.. – *Le conflit des interprétations,* Paris, Seuil, 1969.
– *La métaphore vive,* Paris, Seuil, 1975.
Riedel, M. (Hrsg.). – *Rehabilitierung der Praktischen Vernunft,* Freiburg, Rombach, 1972.
Rieke, R. D., Sillars, M. O. – *Argumentation and the Decision Making Process,* New York, Wiley, 1975.
Riposati, B. – Problemi di retorica antica, in G. Bigone (Hrsg.). *Introduzione alla filologia classica,* Milano, 1951.
Rorty, R. (Hrsg.). – *Pragmatic Philosophy,* New York, Doubleday, 1966.
Rosnow, R. L., Robinson, E. J. – *Experiments in Persuasion,* New York, Academic Press, 1967.
Rossi, P. – La celebrazione della retorica e la polemica antimetafisica nel Del principii di Mario Nizolio, in *La crisi dell'uso dogmatico della ragione,* A. Banfi (Hrsg.). Milano, 1953, S. 99–221.
Ruetter, R. R. – *Gregory of Nazianzus. Rhetor and Philosopher,* Oxford, Oxford University Press, 1969.
Rupp, G. – *Rhetorische Strukturen und kommunikative Determinanz: Studien zur Textkonstitution des philosophischen Diskurses im Werk Friedrich Nietzsches,* Bern, Lang, 1976.
Sapir, J. D., Crocher, J. Ch. (Hrsg.). – *The Social Use of Metaphor,* Philadelphia, University of Pennsylvania Press, 1977.
Savigny, E. v. – *Argumentation in der Literaturwissenschaft. Wissenschaftliche Untersuchungen zu Lyrikinterpretationen,* München, Beck, 1976.
Scaglione, A. G. – *The Classical Theory of Composition from its Origins to the*

Present, A Historical Survey, Chapel Hill, The University of North Carolina Press, 1972.

Schanze, H. (Hrsg.). – *Rhetorik,* Beiträge zu ihrer Geschichte in Deutschland vom 16.–20. Jahrhundert, Frankfurt, Fischer, Athenäum, 1974.

Schreckenberger, W. – *Rhetorische Semiotik,* Freiburg/München, Alber, 1978.

Schwartz, J., Rycenga, J. (Hrsg.). – *The Province of Rhetoric,* New York, Donald Press, 1965.

Scott, R. L., Brockriede, W. – *The Rhetoric of Black Power,* New York, Harper & Row, 1969.

Scott, R. L., Brook, B. L. – *Methods of Rhetorical Criticism,* A Twentieth century Perspective, New York, Harper & Row, 1972.

Searle, J. R. – *Speech Acts,* Cambridge, Cambridge University Press, 1969.

Seigel, E. – *Rhetoric and Philosophy in Renaissance Humanism,* Princeton, Princeton University Press, 1968.

Semlak, W. D. & Jackson, R. – *Conflict resolving Communication,* Dubuque (Iowa), Kendall-Hunt, 1975.

Shaw, W. D. – *The Dialectical Temper: The Rhetorical Art of Robert Browning,* Ithaca, Cornell University Press, 1968.

Sheridan, T. – *A Course of Lectures on Elocution* (1762), Reprint New York, Blom, 1968.

Sherry, R. – *A Treatise of Schemes and Tropes* (1550), Neudruck bei Schklar's Facsimiles and Reprints, Gainesville (Fl.), 1961.

Shibles, W. A. – *Metaphor. An Annotated Bibliography and History,* Whitewater (Wis.), The Language Press, 1971.

Shibles, W. A. (Hrsg.). – *Essays on Metaphor,* Whitewater (Wis.), The Language Press, 1972.

Sider, R. D. – *Ancient Rhetoric and the Art of Tertullian,* New York, Oxford University Press, 1971.

Sloan, Th., Waddington, P. (Hrsg.). – *The Rhetoric of Renaissance Poetry, from Wyatt to Milton,* Berkeley, University of California Press, 1974.

Smith, A. – *Lectures on Rhetoric and Belles Lettres,* mit einer Einleitung v. Lothian J. M., Carbondale, Southern Illinois University Press, 1971[2].

Stark (Hrsg.). – *Schriften zur aristotelischen und hellenistischen Rhetorik,* Hildesheim, Olms, 1968.

Stechert, J. – *Handbuch der Rhetorik,* Komparativ, Berlin, Springer, 1961.

Stewart, Ch. J., Ochs, D. J., Mohrmann, Ch. (Hrsg.). – *Explorations in Rhetorical Criticism,* University Park, The Pennsylvania State University Press, 1973.

Stolt, B. – *Wortkampf. Frühneuhochdeutsche Beispiele zur rhetorischen Praxis,* Frankfurt, Athenäum, 1974.

Stötzer, U. – *Deutsche Redekunst im 17. und 18. Jahrhundert,* Halle, 1962.

Struck, G. – *Topische Jurisprudenz,* Frankfurt, Athenäum, 1971.

– *Zur Theorie juristischerArgumentation,* Berlin, 1977.

Symposium sobre la Argumentación Filosofica, Entretiens de Mexico de l'Institut International de Philosophie, Mexico, Universidad de Mexico, 1953.

Tagliacozzo, G., White, B. (Hrsg.). – *Giambattista Vico, An international Symposium,* Baltimore, John Hopkins University Press, 1969.

– Verene, D. (Hrsg.). – *Giambattista Vico's Science of Humanity,* Baltimore, John Hopkins University Press, 1976.

Tammelo, I. – The Law of Nations and the Rhetorical Tradition of Legal Reasoning, *Indian Yearbook of International Affairs,* 1964, S. 227–258.

Tate, G. (Hrsg.). – *Teaching Composition, 10 Bibliographical Essays,* Texas, Christian University Press, 1976.

Thayer, L. (Hrsg.). – *Communication: Ethical and Moral Issues,* London, Gordon & Breach, 1973.

La théorie de l'argumentation, Louvain, Nauwelaerts, 1963.

Thompson, W. N. – *Quantitative Research in Public Address and Communication,* New York, Random House, 1967.

Topliss, P. – *The Rhetoric of Pascal,* Leicester U. P., 1966.

Toulmin, S. E. – *The Uses of Argument,* Cambridge, Cambridge University Press, 1958.

Turner, G. W. – *Stylistics,* Harmondsworth, Penguin Books, 1973.

Ueding, G. – *Schillers Rhetorik,* Tübingen, Niemeyer, 1971.

Valla, L. – *Dialecticae Disputationes* (1453), neu hrsg. v. E. Garin dans *Opera Omnia,* Torino, Bottega d'Erasmo, 1962.

Varga, K. – *Rhétorique et Littérature,* Paris, Didier, 1970.

Varwig, F. R. – *Der rhetorische Naturbegriff bei Quintilian,* Heidelberg, Winter, 1976.

Vasoli, I. C. – *La dialectica e la retorica del umanesimo,* Milano, Feltrinelli, 1968.

Veding, G. – *Einführung in die Rhetorik. Geschichte, Technik, Methode,* Stuttgart, Metzler, 1976.

Veit, W. – Toposforschung, ein Forschungsbericht, *Deutsche Vierteljahrschrift für Literaturwissenschaft und Geistesgeschichte,* 1963, J. G. 37, S. 120–163.

Viano, C. A. – Retorica, magia et natura in Platone, *Rivista critica di storia della filosofia,* 1965, Bd. LVI.

– Aristotele e la redenzione della retorica, *Rivista di filosofia,* 1967, 4.
Viehweg, Th. – *Topik und Jurisprudenz,* München, Beck, 1969[4].
Villey, M. – Nouvelle rhétorique et droit naturel, in *Logique et Analyse,* 73, 1976, S. 1–24.
Volkmann, R. – *Die Rhetorik der Griechen und Römer in systematischer Übersicht dargestellt* (1885), repr. Hildesheim, Olms, 1963.
Wallace, K. R. – *Understanding Discourse., The Speech Act and Rhetorical Action,* Baton Rouge, Louisiana State University Press, 1970.
– Fr. Bacon on Understanding, Reason and Rhetoric, *Speech Monographs,* 1971, XXXVIII, 2.
Weaver, C. H. – *Human Listening, Processes and Behavior,* Indianapolis, The Bobbs-Merrill Co., 1972.
Weaver, R. – *Ethics and Rhetoric,* Chicago, H. Regnery, 1953.
– *Visions of Order, the Cultural Crisis of our Time,* Baton Rouge, Louisiana State University Press, 1964.
Weinberger, B. – *Trattati di Poetica e Retorica de 1500,* Bari, Laterza, 1970.
Weller, E. – *Die besten Regeln der Rhetorik,* Hamburg, 1969[10].
Whately, R. – *Elements of Rhetoric (1828),* neu hrsg. v. D. Ehninger, Carbondale, Southern Illinois University Press, 1963.
Wheelwright, Ph. – *The Burning Fountain,* Bloomington, Indiana University Press, 1954.
– *Metaphor and Reality,* Bloomington, Indiana University Press, 1962.
White, E. – *Puritan Rhetoric, The Issues of Emotion in Religion,* Carbondale, Southern Illinois University Press, 1972.
Wilder, A. N. – *The Language of the Gospel, Early Christian Rhetoric,* New York, Harper & Row, 1964.
Winterowd, W. R. – *Rhetoric: A Synthesis,* New York, Holt, Rinehart & Winston, 1968.
– Ross, W. – *Contemporary Rhetoric: A Conceptual Background with Readings,* New York, Harcourt Brace, 1975.
Witke, Ch. – *Latin Satire, the Structure of Persuasion,* Leiden, Brill, 1970.
Wittgenstein, L. – *Über Gewißheit, On certainty,* hrsg. v. G. E. M. Anscombe and G. H. von Wright, Oxford, Blackwell, 1969.
Wolff, S. – *Der rhetorische Charakter sozialer Ordnung,* Berlin, Duncker & Humblot, 1976.
Young, O. R. (Hrsg.). – *Bargaining: Formal Theories of Negotiation,* Chicago, University of Illinois Press, 1970.
Young, R. E., Beekes, A. L., Pike, K. L. – *Rhetoric, Discovery and Change,* New York, Harcourt Brace, 1970.

Zielke, W. – *Rhetorik – programmiert lernen*. Ein Lernprogramm, München, 1972.

Ziman, J. – *Public Knowledge, the Social Dimension of Science,* Cambridge, Cambridge University Press, 1968.

Zyskind, H. – Some philosophical Strands in Popular Rhetoric, in Kefer, H. E. u. Munitz, M. K., *Perspectives in Education, Religion and the Arts,* New York, State University of New York Press, 1970.

Buchanzeigen

Beck'sche Schwarze Reihe

Die zuletzt erschienenen Bände

Verlag C. H. Beck München